BESTSELLER

Peter Harris (San Antonio, California, 1951) cursó estudios de arqueología y sociología en la UCLA. En su formación pesan fuertes raíces españolas, procedentes de su abuela materna. Desde hace algunos años vive en la costa del Sol, aunque por razones profesionales pasa temporadas en Italia, relacionadas con su actividad como traductor e investigador de los archivos vaticanos.

EL ENIGMA VIVALDI

Peter Harris

DeBOLS!LLO

Diseño de la portada: Departamento de diseño de Random
    House Mondadori
Fotografía de la portada: © Photonica Europe Limited

Primera edición: enero, 2005

Printed in Spain – Impreso en España

ISBN: 84-9793-524-1
Depósito legal: B. 48.143 - 2004

Fotocomposición: Comptex & Ass., S. L.

Impreso en Liberdúplex, S. L.
Constitució, 19. Barcelona

P 835241

Este libro está dedicado a mi editora Maria Borràs por confiar en mí. A mi agente Silvia Bastos por valorar mi trabajo. A mis amigos musicólogos Zoraida y Antonio por su ayuda. A María Amor por corregir el manuscrito. A Rafael por sus atinadas sugerencias. A Thomas por su paciencia. A Christopher, Francis, Anthony y Kiko por liberarme de cargas que facilitaron mi dedicación a este libro. A mi esposa Chris por su colaboración, y a ella y a mis hijos Helen y Al por el tiempo que no les di.

También a Venecia y a Vivaldi por inspirarme.

1

El rostro macilento, la nariz afilada y los ojos hundidos configuraban unas facciones tan demacradas que señalaban, sin ninguna duda, que a aquel hombre le quedaba muy poco tiempo de vida. La parca estaría ya al acecho por las oscuras callejuelas del barrio que se abría al final de la Karntnerstrasse y se desparramaba hacia una de las puertas más viejas de la ciudad hasta las murallas de Viena. Las mismas que en tantas ocasiones habían permitido resistir los embates de los turcos y salvar, una y otra vez, la capital de los Habsburgo de caer en manos de los sultanes otomanos.

Hacía poco rato que la viuda Wahler había subido hasta el desván donde el moribundo agonizaba para reconfortarle con un tazón de caldo en cuya elaboración se había esmerado. Mientras hacía esfuerzos para que lo tomase, cucharada a cucharada, con una paciencia infinita y como si se tratase de un miembro de su propia familia, le había susurrado palabras de aliento, que eran una pura mentira.

—¡Hoy se le ve con mejor aspecto! ¡Ya verá como con unos días de reposo y con una alimentación adecuada, desechará estas calenturas! ¡Vaya si será así!

Con grandes esfuerzos el enfermo trataba de beber el caldo ofrecido por aquella mujer a la que conocía desde hacía sólo unos meses, cuando le alquiló las dependencias que se habían convertido en su hogar por un módico precio, que era lo único que le permitía su precaria economía.

La viuda Wahler, que había sido esposa de un guarnicionero, le acogió como alojado en su casa, no sólo porque la renta suponía un ingreso adicional para su magra economía, sino porque le había causado cierto respeto el que la persona que solicitaba ser su huésped tuviese la condición de sacerdote. Solamente creyó esto último cuando el párroco de San Esteban, collación a la que pertenecía su casa, le certificó que, efectivamente, aquel individuo era quien decía ser. Se trataba de un clérigo italiano, le había dicho el padre Stöfel, aunque ciertamente era un clérigo un tanto singular no sólo por su atuendo, sino por sus maneras. Usaba peluca, pasada de moda y muy estropeada, vestía levita, calzones ajustados y medias. Todo muy raído y gastado, como si se tratase de un artesano que pasaba por un mal momento y se ponía su ropa de los domingos para pasear.

Con todo, no era el atuendo lo que más llamaba la atención de aquel clérigo sino las extrañas visitas que recibía, alguna de ellas a horas intempestivas, de gentes de la más variada laya y condición. En ocasiones se trataba de personajes enigmáticos que se cubrían el rostro con sombreros bien calados y con el embozo de sus capas. Con toda seguridad eran personas que no deseaban ser identificadas y, desde luego, gentes que por su aspecto resultaban poco acordes con la condición eclesiástica de quien visitaban. Muchas veces las reuniones parecían conciliábulos donde debía urdirse alguna trama extraña o tratarse de algún asunto extraordinario. Eso, al menos, era lo que la imaginación de la viuda Wahler creaba en su mente.

Tanta turbación le causaban aquellas visitas que llegó a dudar de la condición de su alojado y, en una ocasión, fue tal la angustia que despertó todo aquello en su ánimo que acudió al padre Stöfel para comunicarle su zozobra. El párroco de San Esteban la tranquilizó diciéndole que no debía preocuparse; que *maister* Vivaldi era un clérigo italiano, veneciano por más señas, cuya dedicación a la música había sido el centro de su vida. Era, le había dicho el padre Stöfel, un consumado violinista, uno de los mejores de Europa, y su música se escuchaba en las óperas de los más celebrados teatros y se tocaba en las más exquisitas veladas de las cortes principescas.

Las razones del padre Stöfel habían serenado en algo el espíritu de la viuda porque coincidían con alguna de las actividades de su huésped. Muchas horas las pasaba tocando el violín y verdaderamente lo hacía de forma extraordinaria. Era una música celestial la que arrancaba de las cuerdas de su instrumento, una música que transportaba el espíritu elevándolo muy por encima de las vulgaridades que la vida traía cada día.

A pesar de la tranquilidad que el párroco le había proporcionado, los resquemores no habían desaparecido del todo porque no dejaban de producirle inquietud las extrañas visitas que recibía el sacerdote. Sobre todo cuando éstas se producían a deshoras.

Estos inconvenientes no habían enturbiado las relaciones entre la patrona y el huésped. *Maister* Vivaldi había sido siempre puntual en el pago del *gulden* semanal acordado por el alojamiento y las tres comidas —desayuno, almuerzo y cena— estipuladas. Nunca, además, se había quejado de la cantidad o la calidad de dichas comidas, aunque también era cierto que no había resquicio para la queja porque la viuda del guarnicionero era una excelente cocinera, que hacía honor a las delicias culinarias vienesas, y nunca había escatimado las cantidades. Era conocido en el vecindario que el difunto Wahler había exhibido en vida una oronda figura que su mujer cultivaba con esmerado empeño. Se decía que el guarnicionero había ido a parar al sepulcro por no haber podido superar la indigestión que le produjo un atracón de salchichas a la brasa, acompañadas de una suculenta ensalada de repollo, regada con abundante cerveza y coronada con un *strudel*, en cuya elaboración *fräu* Wahler se mostraba como una consumada repostera.

A pesar de que *maister* Vivaldi había logrado, con grandes esfuerzos, ingerir una parte no pequeña del tazón de caldo, la viuda había quedado impresionada por el estado en que se encontraba. Era cierto que el clérigo músico nunca había sido un hombretón como los que se criaban a orillas del Danubio y que cuando ella le conoció era ya persona menguada por el paso de los años. Pero en las últimas semanas en las que apenas si había salido a la calle, dado lo delicado de su estado de salud y el calor agobiante con que les obsequiaba aquel riguroso verano de 1741, su aspecto se había deteriorado de forma alarmante. Sólo la prominencia de su barriga había ganado en volumen y eso no era, precisamente, una buena señal.

Aquella tarde, mientras se afanaba golpeando con fuerza la masa de lo que se convertiría en un pastel de carne, *fräu* Wahler pensó que lo más aconsejable, dadas las circunstancias, era que avisase al padre Stöfel, la única persona a la que podía dirigirse para comunicar el preocupante estado de su huésped.

Acababa de tomar la decisión de acudir a la parroquia, antes de que la tarde declinase más y las sombras cubriesen la ciudad —ya tendría tiempo de continuar con su pastel más adelante— cuando sintió golpear el aldabón de la puerta. Importunada por aquella llamada que anunciaba una visita inesperada se limpió las manos, se quitó el delantal y acudió a abrir. Tenía el ceño fruncido y no estaba dispuesta a permitir que bajo ninguna razón se perturbase al enfermo, cuya necesidad de reposo le parecía imprescindible.

Mientras componía su figura volvieron a golpear el aldabón con más insistencia.

—¡Ya va! ¡Ya va! ¡Por san Esteban bendito, qué prisas! ¡Qué prisas!

El malhumor que la llamada había producido en su ánimo se acentuó con la exigencia de los aldabonazos. Volvieron a sonar una tercera vez antes de que alcanzase la puerta.

La reprimenda que tenía en la boca quedó suspendida al encontrarse con los autores de las nerviosas llamadas. En el marco de la puerta se recortaban las figuras de dos clérigos, pulcramente vestidos. Se percató, por su atuendo, de que se trataba de miembros de la Compañía de Jesús. El mayor de ellos, de unos cincuenta años, tenía una barba grisácea, mientras que el más joven estaba rasurado. Eran de similar estatura y en ambos llamaba la atención la delgadez de su figura, lo que sin duda colaboraba al aspecto atildado que ofrecían. No era habitual encontrarse con miembros de la Compañía fuera del ámbito de su casa matriz —que era a la vez colegio, en el que se educaban los hijos de la nobleza— o de las parroquias que tenían asignadas, las más ricas de la ciudad.

La sorpresa estaba pintada en el rostro de la viuda, quien se había quedado con la boca entreabierta y la primera de sus reprimendas atascada en su garganta, cuando el mayor de los sacerdotes le preguntó con voz reposada:

—¿Es ésta la casa donde se aloja el señor Antonio Vivaldi?

Antes de responder la mujer tomó la mano del jesuita y estampó en ella un humilde, pero también sonoro beso, como señal de respeto a su persona.

—Así es, reverendo, así es. Aquí vive el señor Antonio Vivaldi.

—¿Habría algún inconveniente para que pudiésemos visitarle? —la voz del jesuita sonaba suave, envolvente. Era una voz que formulaba una pregunta, pero con un tono de autoridad que garantizaba una respuesta acorde con sus deseos.

La mujer, que no se había repuesto de la impresión de encontrarse en la puerta de su morada con dos miembros de la elitista orden ignaciana, tardó unos segundos en contestar, no porque vacilase en la respuesta, sino porque no acababa de salir de su atolondramiento. Fue el tiempo necesario para que el sacerdote insistiese:

—Verá, *fräu*, ¿*fräu*...?

—Wahler, *fräu* Wahler —respondió con mucho orgullo la viuda.

—Verá, *fräu* Wahler, sabemos que *micer* Vivaldi está gravemente enfermo y tanto el padre Hoffmann —hizo un gesto hacia el otro sacerdote— como yo desearíamos traerle un poco de consuelo. Tenemos una antigua relación con él, no tanto por su condición de clérigo, cuanto por sus cualidades artísticas. Como usted sabe es un excelente músico y posiblemente el mejor violinista de todos los tiempos. En diferentes ocasiones ha compuesto obras para ser interpretadas en colegios de nuestra Compañía. Hemos tenido conocimiento de su estado a través del padre Stöfel, el párroco de San Esteban y es por ello por lo que estamos aquí.

Fräu Wahler escuchaba las explicaciones del jesuita y, atolondrada como estaba, apenas tuvo acierto para contestar afirmativamente a la petición que ahora le llegaba en forma de excusa:

—Si cree que llegamos en mala hora, podemos volver en otro momento...

—¡De ninguna de las maneras! ¡De ninguna de las maneras! ¡Vuestras reverencias llegan a su casa, si tienen a bien considerar como tal este humilde hogar! ¡Pasen, pasen vuestras reverencias!

La viuda se hizo a un lado, apartando su corpulenta humanidad y dejó paso franco a los dos jesuitas, a quienes acompañó hasta el aposento donde se debatía, entre la vida y la muerte, el músico veneciano. Éste abrió los ojos con dificultad cuando su patrona le informó de la visita.

—Si vuestras reverencias necesitan alguna cosa no tienen más que llamar —comentó *fräu* Wahler en voz baja al marcharse, cerrando tras de sí la puerta.

Apenas habían transcurrido unos segundos cuando se escuchó el golpear de unos nudillos en la puerta del aposento y casi a la par apareció el rostro redondo y carnoso de la viuda:

—Perdonen la interrupción, ¿puede una de sus reverencias salir un instante?

Los jesuitas cruzaron una mirada de extrañeza. Sin decir palabra el mayor de los dos salió del dormitorio.

—¿Sí?

—Veréis, padre, perdonad si os causo alguna molestia, pero creo que es muy importante lo que he de deciros. *Maister* Vivaldi está muy mal. Tan mal, tan mal, que... que —a la viuda Wahler le costaba trabajo pronunciar la palabra que tenía en su cabeza.

El jesuita acudió en su ayuda:

—Tan mal que creéis que le quedan pocas horas de vida, ¿no es así?

—Así es, reverencia.

—Razón de más —apostilló el jesuita— para que le proporcionemos algo de consuelo en estos postreros momentos.

—Lo que quiero decir a vuestra reverencia es que podríais, si a vuestra reverencia le parece adecuado —bajó los ojos en señal de respeto—, escucharle en confesión. Precisamente cuando han llegado vuestras reverencias me disponía a acudir en busca del padre Stöfel para que considerase si se le administraban los santos óleos; no creo que el *maister* llegue a mañana. Está muy mal.

—No os preocupéis por ello, bien el padre Hoffmann o yo mismo le animaremos a que se ponga bien con Dios.

Algo más de un hora estuvieron los jesuitas en la alcoba donde el músico veneciano pasaba las que parecían ser las últimas horas de su vida. En este tiempo uno de ellos le escuchó en confesión, mientras el otro, el más joven, aguardaba en la antesala haciendo oración, según se podía deducir de la disposición de su ánimo.

La viuda Wahler se acercó solícita en un par de ocasiones para preguntar al jesuita que estaba fuera si necesitaba alguna cosa. El sacerdote le preguntó acerca de las gentes que visitaban al enfermo, pero la viuda se limitó a decirle que no sabía gran cosa de aquellas personas porque *maister* Vivaldi era muy reservado para sus asuntos. Sólo le comentó que se trataba de gentes extrañas y que no conocía a ninguna de ellas.

La agonía de Vivaldi se prolongó algo más de lo que la viuda Wahler había vaticinado. No murió, como ella pensaba, antes del amanecer del día siguiente al que recibió la visita de los miembros de la Compañía de Jesús. Vivió tres días más, tiempo suficiente como para que considerase nuevamente que debía acudir al párroco de San Esteban con el propósito de que le llevase otro poco de consuelo en su larga agonía y le administrase el sacramento de la unción de los enfermos.

Su sorpresa fue mayúscula cuando comentó con el padre Stöfel la visita de aquellos jesuitas.

—¿Cómo dices que se llamaban?

—Uno de ellos se llamaba Hoffmann, eso es, Hoffmann. Pero del otro no... no recuerdo el nombre —*fräu* Wahler trató de hacer memoria, pero fue inútil.

—¿Y dices que acudieron a tu casa, después de haber hablado conmigo?

—Así es, padre, me dijeron que sabían del lamentable estado en que se encontraba *maister* Vivaldi porque usted se lo había dicho.

El padre Stöfel se acarició varias veces la mandíbula con gesto preocupado, parecía buscar entre los pliegues de su memoria ese momento al que se refería la viuda Wahler. Luego la miró a los ojos:

—¿Estás segura de que te dijeron que habían hablado conmigo y que no se refirieron a algún otro sacerdote de la parroquia? ¿El padre Osnabrück? ¿Tal vez, el padre Sintel? ¿O acaso, el padre Meisser?

—No, padre, estoy segura de que me dijeron que era con usted con quien habían hablado y quien les había dicho que el *maister* Vivaldi se encontraba muy enfermo. Aludieron a que las relaciones del *maister* con su congregación eran excelentes porque les había compuesto algunas piezas musicales para sus colegios. Estoy segura de que me dijeron todo eso y de que se refirieron a usted —la viuda Wahler asentía con enérgicos movimientos de cabeza, a la par que denotaba un creciente desasosiego.

—Bien, bien, en ese caso has de saber que no tengo noticia de que por la parroquia haya venido jesuita alguno en los últimos días y mucho menos que dichos jesuitas hayan hablado conmigo.

—¡Eso no es posible, padre! —exclamó *fräu* Wahler un tanto sorprendida.

Otra vez el párroco de San Esteban la miró a los ojos:

—¿Estás segura de que esos dos hombres eran quienes decían ser?

Fräu Wahler se llevó una mano a la boca como si de ese modo pudiese contener la exclamación que escapaba de ella. El azoramiento que había aflorado a su rostro hacía unos instantes, se convirtió en un rubor de vergüenza, que cubrió sus mejillas orondas. Aún le quedaron ánimos para indicarle al sacerdote:

—¡Uno de ellos, el más mayor, confesó a *maister* Vivaldi! ¡Yo lo vi!

—¿Estuviste presente en la confesión?

—¡No, no, por el amor de Dios! —el arrebol subía con intensidad a su rostro y su frente aparecía perlada con pequeñas gotas de sudor.

—¿Entonces...?

—Bueno, padre, veréis. Uno de ellos estuvo orando, mientras el otro confesaba al enfermo. ¡Eso sí lo vi! —la viuda estaba pasando un mal trago.

—Estoy seguro, estoy seguro de ello, pero eso no significa —señaló el párroco de San Esteban— que quienes visitaron hace dos días a *maister* Vivaldi fuesen quienes decían ser. Mintieron respecto a la relación que decían haber mantenido con mi persona, lo que significa que algo trataban de ocultar. Es posible... es posible que ni siquiera fuesen sacerdotes.

La mujer pareció horrorizarse con lo que acababa de escuchar. ¡Gentes que se hacían pasar por ministros de Dios, sin serlo! ¡Aquello era un gravísimo sacrilegio! ¡Y habían estado en su casa! ¡Santo Dios!

El padre Stöfel llamó a uno de los sacristanes y a dos acólitos, les dio instrucciones para que se revistiesen de forma conveniente porque iban a llevar el viático y dar la extremaunción a un moribundo. Salió de la sacristía donde había tenido lugar la conversación y se dirigió al sagrario, colocó una hostia en un estuche y tomó un pequeño pomo de cristal. Por la calle se le unieron varios fieles que le acompañaron junto al sacristán que abría la comitiva portando una pértiga rematada en una cruz de barrocas formas y los dos acólitos que alumbraban con unas candelas protegidas por fanales. Uno de ellos hacía sonar con ritmo monótono y cadencioso una campanilla. La pequeña procesión que se había organizado en torno al viático cubrió en pocos minutos la distancia que separaba la iglesia de San Esteban de la casa donde Vivaldi agonizaba.

Los últimos rayos de sol caían sobre los pendientes tejados de pizarra negra y sobre las fachadas de las casas de Viena, dando una tonalidad anaranjada a los reflejos de luz dorada que anunciaban la llegada del crepúsculo.

El padre Stöfel recogió la confesión del músico agonizante, quien conservaba la lucidez. Le manifestó haberse confesado hacía poco tiempo, aunque en el estado en que se encontraba —caía en profundos sopores cuando la fiebre arreciaba— no podía precisar cuánto tiempo exactamente había transcurrido, pero no más de tres o cuatro días. Le dijo haberlo hecho con un padre de la Compañía de Jesús, quien le invitó a hacer una confesión general. Así lo hizo y en ella le reveló numerosos aspectos y detalles de su vida, aunque muchos no estaban relacionados con cuestiones de conciencia. Pero Vivaldi —así se lo manifestó al párroco de San Esteban— hizo un completo repaso de su vida, animado por el sacerdote que le escuchaba, quien le invitó, incluso, a que le contase todo aquello que le descargase la conciencia. Le dijo al párroco que manifestó al jesuita la tranquilidad con que quedaba su espíritu tras haber tenido noticia certera de que el último correo que había enviado a Venecia, que según él era de suma importancia, había llegado a su destino.

Cuando Stöfel abandonaba la casa de la viuda Wahler tenía la completa seguridad de que la confesión que el músico veneciano había hecho días atrás no había sido un acto sacramental.

Vivaldi se había confesado con un farsante, que aprovechó la circunstancia para enterarse de los secretos de su vida. Lo que no alcanzaba a adivinar era dónde estaba el interés que podían tener en sonsacarle algo relacionado con su persona o su vida. Lo más probable es que todo aquello tuviese relación con las misteriosas visitas que recibía y que tanto habían preocupado a su casera.

A pesar de lo extraño que resultaba el episodio estaba contento de no haber mencionado nada de ello al agonizante músico. ¡Quién sabe cómo hubiera turbado su ánimo una revelación de aquel calibre! Lo mejor era que expirase en paz y entregase el alma a su creador con la serenidad de ánimo que había percibido en su conversación. Lo más conveniente era que el secreto de todo aquello se lo llevase Vivaldi a la tumba cuando muriese, cosa que ocurrió en la madrugada del siguiente día.

Emmanuel Stöfel había observado unos irreprochables principios de caridad cristiana cuando actuó de aquel modo. Había acertado al determinar que aquellos jesuitas no eran tales, sino que se trataba de gentes que habían obtenido, por tan inicuo método, algún secreto importante que el veneciano poseía. Pero en lo que el clérigo vienés se equivocaba de plano era cuando creía que aquel secreto se iba a la tumba con Vivaldi.

2

Venecia vivía el dorado esplendor de su decadencia. Estaba en crisis la poderosa flota veneciana que en otro tiempo había señoreado las aguas del Mediterráneo y llevado sus pabellones por el mar Negro y sus costas, donde los capitanes venecianos abrían el camino a sus mercaderes para que traficasen con los comerciantes de pieles, de maderas y de ámbar que bajaban del norte de Rusia, por el mar Egeo y sus islas, disputadas con ardor y fiereza durante siglos, a bizantinos primero, y a turcos después, para tener apoyos en los que asentar su dominio. El Adriático era un mar veneciano, la mayor parte de sus costas e islas estaban bajo su control militar.

Ahora no había pasión por el mar, los viejos capitanes de guerra, los que abrían paso a los mercaderes, habían sido sustituidos por capitanes mercantes, que deseaban seguridad y ganancias rápidas, cosa que no siempre era posible. Preferían la vida fácil en sus palacios entre los canales y no estaban dispuestos a luchar como sus antepasados.

A pesar de las dificultades para comerciar ante la dura competencia de otras flotas y de que la molicie se había instalado entre el patriciado veneciano, no más de una treintena de familias, el aspecto de la ciudad era impresionante. El lujo de que hacían gala esos patricios, imitado por la pequeña nobleza, hasta más allá de sus posibles, llenaba las calles, las plazas y los canales de la sin par ciudad. Pero había más cáscara que contenido. El dogo y el consejo de los diez se aferraban a las viejas tradiciones, sin percatarse de que por otros lados soplaban vientos de cambio y de renovación. Mantenían una envidiable red de informadores, pero a diferencia de lo que ocurría en otros tiempos, a la información no se le extraía todo su jugo.

Conservaban el despliegue diplomático que había hecho célebre a la Serenísima República durante siglos y que tantas ventajas les habían proporcionado en los asuntos del comercio y de la política. Por ese orden, porque ése era el orden que interesaba a los gobernantes de Venecia. Igual que siempre se definieron primero venecianos, después cristianos. Fondeadas en el canal de San Marcos se mecían, airosas, numerosas galeras donde flameaba la enseña de la ciudad: el dorado león de san Marcos. Entre ellas un verdadero enjambre de estilizadas góndolas, oblongas barcas de remos, algunos faluchos y otras embarcaciones menores se desplazaban de un lugar a otro de la Laguna, dando una fuerte sensación de actividad.

Dos individuos, que habían cruzado el límite de tierra firme por la zona de Mestre a eso de las diez, atracaron en el pequeño muelle de la *piazzetta* de San Marcos. Tenían en su semblante las marcas del cansancio, pero en sus ojos brillaba la satisfacción.

Como buenos venecianos entraron en la basílica del santo patrón de la ciudad a dar gracias por los beneficios de un viaje que habían culminado felizmente. Después se dirigieron al vecino palacio ducal, donde estaba la residencia de los dogos. Pasaron por delante de las horribles bocas, empotradas en la pared, por donde, quien lo desease, podía introducir el texto de una denuncia anónima contra alguien que supuestamente hubiese realizado alguna acción contra los intereses de Venecia. Era un procedimiento terrible, inquisitorial y daba escalofríos sólo pensar en cuántas historias, verdaderamente trágicas, habían tenido su origen en un papel sin firma depositado por una mano anónima en algunas de aquellas terribles bocas.

Instantes antes de que en la vecina torre del Reloj, donde los *moros* autómatas manejaban sus martillos, sonaran, lentas y majestuosas, las campanadas que anunciaban el mediodía, llegaban a las puertas del palacio. Resueltas las complejas formalidades y comprobadas las acreditaciones correspondientes, fueron acompañados por un funcionario y escoltados por un soldado de vistoso uniforme.

Los dos individuos casi si habían tenido tiempo de asear sus personas, salvo en lo más indispensable que el decoro exigía, después de haber cabalgado tres horas desde el amanecer de aquella jornada, porque el dogo les iba a recibir en persona. Un recibimiento que revelaba la importancia de su misión. Subieron por la llamada escalera de los Gigantes y penetraron en el laberinto de dependencias de la primera planta del palacio.

Apenas hubieron de aguardar en la antesala del salón Mayor del Consejo. Les llamó la atención porque era del dominio público que los gobernantes de Venecia, maestros en todas las artes de la diplomacia, obsequiaban con largas esperas a quienes tenían que recibir. Era la fórmula a través de la cual se colocaban anímicamente muy por encima de quienes les visitaban y que aplicaron, incluso, a los representantes diplomáticos de las más poderosas potencias, incluido el papado.

En la sala Mayor del Consejo, sentado en un trono real, les aguardaba el dogo. Los dos hombres sintieron que caía sobre ellos, abrumándolos, el peso de largos siglos de historia. Aquel enorme espacio estaba decorado con un lujo desbordante, en el que destacaban las pinturas de algunos de los grandes maestros venecianos: allí podía verse la famosa representación del *Paraíso* de Tintoretto y la espectacular *Apoteosis de Venecia* —alegoría donde quedaban representadas las grandes gestas realizadas por los venecianos a lo largo de su rica historia— de Paolo Veronesse. Recibía una luz, tamizada por los ricos cortinajes, creando una atmósfera de ensoñación y que presentaba una imagen casi irreal del dogo, alejada de las cotidianas tareas de los mortales.

Los dos hombres avanzaron, atenazados por los nervios, hacia el sitial donde estaba entronizado el dogo Contarini. Una especie de chambelán que los acompañaba, les había dado instrucciones muy precisas sobre la manera de conducirse. En el salón sólo les aguardaba el dogo y un secretario que, armado de los adminículos propios de su oficio, se sentaba ante una pequeña mesa situada de forma discreta al pie del trono y la distancia precisa para cumplir con su cometido. Cuando llegasen a un determinado punto —estaba marcado en el suelo— habrían de detenerse, poner una rodilla en tierra y doblar la cerviz. Así permanecerían hasta que el dogo les hiciese una indicación.

No hubieron de esperar mucho en aquella posición porque rápidamente fueron invitados a levantarse:

—Alzaos, acercaos y sed bienvenidos.

También les habían prevenido que sólo avanzasen algunos pasos. Así lo hicieron.

El chambelán les presentó de nuevo.

—Ludovico Gaspieri y Tibaldo Paccini, enviados a Viena por mandato de Su Serenísima en misión especial.

El dogo hizo un gesto de asentimiento apenas perceptible. El chambelán realizó una cortesana reverencia y se retiró del salón andando hacia atrás, hasta llegar a las marcas donde los dos viajeros habían doblado la rodilla. Sólo entonces dio la espalda.

A la distancia que Ludovico y Tibaldo se encontraban el rostro del dogo, que era la única parte de su cuerpo que podía verse a causa de los amplios ropajes que vestía, era una máscara surcada por arrugas grandes y profundas. Estaba tocado con un bonete dorado y rojo que se ajustaba a la forma de su cabeza, del que emergía una especie de cuerno o protuberancia en la parte posterior. Calzaba borceguíes de un rojo carmesí y guantes del mismo color.

—Celebro que hayáis regresado con bien de vuestro viaje, espero que también esa bondad haya acompañado la misión que se os encomendó. Estoy ansioso por conocer los resultados. ¿Qué tal *micer* Antonio Vivaldi?

Tras las palabras del dogo hubo unos segundos de silencio producidos por la indecisión de los dos hombres que comparecían ante él. Hubo un intercambio de miradas vacilantes y fue Tibaldo Paccini quien hizo uso de la palabra, con voz temblorosa.

—Excelencia, permitidnos que, en primer lugar, os manifestemos nuestro más profundo agradecimiento por la acogida que nos habéis dispensado y los buenos deseos manifestados por vuestra excelencia. Supone para nosotros motivo del mayor de los orgullos el que...

Paccini se vio bruscamente interrumpido por la palabra cortante del dogo:

—Ahorraos los cumplidos e id el grano, ya que son muchos los asuntos que requieren de nuestra atención y no disponemos de todo el tiempo que sería menester.

A Paccini se le mudó la coloración del rostro y una palidez marmórea se apoderó de sus facciones. Balbució unas excusas y continuó con una voz que apenas le salía del cuerpo.

—Según las instrucciones que nos fueron dadas, nos desplazamos hasta Viena para conocer del paradero de *micer* Vivaldi y obtener cierta información reservada. No nos fue difícil localizar al compositor, pues su presencia en aquella ciudad era del dominio de los amantes de la música, que fue donde realizamos unas discretas pesquisas que nos permitieron conocer algunos aspectos de su vida en dicha ciudad y su paradero. Para evitar cualquier tipo de sospechas nos presentamos como músicos miembros de una orquestina que deseaba hacerse con algunas composiciones del maestro. Sabíamos, por informes anteriores, que estaba escaso de dinero, hasta el punto de soportar penurias y estrecheces. En Viena eran públicas las necesidades económicas por las que atravesaba *micer* Vivaldi en aquellos momentos y se nos dijo que en los últimos tiempos habían sido varios los intérpretes que habían acudido a él con el propósito de adquirir algunos conciertos y obras sueltas. Supimos que se alojaba en casa de la viuda de un guarnicionero, quien le daba comida y techo por un módico precio que, sin embargo, resultaba una pesada carga para el compositor. Obtuvimos una información adicional que resultó ser de un valor extraordinario para nuestros propósitos...

—¿Qué era ello? —preguntó el dogo.

—Veréis, excelencia —Paccini había empezado a sudar según denotaba su rostro—, alcanzamos a saber que *micer* Vivaldi se encontraba gravemente enfermo hasta el punto de que hacía muchos días que no se le había visto por un café próximo a la catedral, adonde solía acudir a departir con algunas personas con quienes compartía aficiones. La enfermedad había de ser de cierta consideración porque le retenía en cama desde hacía ya más de una semana.

—¿Qué hicisteis entonces? —preguntó el dogo, interesado y adoptando una postura menos hierática de la mantenida hasta aquel momento.

—Dejamos que transcurriesen algunos días en los que continuamos recabando datos para nuestro propósito, siempre con suma discreción, esperando que la salud del músico mejorase y pudiésemos mantener un encuentro con él. Pero al comprobar que el tiempo transcurría y *micer* Vivaldi no daba señales de mejorar en su estado, pues todo hacía indicar que continuaba postrado en el lecho, decidimos poner en marcha un plan que habíamos madurado con antelación. Nos hicimos pasar por sacerdotes, concretamente miembros de la Compañía de Jesús...

—¿¡Por jesuitas!? —exclamó el dogo.

—Así es, excelencia, jesuitas que tenían relaciones con el compositor por causa, precisamente, de la música. Con aspecto y vestiduras de tales nos presentamos en la casa donde estaba alojado, explicando que acudíamos por indicación del padre Stöfel, que era el párroco de la iglesia donde *micer* cumplía sus obligaciones religiosas. Con aquellas credenciales la viuda Wahler, que es el nombre de la dueña de la casa donde se alojaba, no puso objeciones para que le visitásemos. Se sintió aliviada con nuestra presencia porque le preocupaba el estado de Vivaldi.

—¿Qué hubiese ocurrido, si el plan falla? —preguntó el dogo.

—Excelencia, simplemente hubiésemos perdido un tiempo que, desde luego era precioso, algún dinero y poco más, porque aquellos dos jesuitas hubiesen dejado de existir a las pocas horas.

—¿Tal vez, hubieseis puesto sobre aviso a la patrona de Vivaldi?

—No lo creo, excelencia —Paccini, que continuaba sudando copiosamente, tenía ahora, sin embargo, un aplomo que nadie hubiese vaticinado minutos antes—, la señora Wahler estaba acostumbrada a que llegasen hasta su casa, según los informes que habíamos recabado, numerosas visitas. En tales circunstancias dos honorables miembros de la Compañía de Jesús no levantarían sospecha alguna en quien es una piadosa mujer. Ella fue quien nos solicitó que escuchásemos en confesión al enfermo y le administrásemos el sacramento de la penitencia.

El dogo no pudo evitar que una malévola sonrisa se dibujase en sus labios:

—Está bien, está bien. Proseguid.

—Así llegamos hasta Vivaldi, quien apenas abultaba bajo la ropa de cama del lecho donde yacía. A pesar de su estado, mantenía viva la lucidez de la mente. Le explicamos nuestra presencia allí como enviados del párroco Stöfel para atenderle espiritualmente, ya que él había tenido que ausentarse por unos días a causa de un asunto familiar.

—¡Corristeis otro riesgo más al actuar de aquella manera! ¿Si hubiese aparecido el padre Stöfel o Vivaldi hubiese recobrado la salud? —protestó el dogo.

—El primero era un riesgo calculado, excelencia. Si nuestra operación tenía éxito poco importaba que Stöfel y la viuda Wahler descubriesen que los dos jesuitas que visitaron al moribundo eran un par de impostores. En el peor de los casos un par de impostores dentro del círculo de extrañas gentes en el que parecía haberse desenvuelto nuestro hombre en los últimos tiempos de su vida. En cuanto a lo segundo, os podemos asegurar que resultaba imposible, salvo que Dios Nuestro Señor —se santiguó al decir esto— hubiese dispuesto otra cosa. El estado de *micer* Vivaldi era el de alguien a quien apenas le quedaba un hálito de vida. En todo caso, excelencia, nuestra decisión se reveló acertada. Sólo unos días más y nuestros esfuerzos hubiesen resultado vanos. *Micer* Vivaldi entregó su alma a Dios apenas tres días más tarde.

—¿Vivaldi ha muerto?

—Así es, excelencia, falleció al amanecer del mismo día en que nosotros abandonábamos Viena.

El rostro del dogo no dejaba entrever ninguna emoción. Había recuperado el hieratismo del principio. Nadie podría decir cuál era el efecto que le había producido aquella noticia.

—Continuad —instó, una vez más, a Paccini.

—Tal vez porque su extrema debilidad había quebrado su

voluntad o tal vez porque en las circunstancias en que se encontraba el deseo de descargar su alma era superior a cualquier otra consideración, hizo que nuestra tarea fuese mucho más fácil de lo que habíamos imaginado. Vivaldi hizo una especie de confesión general repasando lo que había sido su vida y de forma muy especial sus últimos tiempos.

—¿Confesasteis a Vivaldi? —preguntó el dogo.

—Yo no, excelencia, fue Ludovico quien lo hizo, aunque mejor sería decir que quien lo hizo fue el padre Hoffmann.

—¿El padre Hoffmann?

—Así es, excelencia, el padre Hoffmann. Ése era el nombre de uno de los jesuitas que visitaron al moribundo.

El dogo Contarini se limitó a asentir con un ligero movimiento de cabeza.

—¿Y cuál fue el resultado de esa confesión general? —preguntó el dogo, quien otra vez tenía dibujada una sonrisa malévola en su fina boca.

—Ludovico, excelencia, puede explicároslo mejor que yo.

Ludovico Gaspieri abrió la boca por primera vez.

—Excelencia, la confesión de Vivaldi duró cerca de una hora...

El dogo se limitó a requerirle:

—Aunque habréis de hacer un informe pormenorizado de todo ello como cumple a vuestra obligación, ahora limitaos a lo esencial.

—Con sumo gusto, excelencia. Por boca del propio *micer* Vivaldi hemos confirmado todas nuestras sospechas. Efectivamente era miembro de esa misteriosa organización o secta a la que dan el nombre de *Fraternitas Charitatis,* cuyos objetivos están relacionados con el control y ocultamiento de determinados saberes por el peligro que dicho conocimiento acarrearía a la humanidad.

Apareció una leve expresión de tensión en el inescrutable rostro del dogo.

—¿Qué sabéis de la *Fraternitas Charitatis*? —preguntó con un deje de crispación en su voz.

—Muy poco, excelencia.

—¡Cómo que muy poco! ¿Qué os dijo Vivaldi al respecto? Vuestra misión era precisamente obtener toda la información que fuese posible acerca de esa organización esotérica, una vez que teníamos datos fehacientes de su pertenencia a la misma.

—Perdonad, excelencia, pero, además de confirmar que era miembro de dicha organización secreta, lo que obtuvimos fue poco más que el nombre de la misma y un aspecto importante derivado de su pertenencia a ella.

El dogo estuvo a punto de interrumpirle otra vez, pero se contuvo y esperó a que se explicase.

—Por mucho que traté de penetrar en el asunto —continuó Gaspieri—, me encontré con una barrera infranqueable para mis propósitos. Sólo pude saber que la *Fraternitas Charitatis* tiene ramificaciones que se extienden por las más importantes ciudades del orbe conocido y que su finalidad es la que he señalado a vuestra excelencia: el control de saberes y conocimientos de importancia extraordinaria. Tanta, que la difusión de los mismos más allá de un círculo reducido que sea capaz de ejercer un férreo control sobre ellos, traería consecuencias gravísimas para la humanidad. Ésa es la misión de la secta a la que pertenecía *micer* Vivaldi. Por lo que respecta a su relación con la *Fraternitas Charitatis* he de deciros que su estancia en Viena estaba relacionada con su vinculación a ella y a que, por un conducto que ignoramos, Vivaldi había alcanzado uno de esos saberes cuya difusión es considerada peligrosa por la secta.

—¿Nada sabéis al respecto?

—Sabemos, señor, que las visitas de gentes que acudieron a verle durante estos meses están relacionadas con ello. Pero por mucho que indagamos para obtener una pista que nos condujese a alguno de sus visitantes, no pudimos sacar nada en limpio.

—¿Nada conseguisteis de esa viuda en cuya casa se alojaba?

—Lo intentamos, excelencia, pero sólo pudimos saber que no conocía a ninguno de los visitantes y que, en su opinión, se trataba de gentes extrañas.

—Habéis dicho antes que conseguisteis alguna información importante, creo que habéis utilizado exactamente esa palabra para calificarla, acerca de la vinculación de *micer* Vivaldi a la *Fraternitas Charitatis*.

—En efecto, excelencia, como sospechábamos, aunque no sabemos cuál fue la vía por la que llegó a alcanzarlo, Vivaldi había descubierto uno de esos saberes cuya difusión controlan desde la secta a la que pertenecía.

—¿Cómo tenéis certeza de ello? —preguntó el dogo.

—Porque fue el propio Vivaldi quien nos lo confesó.

—¿Y de qué se trataba? —el interés brillaba en los ojos del gobernante.

—Lo ignoramos, excelencia.

—¿Queréis decir que os confesó que había hecho un descubrimiento de importancia tal que era necesario preservarlo del conocimiento del mundo y no os dijo cuál era? —en las palabras del dogo había una mezcla de irritación y decepción.

—Vivaldi actuó como un ejemplar miembro de la secta. No divulgó algo que no debía ser conocido fuera del círculo de iniciados de la *Fraternitas Charitatis*, excelencia.

—¡Pero estabais confesándole!

—Excelencia, puedo juraros por el mismísimo san Marcos que no fue fácil que confesase su pertenencia a dicha organización y que su presencia en aquella ciudad estaba relacionada con lo que acabo de deciros.

—Coincidiréis conmigo en que vuestra misión apenas si ha aportado algo más de lo que ya sospechábamos —el dogo no se molestaba en ocultar sus sentimientos de desilusión.

—Hay algo más que aún no os hemos dicho, excelencia. Algo que justifica el esfuerzo que la Serenísima ha realizado.

—¿Qué es ello? ¡Cómo es que no me lo habéis dicho!

—Perdonad, excelencia, pero he tenido que contestar a las diferentes preguntas que su excelencia ha tenido a bien formularme.

El dogo se removió inquieto en su sillón.

—Está bien, está bien. Os escucho y espero, por vuestro bien, que eso que aún os queda por decirme tenga más interés que todo lo que hasta ahora me habéis contado.

—Excelencia, Vivaldi envió a Venecia, antes de enfermar, una carta con un texto donde explicaba ese misterioso descubrimiento que había hecho y que a toda costa debía permanecer oculto. Porque ha de saber su excelencia que los miembros de la *Fraternitas Charitatis* no desean que ese conocimiento se pierda, sino que no se difunda. Al menos que no se difunda hasta que ellos lo consideren adecuado.

—Buscar esa carta será como buscar una aguja en un pajar —rezongó el dogo.

—No, excelencia, porque sabemos el nombre de la persona a quien Vivaldi dirigió esa carta.

—¡El nombre! ¡Decidme el nombre de esa persona! —ahora el dogo Contarini estaba excitado.

—Puedo daros algo más que el nombre, excelencia. Tenemos en nuestro poder la carta que dicha persona escribió a Vivaldi acusando recibo del envío.

—¿Cómo es posible que tengáis ese escrito? —una sombra de duda había aparecido en el rostro del dogo.

—Durante el tiempo que estuve oyéndole en confesión me pidió agua en tres ocasiones porque tenía la garganta seca y la calentura hacía arder su cuerpo. En un momento determinado esto me hizo pensar que podía obtener una ventaja adicional. El agua estaba en un búcaro colocado sobre una cómoda a la que yo acudía con un vaso cada vez que me solicitaba aquel alivio, la tercera vez añadí al agua un narcótico que llevaba oculto entre mis ropas. Vertí la pócima en el agua y quedó sumido en un profundo sueño. Aproveché el momento para registrar la estancia, con la seguridad de que Tibaldo guardaba la puerta y que no se interrumpe a un sacerdote en un acto tan importante como es la confesión de un moribundo. Mis esfuerzos se vieron recompensados porque encontré esta carta —al decir esto sacó de uno de sus bolsillos un papel que enseñó de forma ostentosa.

—Entregadla al secretario para que proceda a su lectura —las palabras del dogo tenían la fuerza de una orden que no se discute.

A Gaspieri le hubiese gustado ser él quien diese lectura al contenido de aquellas líneas, pero era consciente de que tal cosa ya no era posible. Se acercó hasta el bufete donde el secretario cumplía con su obligación, quien sin perder un instante dio lectura a su contenido. En el membrete de la misma estaba escrito con letra grande y de cuidada caligrafía:

Micer Antonio Vivaldi
Kärntnerstrasse Satlerisches Haus Kärntner Tor
Viena

Al pie del mismo el remite del autor:

Tomasso Bellini
Via di Toletta, alla volta della Chiesa di Santo Trovaso
Campo di Santo Barnaba
Venecia

Querido don Antonio, hago votos por que vuestra salud, quebrantada según me comentáis en vuestra carta, se restablezca tan pronto como yo deseo. He recibido vuestro encargo y podéis quedar tranquilo porque, cumplidos los trámites a que ha lugar tan importante asunto, todo quedará a buen recaudo, como ha de ser.

Pido a la Madonna y a san Marcos, nuestro santo patrón, que os concedan la salud y, aunque para la buena marcha de asunto tan crucial como el que os ha llevado hasta esa ciudad era necesaria vuestra presencia en la misma, deseo fervientemente que tan pronto como os sea posible y vuestra salud recuperada os lo permita, os veamos de nuevo por nuestra ciudad.

Recibid, como siempre, el afectuoso saludo de vuestro hermano y servidor:

Tomasso Bellini

Acabo de tener noticia de Galeazzo Moroni y de Filippo Bembo de que ambos han recibido, sin problemas, comunicación del envío que me habéis realizado.

El rostro del dogo Contarini apenas podía disimular la alegría que sentía. Ciertamente el trabajo realizado por aquellos dos agentes había sido espléndido. No habían obtenido la información que *micer* Vivaldi se había llevado consigo a la tumba sobre el misterioso secreto que le condujo hasta Viena, pero habían logrado una pista extraordinaria por cuanto tenían los nombres de las personas que podían informarle acerca de aquella cuestión que parecía ser de importancia vital para el conjunto del orbe.

—Habéis cumplido como buenos venecianos y la República es generosa con quienes le sirven, como vosotros lo habéis hecho. Recibiréis una generosa recompensa. Ahora podéis retiraros. Un escribano tomará declaración de todos aquellos pormenores que consideréis necesario deban ser consignados para memoria y recuerdo de este asunto.

Apenas habían iniciado Ludovico y Tibaldo una respetuosa reverencia, cuando sonó el chasquido que se producía al abrirse la puerta por donde habían entrado al Salón Mayor del Consejo. El chambelán que les había conducido a presencia del dogo apareció a su lado y les acompañó hasta la salida. El dogo Contarini había recuperado el hieratismo y la rigidez de su figura.

Mientras los dos agentes de la Serenísima abandonaban el lugar eran conscientes de haber prestado un gran servicio. Así parecían decírselo los mudos rostros de las grandes figuras de la historia de su ciudad que les miraban desde *La Apoteosis de Venecia* inmortalizadas por los pinceles de Paolo Veronesse. También eran conscientes de que la apertura de la puerta y la entrada del chambelán en el momento oportuno señalaban que los ojos y oídos de la Serenísima llegaban hasta el mismísimo salón donde el dogo recibía las visitas.

Al día siguiente un gondolero descubrió dos cadáveres que flotaban en las aguas. Habían sido acuchillados. Fueron identificados como los de Ludovico Gaspieri y Tibaldo Paccini.

3

Los potentes motores del Airbus A-320 de la compañía Iberia ronroneaban mientras el avión se desplazaba lentamente. Una vez situado en la pista de despegue y recibida la orden, el Airbus levantó el vuelo en pocos segundos. Con sólo diez minutos de retraso sobre el horario establecido del barcelonés aeropuerto del Prat el vuelo IB 4383, que cubría la línea entre la capital catalana y Venecia en una hora y cincuenta y cinco minutos, llegaría al Marco Polo a las ocho y cuarto hora española, las nueve y cuarto en Italia.

Lucio Torres, el pasajero que ocupaba el asiento 16 A, iba a realizar, de una vez, varios de los sueños de su vida. Desde pequeño anhelaba conocer Venecia, que había imaginado de formas diferentes, después de leer todo lo que había encontrado referente a tan singular y mágico lugar.

¡Una ciudad construida sobre una laguna!

Si Venecia no hubiese existido, Julio Verne —había pensado en alguna ocasión Lucio Torres— habría imaginado un emplazamiento como aquél para alguna de las aventuras que con tanta fruición leyera durante su infancia. Le resultaba tan fantástico como recorrer veinte mil leguas a bordo de un barco que surcaba los mares navegando por los fondos marinos, o tan espectacular como realizar un viaje hasta las entrañas de la Tierra.

A sus veintisiete años Lucio Torres, músico graduado en el Conservatorio Superior de Música de Córdoba, era ya un notable concertista de violín, pese a su juventud. Sabía que aún le quedaba un largo camino por recorrer para convertirse en el maestro que desde niño había soñado ser, pero sabía que estaba en el camino acertado para conseguirlo. Con sus años era ya el concertino de la orquesta de cámara de su ciudad natal, además le habían llegado sustanciosas ofertas que, hasta el momento, había declinado por cuestiones personales. La última de ellas era la que le había hecho, para incorporarse a la orquesta sinfónica de España, Lucas Briviesca, el gran preboste de la música española, quien le había dirigido con motivo de unos conciertos extraordinarios celebrados en su ciudad natal. Briviesca se apercibió desde los primeros ensayos del valor de Lucio y la oferta había quedado abierta hasta final de año, en una muestra de generosidad y también de egoísmo por parte del director, quien no deseaba renunciar en modo alguno a ser el impulsor del talento que creía haber descubierto y al virtuosismo que eran capaces de desarrollar las manos del joven violinista.

Lucio Torres también había imaginado su llegada a Venecia de todas las formas posibles. Los amigos que habían conocido la ciudad le habían dicho que tratase, por todos los medios, de hacer su entrada de noche y por la laguna, a bordo de un *vaporetto*; en un momento en que la estudiada iluminación de la ciudad le ofreciese los perfiles románticos de sus palacios y las siluetas inconfundibles de sus grandes monumentos. Aquélla era la forma de conservar un recuerdo imborrable de una de las ciudades más bellas del mundo, cuando las sombras de la noche cubrían piadosamente las vergüenzas del abandono y la incuria acumulada durante siglos. Muchos de los palacios de las grandes familias venecianas, que habían dado el nombre y el lustre a aquel capricho fruto del empeño y la tenacidad de generaciones, eran una venerable ruina.

Lucio Torres quería grabar de forma indeleble en su memoria las imágenes y las sensaciones de aquella Venecia que iba a pisar y a vivir a partir del 18 de septiembre de 2003, una vez que tomase tierra en el aeropuerto Marco Polo, enclavado en la zona industrial de Mestre. Cogería un tren ligero hasta la zona de Santa Lucía y luego tomaría un *vaporetto* que le llevase por el Gran Canal hasta la *piazza* de san Marcos. Después se dirigiría al Bucintoro, el alojamiento que tenía reservado y que quedaba cercano, donde pernoctaría las tres semanas siguientes, tiempo de duración de las Jornadas Musicales organizadas por «Los Amigos de Vivaldi», dedicadas al barroco del tránsito del siglo XVII al XVIII. Aprovecharía la noche, como le habían recomendado amigos y conocidos, para recorrer los itinerarios que en su imaginación tantas veces había realizado. Caminaría por callejones, cruzaría por canales y puentes y deambularía por la *piazza* de San Marcos.

Aquellas semanas suponían para Lucio entrar en contacto con los grandes maestros que tenían anunciada su asistencia a las jornadas, maestros como Salvatore Accardo, Maxim Vengerov, Anne-Sophie Mutter, Kyung-Wha-Chung y sobre todos Isaac Stern. Aunque no era la primera vez que viajaba fuera de España para asistir a congresos, jornadas y cursos, aquéllas, por ser en Venecia y estar dedicadas al barroco, tenían un interés particularmente especial. Significaban, además, entrar en contacto con la realidad material, los lugares y rincones donde había transcurrido la vida de quien había sido desde siempre su gran ídolo, el compositor más genial y el violinista más sublime de todos los tiempos: Antonio Vivaldi. Aquella devoción le había llevado a estudiar italiano hasta alcanzar un aceptable nivel y a profundizar en la figura del compositor, cuya vida y obra deseaba investigar en la medida de lo posible.

El programa de las Jornadas, en el que había incluidas numerosas actividades sociales, le permitiría disponer de tiempo libre para adentrarse hasta donde le fuese posible en la médula de aquella ciudad. Pero sobre todo tendría tiempo de acudir al *Ospedale della Pietà*, donde el gran maestro había ejercido como profesor durante muchos años de su vida, en diferentes etapas. Tenía guardada, como oro en paño, la autorización que le había sido concedida, gracias a las gestiones realizadas por Briviesca, para acceder al archivo y a la documentación que allí se conservaba referente a las actividades de la famosa institución musical veneciana y las personas que por ella habían desfilado a lo largo de sus siglos de existencia.

Había ahorrado durante meses y conseguido una ayuda de una institución privada para disponer, si no de todo el dinero que hubiese deseado sí al menos para tener recursos suficientes que le permitiesen convertir en realidad sus sueños de muchos años, tales como visitas a museos, iglesias y lugares de interés; conocer otras de las islas de la laguna Véneta, como Murano o Torcello; pasear en góndola a diferentes horas y por distintos canales; tomar tantos cafés como quisiese, aunque sabía que habría de pagarlos a precio de oro en la *piazza* de San Marcos, dejándose acariciar por la música de las orquestinas que allí actuaban.

Había soñado tanto con aquel viaje, con aquellas jornadas y con Venecia que apenas si quedaba algo al albur de la improvisación. Lucio era un hombre metódico, quizá por la disciplina que había tenido que imponerse a sí mismo durante los largos años de estudio, disciplina que no había cesado después como consecuencia de las largas horas dedicadas al trabajo diario y al ensayo con su violín.

Hacía ya tres años que había logrado otro de sus sueños: comprar un Tononi, gracias a la herencia de una tía y a la ayuda de sus padres, que constituyó la base de los seis millones de pesetas que hubo de pagar. Encontró su primer trabajo en un instituto de enseñanza secundaria para impartir, como interino, la asignatura de música. Fue una experiencia traumática por el concepto que de dicha asignatura se tenía en el centro y por la falta de interés de sus alumnos. Sólo algunas excepciones le compensaron aquellos nueve meses de padecimiento y esfuerzo casi baldío.

El verano siguiente, en el que se había resignado a tomarse su trabajo, no como la ilusionada tarea de enseñar unos rudimentos musicales a grupos de jóvenes, sino como una forma de ganarse la vida con el sudor más amargo de su frente, lo fue de cierta tranquilidad, pero lo vivió bajo la amenaza de la llegada del mes de septiembre con la posibilidad de tener que volver a repetir la desoladora experiencia del curso anterior. Por ello, cuando recibió la noticia de que había sido admitido como uno de los violinistas que formarían parte de la orquesta de cámara de Córdoba, aunque el salario fuese inferior al que percibiría como docente, experimentó una alegría al menos tan grande como la que experimentó cuando alcanzó la graduación.

Aquel tiempo lo había vivido con completa dedicación a su gran pasión. Apenas había puesto su atención en otra cosa. Su trabajo en la orquesta le llevó, a base de tesón y también gracias a sus cualidades, a convertirse primero en violín habitual, luego en un valor fijo y más tarde en una pieza fundamental de la orquesta, hasta alcanzar el puesto de concertino, lo que hacía recaer sobre las cuerdas de su violín una buena parte de la responsabilidad de los conciertos.

No había sido, aunque pudiese parecerlo, un camino de rosas. En aquel recorrido tuvo tropiezos importantes. Las envidias, las zancadillas y malas artes derivadas de la dura competitividad congénita al mundo de la música fueron una constante. Hubo momentos de desánimo y de desilusión, pero todo ello lo superó con una voluntad férrea.

En aquellos años su estrella no había parado de ascender. Había pasado de ser un estudiante brillante, dotado de «ciertas cualidades y algunas capacidades», como decían varios de sus profesores, a ser una promesa, que no había cesado de consolidarse día tras día. Así hasta que llegó el ofrecimiento de Lucas Briviesca: ¡La orquesta sinfónica de España estaba a su alcance! Un sueño por el que muchos de sus colegas no habrían tenido reparo en vender su alma al diablo.

¡Y él se había permitido el lujo de darse un tiempo para tomar una decisión!

Habían sido años de esfuerzo y trabajo, en los que hubo un par de romances, en los que había habido mucho sexo y poco más. Había colaborado a ello, sin duda, el atractivo de un músico joven, con gran proyección, dotado de una fina sensibilidad, valores que cotizan en la mayor parte de los ambientes femeninos. También su físico que, sin alcanzar el nivel de los cánones establecidos en los anuncios que llenaban vallas publicitarias o aparecían reiteradamente en la propaganda de cualquier producto, era aceptable. Un metro setenta y nueve, setenta y cuatro kilogramos de peso, le daban un porte ligeramente delgado, muy acorde con su actividad. Pelo negro y lacio, partido con una raya en medio y moderadamente largo. Ojos grandes y negros, de mirar sereno, pero capaces de transmitir la intensidad de una pasión, rostro alargado y labios finos. Sólo rompía la armonía una nariz aguileña y la marca que había dejado en la piel de su cara un fuerte acné juvenil.

Aquellos romances no habían ido más allá de ser atractivos pasatiempos. Todavía no se había cruzado en el camino de Lucio Torres la mujer que lo enamorase.

Cuando aterrizaron, Lucio Torres cogió con sumo cuidado del compartimiento para equipajes de mano que había sobre su cabeza el estuche de su violín —no era obviamente el Tononi— y abandonó el avión. Tras recoger su equipaje en la cinta transportadora, se dirigió hasta la salida del aeropuerto. Tomó un tren hasta la pequeña dársena donde los *vaporettos* recogían viajeros. Se informó del que hacía el recorrido por el Gran Canal y rendía viaje en la *piazza* de San Marcos.

Cuando se montó en el *vaporetto* era consciente de lo que comenzaba a vivir: Venecia, la música y Vivaldi, enlazados íntimamente dentro de sí. Era un momento mágico y deseaba aprovecharlo, vivirlo plenamente. Deseaba que su viaje resultase inolvidable.

Así iba a ser. Pero lo que Lucio Torres no podía sospechar ni remotamente era la causa por la cual su estancia en Venecia iba a resultar inolvidable.

4

Habían transcurrido diez días desde que el joven violinista
arribara a Venecia. Tres le habían bastado para que un cúmulo
de sensaciones anidasen en su espíritu de forma contradicto-
ria. Aquella ciudad era un mundo de contrastes. Pero los contrastes vividos por Lucio Torres no eran solamente los que
recibía de las vibraciones que emanaban de la ciudad, sus iglesias, sus palacios, sus callejas, sus puentes o sus canales. También tenían su origen en la actividad que le había llevado hasta las orillas de la costa adriática. Las Jornadas Musicales no
sólo no habían respondido a las expectativas levantadas en el
joven músico, sino que se deslizaban por una pendiente peligrosa de desencanto. A la desorganización reflejada no sólo
en los pequeños detalles, sino en el corazón mismo de las propias Jornadas, se añadía una falta de respeto por los horarios
establecidos, que rayaba en lo grotesco. A todo ello había que
añadir que alguna de las renombradas figuras, que eran uno
de sus mayores atractivos, excusó su asistencia. Nadie, además, daba explicaciones ni asumía la responsabilidad del
rumbo de un evento que iba camino de convertirse en un
fracaso estrepitoso.

El contrapunto se lo proporcionaban a Lucio las horas pa-
sadas en el archivo del *Ospedale della Pietà*, donde llegaba a
perder la noción del tiempo entre las paredes del apacible lu-

gar donde estaba guardada la documentación de la institución que había llenado muchos de los años de la actividad de Vivaldi y que había sido en los siglos XVII y XVIII uno de los más importantes centros de la vida musical veneciana. Allí las niñas abandonadas por las más dispares razones —el *Ospedale* era en buena medida un orfanato— recibían una extraordinaria educación musical. Las más capacitadas formaban parte del coro de la institución, cuyas actuaciones constituían acontecimientos musicales en la ciudad.

Lucio Torres había concentrado su atención no tanto en la historia del *Ospedale* cuanto en la relación de Vivaldi con la institución, donde el conocido por sus contemporáneos como el *preste rosso* —cura rojo—, por causa del color de sus cabellos, había ejercido en diferentes etapas y con intermedios variables su actividad de maestro y compositor. Lucio Torres había albergado la velada esperanza de encontrar y dar a conocer alguna de las composiciones perdidas del maestro. En aquellos polvorientos papeles estaba una buena parte de la vida de Vivaldi y él lo sabía. Como conocía también que había muchas lagunas en su biografía y puntos oscuros o no debidamente resueltos por aquellos que se habían acercado a su vida y a su obra.

Cada vez que abría uno de los legajos a los que dirigía su atención más por intuición que por otra cosa, tenía la esperanza de que algo extraordinario pudiese suceder. El polvo depositado en ellos denotaba que era mucho el tiempo transcurrido sin que ninguna mano se hubiese posado sobre aquellos papeles.

También en el archivo del *Ospedale* se percibían esos contrastes. Frente al valor de sus legajos, la situación del archivo era de total abandono. No había un catálogo que sirviese de orientación —sólo existía una guía mecanografiada, que era un índice cronológico con algunas anotaciones acerca del contenido de los legajos— a quien tuviese la osadía de transitar por aquellos terrenos, que daban la sensación de ser tierra inexplorada. Lucio tuvo en algún momento la sensación de estar acabando con algún tipo de virginidad.

Lo único positivo que se derivaba de aquel abandono era la paz y tranquilidad que se respiraba en la sala donde trabajaba. Habían tenido la deferencia de llevar una mesa y una silla hasta la llamada sala del archivo, una buhardilla cuyas paredes estaban llenas de estanterías que iban desde el suelo hasta el techo, donde reposaban los legajos. Allí, en aquella soledad, el joven violinista, émulo del gran *prete rosso*, se había sentido tan cómodo que terminó considerando la dependencia como un terreno acotado para sus pesquisas.

Cuando aquel día a las seis de la tarde hubo de dar por concluida su tarea, porque el edificio donde se guardaba la documentación cerraba sus puertas, Lucio se dirigió hacia la *piazza* de San Marcos, donde cada día se tomaba un capuchino y se relajaba escuchando la orquestina del local. Por la noche iría hasta su hostal porque había quedado con una encantadora veneciana llamada María, profunda conocedora de la historia de su ciudad y estudiante de lenguas románicas, entre ellas el castellano, en la facultad de Filología de la Universidad del Véneto. Con ella había compartido muchas horas los días anteriores y visitado lugares que de otra forma le hubiesen quedado vedados. Se sentía a gusto con aquella veneciana.

María, que acababa de terminar su licenciatura, tenía veinticuatro años, era la única hija de la dueña del Bucintoro, el hostal donde se alojaba, y había viajado varias veces a España. Conocía razonablemente bien ciudades como Madrid y Salamanca, y en menor medida Sevilla y Granada. Hablaba castellano con soltura y tenía una pronunciación perfecta. A veces, le costaba entender a Lucio, quien hablaba un correcto andaluz en el que predominaba el seseo, abría las vocales y desaparecían algunas consonantes finales. También convertía en diptongos ciertas terminaciones del castellano.

Si Lucio Torres se había encontrado con una excelente cicerone para descubrir los encantos que toda ciudad posee y que sólo es posible conocer de la mano de un nativo, María del Sarto, ése era su apellido, tenía en él un magnífico compañero de prácticas para su castellano, con las salvedades indicadas.

De su mano había paseado por callejas perdidas entre canales solitarios, donde no llegaba el bullicio de los turistas; había descubierto viejos palacios que encerraban en sus muros, desgastados por el agua y el viento, historias llenas de fuerza, tremendas unas y llenas de lirismo otras. Había conocido lugares recónditos y también los que servían de punto de encuentro a los venecianos para tomar copas en medio de animadas charlas y muchos gritos. Habían disfrutado de paseos donde el silencio era tan elocuente como la más interesante de las conversaciones.

Lucio había descubierto gracias a María una Venecia que, de otra forma, le hubiese quedado vedada, oculta a sus ojos. Estaba agradecido a las muchas horas que ella le había regalado aquellos días. Poco a poco había anidado en él un sentimiento que iba más allá del agradecimiento. Lucio se hacía, cada vez con más frecuencia, una pregunta. ¿Estaría ella tan a gusto a su lado como lo estaba él con ella? También le ocurría que, en medio del trabajo, le venía a la mente su imagen, hasta el punto de estar continuamente en su pensamiento. Tomó la decisión de corresponder a la generosa disposición que María tenía con él. ¿Le sucedería a ella algo parecido a lo que le pasaba a él?

Cuando llegó al Bucintoro —el hostal tenía un nombre de fuertes resonancias de la Venecia histórica—, junto al canal de San Marcos, frente a la isla de San Giorgio Maggiore, en la ribera de los Santos Mártires, estaba anocheciendo. Subió a su habitación y tomó una ducha de agua tibia, que reconfortó su cuerpo agarrotado por largas horas sentado en una incómoda silla.

Después de afeitarse, se vistió con ropa cómoda —pantalones amplios de color claro, una camisa de lino de manga larga a la que dobló las vueltas de los puños hasta el antebrazo, a juego con los pantalones— y se dejó caer sobre sus hombros, anudando las mangas al cuello, un jersey de algodón de un suave color fresa. Calzaba unos zapatos muy ligeros. Había invertido menos de un cuarto de hora en toda la operación. Se miró al espejo, metiendo los dedos de sus manos en la melena mojada para echarla hacia atrás y darle cierta forma. Lo que vio reflejado en el espejo debió de satisfacerle porque se autorregaló una sonrisa. Miró el reloj y vio que apenas faltaban un par de minutos para las ocho. Comprobó que llevaba una cantidad de dinero que le pareció suficiente y sobre todo que tenía la tarjeta de crédito con la que haría frente a la factura de Da Fiore, uno de los mejores restaurantes de Venecia. Decían los venecianos que allí se comía el mejor pescado y marisco de la ciudad, sobre todo el *pasticcio di pesce*. Estaba situado en una tranquila calle del campo de *San Giovanni e San Paolo*, donde había reservado una mesa. Tenía la ilusión de sorprender a María, sin que pudiese explicarse muy bien la causa de dicho deseo ni los motivos que le impulsaban a hacerlo.

Bajó las escaleras silbando alegremente ante la perspectiva de una noche relajada y placentera —por su cabeza voló la idea, sin prestarle mucha atención, de la causa por la que se sentía tan a gusto en compañía de aquella italiana—. En el pequeño y pulcro vestíbulo del hostal, sobriamente amueblado, pero con un gusto más que notable, se encontró con que María ya estaba allí, junto a su madre, que atendía a un huésped. Ninguna de las dos mujeres se había percatado de su llegada. Se detuvo apenas un instante para contemplar el perfil de la joven, a la que por primera vez veía arreglada como para acu-

47

dir a un lugar especial. Lucio dudó por un momento si no le habría dicho algo acerca de acudir a cenar a Da Fiore, pero estaba seguro de que nada le había comentado.

María era una típica belleza veneciana. Proporcionada según los cánones estéticos, que señalaban una estrecha cintura, caderas curvadas y busto generoso. La piel tenía un bronceado natural y se apreciaba de tacto muy suave. Las facciones serían perfectas, de no ser por una frente excesivamente amplia, que María disimulaba con la forma en que peinaba su negra melena, en la que había reflejos castaños naturales. Compensaban el exceso de frente unos ojos que, en opinión de Lucio —ahora se percataba que había dedicado a ellos no pocos de sus pensamientos—, variaban de color en función de la luz que recibían. Completaban el conjunto unos labios sensuales, carnosos.

Llevaba puesto un vestido de punto, de una sola pieza, que llegaba justo hasta las rodillas —en ese punto donde un centímetro de más o de menos da o quita la elegancia— y se adaptaba a su cuerpo como un guante, permitiendo adivinar las formas. Hasta aquel momento Lucio siempre la había visto con pantalones y amplias blusas. También, por primera vez, había en su cara ligeros toques de maquillaje, tenía los labios pintados de un suave color rosa pálido y una línea, apenas perceptible, remarcaba sus ojos que en aquel momento —el violinista estaba dispuesto a jurarlo— eran verdes.

Cuando María se percató de la presencia del músico español, se volvió hacia él y le dedicó una luminosa sonrisa. Lucio la tomó por la punta de sus dedos y dando un paso atrás, como para tener una mejor perspectiva, exclamó:

—¡Estás preciosa!

—Muy amable, muchas gracias, tampoco tú estás mal —fue la respuesta que recibió.

Una vez en la calle —ya estaban encendidas las farolas de luz amarillenta que daban una tonalidad especial a las noches de Venecia—, Lucio se sintió atrapado por un mar de sensaciones que le encogieron el estómago cuando María se agarró a su brazo, como si fuese su pareja. Apenas pudo comentar:

—Es... es como si hubieses adivinado que había previsto una pequeña sorpresa.

María giró la cabeza y le miró a los ojos —parecía orgullosa de ir cogida de su brazo, como si con aquel gesto estuviese diciendo al mundo que aquél era su hombre.

—¿Cuál es esa sorpresa, si es que ya puede desvelarse? Aunque... déjame... déjame, a ver si soy capaz de adivinarlo.

El violinista la miró a los ojos y acercó su rostro al suyo hasta casi rozar con su nariz la punta de la suya:

—Te doy tres oportunidades.

En los labios de María se dibujó una sonrisa burlona. En ese momento, Lucio se percató de que estaba enterada de lo que había planeado para aquella noche.

—Han llamado por teléfono, ¿verdad?

—Así es, han confirmado de Da Fiore la mesa para dos, reservada por don Lucio Torres a las nueve y media de esta noche.

—Aunque me he quedado sin sorpresa, lo doy por bien empleado, si ha servido para que te arreglases como lo has hecho. ¡Estás preciosa! —se acercó y la besó suavemente en los labios.

La cena en Da Fiore respondió a las expectativas de Lucio. El lugar que les habían reservado era una mesita en un rincón de la planta de arriba, junto a un ventanal. Uno de los asientos era un banco de mampostería adosado al ventanal, que fue donde se sentó María para que Lucio disfrutase de la vista que ofrecía el lugar.

Les sirvieron una exquisita ensalada de bogavante y el pastel de pescado, la especialidad de la casa, que verdaderamente era excelente. Todo ello estuvo acompañado de una buena botella de vino joven padano. El postre un *gelato* de café, como sólo los italianos saben hacerlo. Hablaron de España, de ciudades como Granada o Sevilla a las que María había viajado, aunque sólo las conocía de forma superficial. También hablaron de Córdoba y acordaron que la tendría que visitar cuando volviese otra vez a España. Pero la conversación tuvo como eje los progresos que Lucio realizaba en sus investigaciones y pesquisas sobre Vivaldi.

—Siento que se me acaba el tiempo y no voy a llegar a donde quiero ¡Es tanta la documentación que tengo que mirar! Además, si mi italiano fuese mejor avanzaría más deprisa. En fin —apostilló Lucio en tono resignado—, será un motivo para volver otra vez a esta ciudad.

—¿Sólo Vivaldi sería el motivo? —María había esbozado una sonrisa maliciosa.

Lucio alargó su mano y apretó fuerte la de María, el tacto de su piel era suave. Notó cómo se le erizaba el pelo de la nuca. Se acercó todo lo que la mesa —no muy grande— le permitió y le susurró casi al oído:

—No sería Vivaldi el único motivo, ni siquiera el más importante.

Aunque no eran necesarias más palabras, María le preguntó con voz meliflua:

—¿Puede esta humilde veneciana, aprendiz de español, conocer ese motivo más importante que el mismísimo Vivaldi?

Lucio depositó la servilleta encima de la mesa, se levantó y se sentó en el banco junto a María, tomó su cabeza entre las manos y la besó largamente. Luego susurró en su oído:

—El motivo eres tú.

Ahora fue María quien le besó con dulzura primero y con delectación después, hasta que su lengua se abrió paso en la boca de Lucio, a quien la tensión del estómago se le había transformado en un placentero cosquilleo.

Decidieron dar un paseo hasta la *piazza* de San Marcos

por callejas, canales y puentes poco transitados. Caminaban muy juntos, abrazados, como dos enamorados que viven un momento de felicidad en uno de los marcos más románticos del mundo. Todo colaboraba a convertir aquel momento en uno de esos instantes mágicos que mucha gente no llega a vivir a lo largo de toda una existencia y que algunos privilegiados tienen la ocasión de gozar. La noche era tibia, propia de los comienzos del otoño véneto, cuando ha quedado atrás la dureza del *ferragosto* y la brisa sopla suave desde el Adriático y pone un punto de frescor a la agradable temperatura de esos días. La noche estaba en calma, casi silenciosa. Sólo el rumor del agua de los canales golpeando contra las paredes de casas y palacios, y el chapoteo de alguna góndola rompían el silencio. Algunos faroles derramaban una luz amarillenta en medio de una penumbra ligeramente tamizada por la luz de una luna que iba camino de estar pletórica. Desde algún lugar llegaban los ecos de una melodía.

Cuando llegaron a la *piazza* de San Marcos, el Campanile les parecía más alto, la basílica del patrón de Venecia más hermosa y los arcos góticos del palacio ducal más sugerentes. Cruzaron por el *piazzale* hasta el embarcadero para tomar una góndola y hacer un recorrido de ida y vuelta por el Gran Canal. Subirían hasta el Palacio Vendramín y luego bajarían por la otra orilla. Cuando caminaban hacia el embarcadero a María le pareció que los Tetrarcas que había empotrados en la pared del *palazzo* le habían sonreído.

En algunos puntos de las orillas del gran canal había una notable animación que aumentó mucho en las zonas aledañas al *ponte* Rialto. Al pasar bajo el mismo, María comentó:

—¿Sabes que en Venecia se cuenta una extraña historia relacionada con Vivaldi?

Lucio, que le tenía pasado un brazo por encima del hombro, le apretó suavemente.

—Sobre Vivaldi se cuentan muchas historias extrañas, amor mío. Pero ahora quedan muy lejos.

—¿Qué historias extrañas conoces sobre él? —susurró María.

—Historias de esas que siempre adornan la vida de los genios por su singularidad, por su excentricidad o porque crean un halo de misterio en torno a su persona.

—¿Como por ejemplo? —preguntó María, arrebujándose en el pecho de Lucio.

—Todo el mundo sabe que Vivaldi era sacerdote, le llamaban, por causa del color de su cabello, el cura rojo.

—*Il prete rosso* —señaló María.

—*Il prete rosso* —asumió Lucio—; sin embargo, un año después de recibir las sagradas órdenes, dejó de decir misa. Es un hecho que no deja de llamar la atención, aunque se arguyó como causa el asma que tenía desde su nacimiento y que le afectaba de tal forma que le imposibilitaba para celebrar la liturgia con la dignidad requerida por tales ceremonias.

—Ésa es la explicación oficial que se quiso dar a algo que, como tú has dicho, resultaba insólito. Pero la verdad es muy diferente.

—¿Te refieres a que, en opinión de algunos, su amor por la música era mucho más fuerte que el de su vocación religiosa y que el cumplir con sus obligaciones eclesiásticas le privaba de un tiempo y una concentración que necesitaba para componer y ensayar?

—Ésa es la versión oficial profana. Pero, como te digo, la verdad fue muy diferente.

Lucio se quedó mirándola con la sorpresa brillando en sus ojos. María se acababa de convertir, precisamente aquella noche, en una revelación acerca de Vivaldi.

—Está bien, ¿cuál es esa historia extraña que se cuenta de Vivaldi?

—Ah, por fin he logrado que el erudito —comentó burlona— se muestre receptivo. ¿Has oído alguna vez mencionar una sociedad llamada *Fraternitas Charitatis*?

—¿*Fraternitas* qué...?

—*Fraternitas Charitatis*, una especie de secta esotérica a la que Vivaldi perteneció.

Lucio frunció el ceño y tras un breve silencio respondió:

—Pues no, no tenía conocimiento de nada de eso.

—Entonces, escucha con atención porque vas a llevarte una gran sorpresa.

5

La reunión convocada con toda urgencia, se celebraba en el sótano de una casa del campo de San Stefano, entre la *piazza* de San Marcos y el Gran Canal. El edificio era un almacén de maderas destinadas a entibar construcciones. A pesar del movimiento de carga y descarga, de la presencia de factores y de compradores era un lugar, aunque parezca extraño, que ofrecía cierta discreción, precisamente por causa del continuo trasiego de gentes que por allí pululaban. El lugar tenía, además, la ventaja de formar un chaflán, lo que le hacía contar con tres entradas, dos por tierra y una por el canal, que podían convertirse en tres salidas, si las circunstancias lo requerían.

Las siete personas reunidas habían llegado por itinerarios diferentes y a distinta hora, entre las diez y las once y media de la mañana, cuando el fárrago del negocio era mayor y cualquier movimiento podía pasar más desapercibido.

La sala donde estaban congregados quedaba aislada por completo del exterior, salvo por la puerta de entrada, si no se tenía en cuenta una salida de emergencia, disimulada en la pared y que sólo podía abrirse accionando un mecanismo secreto. Era una construcción sólida de forma cuadrada y quince pies de lado, construida con bloques de cantería perfectamente ensamblados. La luz la proporcionaban cuatro antorchas situadas en cada uno de los lados. El mobiliario se reducía a una mesa ligeramente alargada y a los siete asientos que la rodeaban.

Todos eran gentes de edad y, aunque ninguno de ellos era propiamente un anciano, para ellos la juventud era ya un recuerdo en la lejanía del tiempo.

Tomasso Bellini tomó la palabra para saludarles, pero nada más comenzar tuvo que escuchar las protestas de la mayor parte de los presentes, que le increpaban el que les hubiese reunido allí, sin haber tomado las medidas de seguridad habituales, lo que suponía un grave riesgo. Esperaban que las razones del convocante justificasen la reunión.

Cuando la ronda de protestas hubo concluido, Bellini, con voz sosegada, comenzó su explicación.

—Como comprenderéis, las razones son de peso y fundamento; creo que tardaréis muy poco en compartir mi opinión. Por otro lado, debéis saber que he calculado los posibles riesgos que entrañaba esta reunión y he tomado todas las medidas a mi alcance para reducirlos hasta allí donde es humanamente posible y la verdad es que —miró uno por uno a todos— aquí nos encontramos, sin que se haya producido ningún contratiempo. Pero no perdamos un instante y vayamos al asunto que nos ha convocado.

El rostro de Tomasso Bellini dejaba entrever un aire sombrío. Sin embargo, la voz del patrono principal del *Ospedale della Pietà* sonaba con el aplomo de siempre:

—Nuestro hermano Vivaldi ha realizado un extraordinario descubrimiento que permitiría sacar a la luz uno de esos misterios cuya divulgación provocaría una conmoción en el común de las gentes.

Ante aquellas palabras los presentes parecían haber olvidado sus protestas. Todos siguieron con atención lo que tenía que comunicarles.

—El hallazgo que el hermano Vivaldi ha realizado es la consecuencia de largos años dedicados al estudio y la meditación. Para hacer determinadas investigaciones y dar por concluido todo lo relacionado con dicho asunto hubo de abandonar nuestra ciudad y realizar un viaje a Viena, por ser ése el lugar donde había de realizar las últimas comprobaciones que estableciesen de forma definitiva la certeza de su descubrimiento. Como es natural, la explicación de la causa de su viaje fue la de acudir a la llamada de un mecenas, enamorado de su música, que le fue imposible rechazar. Ya sabéis que corrieron rumores acerca de tan largo viaje, sin un motivo excepcional, a una edad como la suya, cercana a los setenta años. Sin embargo, el hecho de que el hermano Vivaldi hubiese sido un viajero habitual ayudó a atemperar aquellos comentarios, así como el hecho de que en Viena la tradición y la importancia de la música hayan hecho de aquella ciudad un lugar de peregrinación para las gentes relacionadas con dicho arte.

Hubo gestos de asentimiento.

—Allí, como os he dicho, realizó las comprobaciones necesarias para dar por válido el trabajo realizado. Cumplida la misión que le había llevado a Viena, realizaba los preparativos necesarios para regresar a nuestra ciudad, cuando cayó enfermo. Se trataba de una dolencia de consideración y muy pronto comprendió que sus días estaban contados, salvo que Dios Nuestro Señor dispusiese otra cosa, por lo que tomó una decisión de suma importancia: remitirme con todas las garantías a su alcance, por si la Providencia le tenía reservado que el final de sus días se produjesen en Viena, un texto donde quedaba recogido y salvaguardado el conocimiento que había alcanzado. Su deseo, en cumplimiento de lo que nos manda nuestra Santa y Caritativa Hermandad, era que no se perdiese tan importante descubrimiento y que tampoco saliese a la luz pública porque, dadas sus características, está clasificado entre los que deben permanecer bajo custodia y en el secreto hasta que las circunstancias nos indiquen, a nosotros, guardianes del saber, que ha llegado el momento en que pueda ser divulgado.

—¿Ha llegado a vuestro poder el envío realizado por el hermano Vivaldi? —preguntó uno de los reunidos.

—Así es, llegó hace exactamente veintisiete días —respondió Bellini.

—¿Y habéis dejado transcurrir todo este tiempo, sin darnos noticia de ello? —quien formulaba la pregunta no podía evitar en sus palabras una carga de extrañeza y una cierta indignación.

Hubo murmullos de descontento.

—Sosegaos, sosegaos —indicó Bellini acompañando sus palabras con movimientos de manos que invitaban a la tranquilidad—, hay un cúmulo de circunstancias que dan cumplida explicación a este retraso.

El patrono principal del *Ospedale della Pietà* tendría ahora que convencer a sus correligionarios de la *Fraternitas Charitatis* de que había una explicación para justificar el tiempo transcurrido entre la llegada del mensaje de Vivaldi y la convocatoria de la reunión que, por lo que a él se refería, hubiese deseado no celebrar nunca. Sus verdaderas intenciones eran las de poner a buen recaudo el texto que le había hecho llegar el músico y no dar cuenta a nadie de su existencia; de ese modo se habrían evitado las numerosas complicaciones y problemas que estaba seguro se derivarían de poner en conocimiento de los demás hermanos de la fraternidad lo que Vivaldi le había enviado. La verdad era que se había visto impelido a convocar por fuerza la reunión, porque los hermanos Galeazzo Moroni y Filippo Bembo, cada uno por su cuenta, le habían manifestado su extrañeza de que no se hubiese procedido a la celebración de una reunión de la logia veneciana, habiendo recibido una comunicación tan importante de *micer* Antonio Vivaldi.

Esos comentarios indicaron a Bellini que el astuto músico, como una garantía más, había dado noticia a otros *fratres* del envío que le había remitido, aunque no les había facilitado información alguna de su contenido.

El responsable en Venecia de la *Fraternitas Charitatis* carraspeó ligeramente para aclararse la voz.

—Los hechos acaecidos en las últimas semanas, y de los que son conocedores Moroni y Bembo, explican la causa del retraso. El envío de Vivaldi es un texto en el que se da cuenta del arcano que ha conocido.

—¿Cuál es el contenido de ese arcano? —preguntaba un enjuto individuo de mirada estrábica cuya blanca barba contrastaba con el negro bonete que cubría su cabeza y que tenía calado hasta las mismas cejas; su nombre era Guido della Marca.

—Eso es algo que ignoro —la respuesta ejerció en Bellini el efecto de una liberación. La liberación de una pesada carga que era, tal vez, la que le tenía con el ceño fruncido y la angustia reflejada en la expresión de su rostro.

—¡Que ignoráis su contenido! —la exclamación había salido de varias gargantas a la vez.

—Así es, hermanos. Ignoro su contenido porque el envío me fue remitido de forma codificada.

—Eso es lo normal, de acuerdo con las normas establecidas en nuestra hermandad —indicó uno de los presentes—, pero también se os haría llegar por conducto diferente la correspondiente clave para descifrarlo.

—En efecto, en efecto —asintió Bellini—, y ésa es la causa que explica en gran parte el retraso para la celebración de esta reunión.

—No alcanzo a comprender... —dejó caer della Marca, con aire compungido y un tono que delataba un profunda decepción. Daba la sensación de que su interés estaba centrado exclusivamente en conocer el enigmático descubrimiento realizado por Vivaldi.

—He esperado ansioso varias semanas —Bellini parecía dominar la situación— al aguardo de que llegase el código. Pero hasta la fecha la clave no ha llegado a mi poder.

—¡¿Pretendéis hacernos creer que se os ha enviado un texto codificado, sin que se os haya dado la cifra para desentrañarlo!? —quien formulaba la pregunta se había puesto de pie. Su humanidad era la de un corpulento gigante.

Bellini le miró con cara de pocos amigos, la pregunta planteaba una duda sobre el crédito de lo que acababa de decir.

—Así es, hermano. Ignoro la razón por la cual no he recibido la cifra, pero así es.

—No me negaréis que eso resulta un tanto extraño —insistió el gigantón.

—No tengo más remedio que daros la razón. Pero ésa es la realidad con la que nos encontramos. Aunque, tal vez, haya una explicación que nos permita vislumbrar un rayo de luz.

—¿Cuál es esa explicación? —fueron varias las voces que la reclamaban.

—No sé si sabéis que el *frater* Vivaldi ha fallecido en Viena —gestos de sorpresa y movimientos negativos de cabeza acogieron aquella revelación—. Lo que conozco acerca de su muerte es muy poco. Sólo sé que el óbito se produjo pocos días después de que me enviase su mensaje y que su vida se prolongó el tiempo suficiente para que le hubiese llegado acuse de recibo del envío que me había efectuado.

—¿Cuándo se produjo, entonces, la muerte de *micer* Vivaldi?

—No puedo precisaros la fecha con exactitud, pero creo no equivocarme si afirmo que hubo de producirse hace al menos una semana. Yo tuve conocimiento de ello ayer, a la caída de la tarde, a través de gentes que han venido de Viena. Teniendo en cuenta que el viaje supone entre cinco y siete días, haced vosotros mismos la cuenta.

—Descanse en paz el alma de nuestro hermano —dijo un individuo que hasta entonces no había abierto la boca y que tenía por su indumentaria trazas de clérigo.

Todos los presentes respondieron con un amén. Luego surgió un silencio que tenía algo de respetuoso, pero que rompió el corpulento Galeazzo Moroni.

—Creo que el *frater* Bellini debería enseñarnos el mensaje que recibió y que es el motivo de esta reunión. He de poner en conocimiento de esta asamblea que tanto el *frater* Filippo Bembo como yo teníamos conocimiento de que el *frater* Vivaldi había hecho llegar un mensaje al *frater* Bellini.

Tomasso Bellini guardó silencio durante unos segundos, antes de responder. Parecía buscar en su mente las palabras que iba a pronunciar.

—Lamento no poder satisfacer vuestro deseo —se dirigió directamente a Moroni— porque... porque he de comunicaros una terrible noticia: el mensaje cifrado que me envió Vivaldi no está en mi poder.

—¿Qué queréis decir exactamente con que no está en vuestro poder? —preguntó un Moroni cada vez más alterado y cuyo requerimiento estaba reforzado por el rumor de desaprobación que surgió entre los presentes.

—Alguien ha robado el mensaje —la respuesta de Bellini trajo un profundo silencio.

Pasados unos instantes, tras la sorpresa inicial, se produjo un revuelo generalizado. Todos los presentes, salvo Bellini, hablaban a la vez. Proferían exclamaciones de asombro o incredulidad. Cuando mayor era el desconcierto, sonaron con fuerza unos golpes en la puerta. El silencio fue total.

—¿Quién es? —preguntó Filippo Bembo, dueño del almacén de maderas y del lugar donde estaban reunidos.

—¡Mi señor Filippo, abrid rápido! ¡Es urgente que conozcáis lo que ocurre! ¡Por la santa *madonna*! ¡Abrid rápido!

Bembo se encogió de hombros de forma significativa y acudió presto a la puerta.

—No sé qué puede ocurrir, pero es la voz de Giusseppe, el encargado del almacén.

Bembo descorrió los dos cerrojos que aseguraban la maciza puerta de roble. Apareció un individuo con el rostro descompuesto y las facciones desencajadas:

—¡Señor, señor, ha llegado un oficial al frente de dos escuadras de soldados! ¡Han cerrado las puertas del almacén para que nadie pueda salir! ¡Andan registrándolo todo y haciendo preguntas!

—¿Qué es lo que preguntan?

—¡Preguntan por vos y por... y por...!

—¡¿Y por quién más!?

—¡Por algunas de las personas aquí reunidas! ¡Preguntan por el señor Moroni y por el señor Bellini! ¡Deben tener información de que se está celebrando esta reunión!

—¡Preguntan por las tres personas con las que Vivaldi se había comunicado! —exclamó Guido della Marca, que parecía el más sorprendido de todos.

Los presentes cruzaban miradas unos con otros. La incertidumbre, la sorpresa o el miedo era lo que reflejaban sus ojos.

—¿Te han seguido? —preguntó Bembo a su encargado.

—No, señor, al menos eso creo. Me parece que he logrado escabullirme en medio de la confusión que ha originado la presencia de los soldados. Logré esconderme tras una pila de madera, luego gané las escaleras y crucé sigilosamente las dos galerías que conducen hasta aquí. He cerrado las puertas detrás de mí. Pero no tardarán mucho rato en llegar, señor.

—No perdamos tiempo. Giusseppe, gracias por avisarme. Espero poder pagarte este favor. Regresa al almacén y muéstrate sorprendido, hazte de nuevas ante la situación que se produzca y niega la existencia de la reunión. Di que tu amo no está en casa. ¡Vamos, rápido!

—¡Pero señor, os encontrarán!

—¡Giusseppe, haz lo que te digo y ten confianza en mí!

El encargado obedeció sin rechistar, se marchó cerrando la puerta tras de sí. Galeazzo Moroni fue a echar los cerrojos. Bembo le tomó por el brazo:

—No lo hagas.

—¿Que no asegure la puerta?

Por toda respuesta Bembo se dirigió hacia una de las antorchas y gritó a los presentes:

—¡Alcanzad las otras antorchas! ¡Rápido!

Sus palabras se confundieron con el ruido que hacía una parte de la pared al girar sobre sí misma. Se abrió un hueco por el que se atisbaba una densa oscuridad desde la que penetró un fuerte olor salino y a moho. Bembo avanzó con decisión hacia la oscuridad.

—Recoged cualquier cosa que pueda denotar nuestra presencia y seguidme.

No fue necesario que lo repitiera, la negrura de aquella oquedad empezó a iluminarse con la luz de las antorchas mientras la estancia donde habían estado reunidos quedaba sumida en la oscuridad. Bembo colocó su antorcha en una argolla que había en una de las paredes del túnel donde el grupo había penetrado. Otra vez se produjo el ruido de la pared al cerrarse.

—¿Comprendes por qué no era conveniente echar los cerrojos?

Galeazzo Moroni asintió con la cabeza.

—¡En marcha! —ordenó Bembo—. ¡No debemos entretenernos!

El grupo que formaban aquellas siete personas, a la oscilante luz de las antorchas, tenía un aire espectral, mientras avanzaba por un túnel excavado en los cimientos de la casa-almacén del maderero Filippo Bembo. Era una galería entibada, como las de las minas, por la que apenas quedaba espacio para que avanzase una persona. Galeazzo Moroni lo hacía con la cabeza gacha y en algún tramo poniéndose de costado. El agua rezumaba por algunos lugares, aunque el aspecto del túnel era sólido.

Caminaron en silencio durante unos minutos, aunque ninguno de ellos, atenazado por la emoción, podría precisar el tiempo que estuvieron bajo aquella galería subterránea, cuya existencia todos ignoraban, salvo Bembo, hasta que llegaron al final del túnel, que estaba cerrado por una reja de hierro. Cada uno rumiaba sus propios pensamientos sobre lo extraordinario de la situación: la noticia de que el mensaje de Vivaldi había sido robado y la presencia de un grupo de soldados con información sobre la reunión que estaban celebrando y de la presencia en la misma de, al menos, tres de ellos, que habían tenido noticia por mano del propio Vivaldi, sobre el enigmático mensaje en el que comunicaba su descubrimiento.

Bembo, que había encabezado la marcha, abrió la cerradura de la reja con una llave que sacó de uno de sus bolsillos y subieron por unas escaleras empinadas y tan estrechas como el túnel, hasta que llegaron a una trampilla de madera por la que accedieron a una sala en la que flotaba un nauseabundo olor a podrido. Acababan de llegar al sótano de una curtiduría situada a la espalda de la *piazza* de San Marcos.

Habían logrado escapar momentáneamente a la larga mano de la Serenísima, pero el miedo había hecho presa en ellos y los interrogantes que cada cual se formulaba habían sembrado la desconfianza. Todo resultaba muy extraño y confuso.

¿Quién más sabía de aquella reunión? ¿Cómo había llegado a conocimiento de las autoridades su celebración? ¿Cómo era posible que conociesen el lugar, el día y la hora en que estaban citados? ¿Por qué conocían los nombres de las personas a quien Vivaldi se había dirigido en relación con el asunto que les convocaba?

Además había que añadir la revelación de Bellini. Afirmaba no haber recibido la clave para descifrar el mensaje codificado que Vivaldi le había hecho llegar... Y lo que era más grave, ¡decía haber perdido el texto!

Eran demasiadas preguntas sin respuestas. Sólo se tenía la certeza de una cosa. Entre ellos había un traidor, porque de otra forma era imposible que las cosas hubiesen sucedido de esa manera.

La preocupación era palpable en todos con sólo mirar sus rostros. Además, tres de ellos: Bellini, Bembo y Moroni sabían que no podrían regresar a sus hogares. Su vida en aquellos momentos no valía ni la ropa que llevaban puesta.

6

Cuando María llegó al punto en que la historia que relacionaba a Vivaldi con la *Fraternitas Charitatis* estaba en el momento en que los miembros de la fraternidad habían logrado escapar de los soldados, tras abandonar precipitadamente la reunión que celebraban en la casa del maderero Filippo Bembo, la góndola en la que habían paseado por el Gran Canal había llegado al final de su recorrido.

El gondolero, con la maestría de quien conoce el oficio, acercó el costado al embarcadero y tras cobrar los treinta euros ajustados de antemano, ayudó a desembarcar a María y Lucio, quienes abrazados se encaminaron hacia la *riva degli Schiavoni*.

—¿Qué ocurrió después de la precipitada fuga de la casa de Bembo? —preguntó Lucio, vivamente interesado por la narración.

—Eso te va a costar un *capuchino* en un cafetín que está justo a la espalda del palacio de los dogos, muy cerca del puente de los Suspiros. Es un lugar delicioso y a propósito para un rato de agradable conversación.

Lucio la besó en el cuello.

—¿Eso significa un sí a mi propuesta?

—Sí, con la condición de recibir un anticipo.

María se detuvo, se puso delante de él y pegándose a su

cuerpo le dio un apasionado beso. La presión de sus muslos, su pelvis y sus pechos hizo que Lucio se estremeciese de placer. Luego, reanudaron la marcha.

—Lo que se sabe acerca de lo que sucedió después es muy poco o al menos es muy poco lo que cuenta la historia —señaló María—. Parece ser que tanto Tomasso Bellini, como Galeazzo Moroni y Filippo Bembo fueron detenidos en los días siguientes.

—¿Parece ser?

—Sí, porque de lo único que hay certeza es que desaparecieron sin dejar rastro. Todo apunta a que fueron localizados por agentes del gobierno, detenidos e interrogados. El resultado de esos interrogatorios no ha salido a la luz. Tal vez se encuentre perdido en los fondos de alguno de nuestros archivos un documento que revele qué ocurrió, ya sabes la afición de los gobernantes de mi ciudad a dejar constancia de sus hechos y andanzas. Aunque es de suponer que de algunos, por su propia naturaleza, no quedase nada reflejado en la documentación.

Lucio asintió con la cabeza.

—Pero conociendo los procedimientos que empleaba la Serenísma para alcanzar sus objetivos —apostilló María— ya te puedes imaginar lo que pasó. Aunque eso no tenga ningún rigor histórico.

—¿Se sabe qué fue del descubrimiento de Vivaldi?

—Sigue siendo un secreto sobre el que ya entonces cayó un velo de oscuridad que el tiempo no ha hecho sino acrecentar.

—¿No lograron arrancarle una confesión a Bellini, a Bembo o a Moroni? —insistió Lucio.

—No parece que así fuera porque se sigue hablando del enigma de Vivaldi, del enigma del *prete rosso*. Todo apunta a que ni Moroni ni Bembo sabían gran cosa acerca del mensaje enviado por Vivaldi a sus compañeros venecianos de la *Frater-*

nitas Charitatis, salvo que había hecho llegar un texto cifrado a Bellini, que era, aparte del propio Vivaldi, el personaje fundamental de esta historia. Pero, según sus propias palabras, no le había sido enviada, o al menos no llegó a sus manos, la clave para descodificarlo y, por si ello no era suficiente, también según su testimonio, alguien le había robado el texto.

—¿Sobre la pérdida del mensaje enviado por Vivaldi y la clave para desentrañar el misterio que contenía, sólo se tiene el testimonio del propio Bellini? —preguntó interesado Lucio.

—En efecto, lo que ha levantado no pocas sospechas acerca de esta extraña historia —después de una pausa, María apostilló—: Lo más verosímil es que Bellini se llevase el secreto a la tumba. Nunca sabremos si realmente le habían robado el mensaje que Vivaldi le envió y si la clave llegó o no a sus manos.

—¿No es posible que le hiciesen hablar cuando fue detenido? Había torturas muy refinadas y los venecianos tuvieron fama de ser maestros en ello.

—Creo que los españoles tampoco se quedaban atrás en tales menesteres. La Inquisición, que aquí también asentó sus reales, tuvo allí su principal base —a María no le había gustado a la alusión a los torturadores venecianos.

Lucio le presentó excusas.

—No ha estado en mi ánimo ofender tu orgullo cuando, además, me tienes atrapado con tus historias.

—¿Con mis historias?

Era la pregunta que el violinista había previsto. La giró hacia él y la besó con fuerza.

—¡Tonto! —fue la exclamación de María cuando despegó sus labios.

—¿No crees que Bellini hablase?

—Lo más probable es que no porque si hubiese confesado algo, se sabrían las consecuencias. Y no las hubo. Sobre resistir las torturas que presumiblemente le aplicaron para hacerle hablar, es posible que, sintiéndose perseguido, como en efecto estaba, hubiese tomado algunas medidas.

—¿Algunas medidas?

—En aquella época estaba muy difundido el uso de venenos. Desde el Renacimiento los italianos fuimos maestros en la confección de venenos, bebedizos y pócimas; hubo, incluso, un lucrativo comercio de elixires de todo tipo hacia diferentes puntos de Europa. Es muy probable que Bellini se hiciese con alguno de ellos o ya lo tuviese dispuesto y usase de él una vez que fue detenido o incluso antes de serlo, para evitar los tormentos que le aguardaban.

—Pero veo que todo son conjeturas. Nada puede afirmarse —la voz de Lucio denotaba cierta decepción.

—¡Claro que todo son conjeturas! ¡Por eso se habla del enigma del cura rojo!

—¿Y cómo es que se sabe de la existencia de la reunión y de la huida por la galería hasta la tenería? —preguntó Lucio.

—Porque había un traidor entre los congregados en el almacén de maderas. Fue quien informó a las autoridades de todo lo que te he contado. Dejó una confesión por escrito, que ha llegado hasta nosotros.

—¿Quién era el traidor?

—Guido della Marca. Lo sabemos porque firmó la declaración, en ella indicaba que era cura párroco de la iglesia de San Giorgio Maggiore.

Habían llegado a un pequeño café que abría sus puertas en una recoleta *piazzeta*. En su parte posterior se abría una terraza cuyas vistas daban al Gran Canal. Al otro lado se alzaba una hermosa construcción, de aire conventual. Tomaron asiento en una mesa apartada, en la que sobre un mantel de cuadros rojos y blancos lucía una vela protegida por un quinqué. El ambiente se prestaba al romanticismo y a las confidencias.

Pidieron dos *capuchinos* y quedaron en silencio. María miraba a Lucio, quien parecía dar vueltas a alguna idea en su cabeza. Después de un rato, preguntó:

—¿Qué sería lo que Vivaldi le contaba a Bellini en ese mensaje?

María le miro a los ojos y esbozó una sonrisa burlona:

—¡Ésa sí que es una buena pregunta! Esta ciudad, *caro mio,* es la ciudad de los secretos. La ciudad de los misterios. Venecia no sería Venecia si no la hubiese envuelto el misterio a lo largo de su historia. En ninguna otra parte del mundo se cuentan historias como las que aquí tuvieron lugar y en todas ellas hay un fondo común: el misterio, el secreto. Eran misteriosas las celebraciones. Sus instituciones estuvieron mucho tiempo rodeadas de un halo y un secretismo que las hizo singulares, entre los gobiernos de la época. El misterio envolvió durante mucho tiempo sus deliberaciones... Y dime qué es, a la postre, el carnaval, sino una fiesta donde lo misterioso es parte esencial.

—Debió de ser algo de suma importancia para el gobierno veneciano, cuando éste lo persiguió con tanto ahínco.

—Así debió de ser. Pero todo lo que se diga en ese terreno no son más que especulaciones. Y, como no podía ser de otra forma, algunas se han hecho —las últimas palabras de María fueron dichas con la clara intención de interesar a Lucio. Tuvieron el efecto deseado porque la pregunta surgió rápida.

—¿Como por ejemplo?

—Se ha pensado —comentó María— que podía tratarse de la famosa fórmula del llamado fuego griego. Ya sabes, la sustancia que utilizaron los bizantinos para incendiar las flotas enemigas. Dicen que lo llevaban en sus barcos y lo lanzaban con unas mangueras sobre las embarcaciones contra las que luchaban. Ardía hasta el agua, según cuentan las crónicas de la época. En diferentes ocasiones el fuego griego les permitió decantar a su favor el curso de guerras que les eran desfavorables y gracias a él salvaron situaciones muy difíciles.

—¿Y cuál era la fórmula de ese fuego griego?

—Se perdió, como tantas cosas, tras la caída de Constantinopla en poder de los turcos en 1453. No se sabe en qué consistía.

—¿No se han hecho ensayos químicos para buscar esa fórmula?

—Parece que se han hecho muchos, pero sin resultados satisfactorios. El fuego griego sigue siendo un misterio. ¿Te imaginas lo que significaría para una potencia como Venecia, que basaba su fuerza en el poderío de sus flotas? Piensa en lo que hubiese supuesto contar con un arma tan poderosa como ésta, en un momento, a mediados del siglo XVIII, en que su declive era una triste realidad.

—Los dogos de aquella época hubiesen dado cualquier cosa por alcanzar un arma como aquélla —corroboró Lucio.

—También se ha dicho que el descubrimiento de Vivaldi estaba relacionado con el llamado tesoro de los templarios, cuyas fabulosas riquezas se perdieron cuando la poderosa orden militar fue atacada por Felipe IV de Francia, siempre falto de dinero, para apoderarse de sus riquezas, y fue disuelta por el papa Clemente V, en connivencia con el monarca francés, al acusar a los templarios de herejía.

—¿Dices que perdieron sus riquezas?

—En realidad, lo que ocurre es que se desconoce el paradero de esas riquezas, que los templarios tuvieron tiempo de poner a buen recaudo. Ha sido objeto de una búsqueda continua desde el mismo momento de su desaparición en 1314. Durante siglos ha corrido un rumor insistente: el tesoro de los templarios fue escondido en el sur de Francia, en una zona próxima y un pueblecito llamado Rennes le Château. Parece ser que Vivaldi viajó en varias ocasiones a esa comarca del *midi* francés. Según algunos su mensaje daría las claves para llegar hasta el punto exacto, donde los templarios escondieron su oro.

—Otro asunto tentador para cualquier gobierno —comentó Lucio.

—Cierto, pero como te digo todo son puras elucubraciones, sin mayor fundamento que la fantasía de quienes las han propuesto. En todo caso se trataba de algo que tenía una importancia extraordinaria. Tanta como para que Vivaldi se marchase a Viena para atar los cabos que aún le quedaban sueltos, a una edad muy avanzada, y que hechas las comprobaciones necesarias decidiese ponerlo a buen recaudo, en manos de la *Fraternitas Charitatis*, la organización secreta a la que pertenecía y cuyo fin primordial era ser la guardiana de un tipo de conocimientos que no debían perderse, pero que tampoco debían difundirse.

—¿Qué es lo que se sabe de la *Fraternitas Charitatis*? —preguntó Lucio.

—Lo que ya te he comentado. Parece ser que su existencia es muy antigua. Algunos remontan su origen a la época helenística, hacia el siglo III antes de Jesucristo en la ciudad de Alejandría donde había una intensa vida cultural y se daban cita gentes portadoras de algún tipo de saber. Allí encontraron cobijo y medios para desarrollar su labor sabios procedentes de las escuelas griegas. Seguidores de Pitágoras, discípulos de Platón y de Aristóteles, también gentes que tenían información sobre el conocimiento hermético del Egipto de los grandes faraones. También allí recalaron los restos del saber de los pueblos asentados en Mesopotamia, representantes de las culturas surgidas en las riberas de los ríos Éufrates y Tigris; gentes cuyos conocimientos sobre astronomía, astrología, matemáticas, botánica o medicina aún nos causan asombro. Como tú sabes en la biblioteca de esta ciudad...

—¡La famosa biblioteca de Alejandría!

—Donde estaba depositado —continuó María— todo el saber acumulado durante siglos por la humanidad, la que organizó en los comienzos del siglo III antes de Cristo Demetrio de Falera, dando cabida en sus salas setecientos mil ejemplares. ¡Todo el saber de la humanidad! Un saber que había permitido teorizar sobre la esfericidad de la tierra, los movimientos de los planetas, el descubrimiento de siete de ellos; formular importantes principios de física, que permitieron progresos que luego se perdieron y la humanidad ha tardado siglos en volver a descubrir y establecer científicamente.

—¿Tanto se sabía entonces? —le preguntó un intrigado Lucio.

—Imagínate, Demócrito, por increíble que parezca, hablaba ya de la estructura atómica de la materia.

Lucio escuchaba atónito el caudal de conocimientos que María demostraba con aquella explicación.

—Era un saber que, por ejemplo, había permitido construir la famosa pirámide atribuida al faraón Keops, cuya técnica constructiva nos sigue sorprendiendo cinco mil años después y cuyas medidas encierran para aquellos que posean las claves adecuadas muchos más misterios de los que ni siquiera estamos en condiciones de imaginar.

—¡Qué bárbaro! —resopló Lucio.

—Pero, por otro lado, era un secreto a voces que allí había depositados libros muy especiales cuyo contenido daba a su poseedor un poder ilimitado. Entre esos libros estaba *La Historia del Mundo* de Beroso.

—¿Quién era Beroso? —Lucio estaba atrapado por la conversación.

—Era un sacerdote babilonio del dios Baal-Marduk que, perseguido en su país natal, encontró refugio en Grecia. Fue contemporáneo de Alejandro Magno y nos dejó constancia de sus experiencias con seres extraordinarios, a los que dio el nombre de *Akpalus*. Eran mitad peces y mitad hombres. Ellos enseñaron todo lo referente a las grandes civilizaciones del mundo antiguo. También había allí obras de un tal Manethón, sacerdote egipcio de quien se dice que conocía los secretos de Toth. Es incluso posible que allí estuviera el *Libro de Toth*.

Para Lucio era como si un mundo del que no había tenido noticia se abriese ante él.

—Sin embargo, nada de eso ha llegado hasta nosotros. Como sabes —prosiguió María—, la biblioteca sufrió diferentes incendios que acabaron por convertir en humo buena parte del conocimiento allí depositado. Es como si una especie de conspiración hubiese buscado, hasta conseguirla, la desaparición de unos conocimientos que había interés en que no se difundiesen.

—¿Tú crees que hay gente así? —el violinista no salía de su sorpresa.

—Por supuesto; el primer incendio lo llevaron a cabo soldados de Julio César. Parece ser que se salvó una parte importante de la biblioteca. Otro ataque fue el de la emperatriz Zenobia, aunque también en esta ocasión una parte de los documentos pudo salvarse de la destrucción. A finales del siglo III después de Cristo, el emperador Diocleciano le asestó un nuevo golpe en su intento de destruir todos los textos que diesen alguna pista acerca de la fabricación de oro o de plata que, según se decía, era uno de los saberes alcanzados por los antiguos egipcios. Su objetivo era evitar que un posible enemigo alcanzase un conocimiento que le convirtiera en una amenaza para el imperio que gobernaba.

—¡No me lo puedo creer! —Lucio hacía movimientos negativos con la cabeza.

—¡Créetelo! La leyenda dice que los autores de algunos de esos manuscritos eran el mismísimo Hermes Trimegisto, el sabio Salomón, o el misterioso Pitágoras. La destrucción definitiva se produjo en el año 646 y fue llevada a cabo por orden del califa Omar, quien consideró que todo conocimiento que no estuviese en el Corán era innecesario o era malo, por lo que debía ser destruido. Si alguno de esos valiosos tesoros para el saber humano logró escapar a las arremetidas de los enemigos de la biblioteca, ha sido celosamente guardado.

—¿Qué tiene que ver la *Fraternitas Charitatis* con todo esto que me cuentas en relación con la biblioteca de Alejandría, aparte de que el origen de esta misteriosa organización sea contemporáneo de la fundación de aquélla?

—Se dice que fueron sus miembros quienes movieron los hilos necesarios para que la misma fuese destruida.

—¡Ésa es una historia a la que no niego su parte de interés, pero que no tiene fundamento! ¡Una especie de conspiración urdida para controlar a su antojo determinados conocimientos! ¡Venga ya, María! —exclamó Lucio de forma desdeñosa.

—Ése es, por increíble que parezca, el objetivo de la *Fraternitas Charitatis*. Veo que has seguido con interés todo lo que te he contado —respondió María con cierta ironía, no exenta de enfado.

Lucio alargó la mano para coger la de María que posaba sobre el mantel, pero ésta la retiró. Estaba enfadada y en aquel instante no tenía ganas de caricias. Lucio se dio cuenta de lo poco delicado que había sido con su comentario. No vaciló en pedirle excusas.

—Lo siento, de veras que lo siento. No he querido ofenderte y mi comportamiento ha sido grosero. Te ruego que me disculpes. ¡Es que es todo tan increíble! —Lucio estaba visiblemente azorado.

Después de un breve silencio María retomó la conversación. El enfado quedaba atrás.

—No sé si la *Fraternitas Charitatis* estaba detrás de las sucesivas destrucciones sufridas por la biblioteca de Alejandría. Me he limitado a contarte algo de lo mucho que he leído acerca de esa misteriosa secta de la que, al parecer, Vivaldi fue un miembro activo. Pero has de saber, porque hay documentos que lo avalan, que la misma existió. Será mejor que lo dejemos estar, esta noche es demasiado hermosa para que la estropee una sociedad secreta que existió para preservar al mundo de no sé qué males sin cuento que podían abatirse sobre él. ¡Como comprenderás, gentes como ésas, que se consideran por encima del común de los mortales, al que pertenecemos tú y yo, no gozan de mis simpatías! ¡Actuaban como los dictadores, para quienes los pueblos son siempre menores de edad y por lo tanto no se les puede permitir ni que vivan en libertad, ni que elijan su propio destino!

El paseo de regreso al hostal recompuso la magia de una noche maravillosa. Mientras volvían, Lucio se planteó varias veces proponerle a María pasar la noche juntos. Lo que más deseaba en el mundo era estrecharla entre sus brazos, pero desechó la posibilidad, ya había cometido una estupidez a propósito de la *Fraternitas Charitatis* y no quería cometer otra. No conocía lo suficiente a aquella mujer, que tanto le atraía, y su posible reacción. Prefirió no arriesgarse y dejar que las cosas corriesen por su curso. La culpa era de aquella sorprendente y maldita *Fraternitas Charitatis*.

7

Los días transcurrían a mucha más velocidad de lo que Lucio y María deseaban. Lo que había comenzado entre ellos como un encuentro casual no había dejado de convertirse en algo más profundo. Lucio estaba tan a gusto el tiempo que pasaba con María que su mayor deseo —¡quién se lo hubiera dicho durante los largos preparativos del viaje!— era estar con ella. Por su cabeza pasaban proyectos y planes de futuro en los que María siempre estaba presente. En su cabeza y también en su corazón no paraba de bullir el deseo de compartir con aquella mujer su tiempo y su vida. Lo que le había ocurrido era, sencillamente, que se había enamorado.

Ahora, una de sus mayores preocupaciones era la forma en que podía decirle cuánto la amaba y lo que aquel amor significaba para él. Tenía miedo a no saber expresarle lo que sentía por ella y sobre todo le aterraba la idea de que ella no le correspondiese. Pensaba, una y otra vez, en sus gestos, sus palabras, en el brillo de sus ojos en determinados momentos o en la forma en que le sonreía, para sacar algunas conclusiones y hacerse ilusiones de que podía ser correspondido en aquellos sentimientos. María, sin apenas darse cuenta, se había convertido en lo más importante de su vida y declararle su amor era, desde luego, algo mucho más difícil de lo que jamás hubiese pensado. Sólo pensar que pudiese rechazarlo le llenaba de angustia, le oprimía el pecho, le provocaba acaloramiento. Sentía miedo de no ser correspondido por aquella mujer que se le había metido dentro del corazón.

Después de la noche de Da Fiore habían trascurrido dos días maravillosos en los que aprovecharon todos los momentos que les fue posible para estar juntos. El segundo de aquellos días Lucio había tomado la decisión de abandonar su asistencia a las Jornadas. La penosa impresión que recibió desde el primer momento no había hecho sino acentuarse con el paso de los días, y asistir le suponía una lamentable pérdida de tiempo, que no estaba dispuesto asumir. Si en aquellos momentos había algo que por nada del mundo estaba dispuesto a perder era tiempo. Ese tiempo que se le escapaba entre las manos y que deseaba compartir con María.

La tarde del día que había decidido poner punto final a su asistencia a las Jornadas Musicales tomó otra decisión mucho más importante: declarar a María su amor, decirle cuáles eran sus sentimientos hacia ella. Como en los días anteriores —Lucio se animaba a sí mismo pensando que ella no rechazaba sus propuestas de recorrer juntos Venecia—, quedaron en salir cuando regresase de sus pesquisas en el archivo. María, que era quien planificaba el paseo, había previsto recorrer la *riva degli Schiavoni* y perderse por el dédalo de canales, callejas y puentes que desembocaban en ella. Había numerosos rincones llenos de belleza y misterio. En cada esquina, en cada recodo, en cada *piazzeta* presenciaban un jirón de la historia de aquella ciudad. Apenas sin darse cuenta la noche se había extendido sobre Venecia y las farolas reflejaban su luz sobre las aguas de la laguna y sobre los canales, y era apacible, casi silenciosa; los turistas se concentraban en otros lugares. Lucio no cesaba de autoestimularse. En un momento determinado apretó con fuerza la mano de María y, como si susurrase unas palabras al viento, soltó:

—Te quiero, María —la afirmación cobró en su boca un tono trascendental—. Me he enamorado de ti. No sé cómo ha ocurrido, pero me he enamorado de ti.

Al oír aquellas palabras María se detuvo. A Lucio el corazón iba a salírsele por la boca. Estaba con el ánimo en suspenso, los segundos pasaban con terrible lentitud y, ante el silencio y la quietud de María, resultaban de una duración insoportable. Aquel silencio le hizo pensar en lo peor. Se le estaba formando un nudo en la garganta y sentía que su vida pendía de un hilo.

Fue entonces cuando llegó a sus oídos la voz de María, suave como terciopelo.

—¡Cuánto tiempo has tardado!

Lucio la miró a los ojos sin saber qué decir. A duras penas pudo preguntar con la voz quebrada:

—¿Es un sí?

La respuesta le llegó con un apasionado beso.

Lucio decidió reorganizar su programa porque, a diferencia de lo ocurrido con las Jornadas Musicales, el trabajo en el desordenado archivo de la *Pietà* le estaba deparando satisfacciones mayores de las que había imaginado. Nunca podría agradecer lo suficiente la gestión realizada por Briviesca para que le abriesen las puertas de aquella institución, desaparecida hacía tiempo, pero que conservaba, aunque eso era mucho decir dado el olvido y abandono, sus ricos archivos.

Por las mañanas se iba a la *Pietà*, después de tomar un copioso desayuno. Allí se afanaba en sus pesquisas sobre el genial músico veneciano. Una propina al portero del inmueble que, aunque propiedad de la Iglesia, albergaba en su planta baja unas oficinas relacionadas con la Seguridad Social —quizá como recuerdo de la función de Hospicio que en otra época desempeñó el lugar— le habían granjeado sus simpatías. En la última planta, una mezcla de ático y desván, estaba el archivo; allí, el silencio, la tranquilidad y el recogimiento eran las notas dominantes e impagables. Allí podía curiosear a su antojo, sin ningún tipo de control, ni vigilancia. Estaba seguro de que si un día decidiese quedarse, después de que a las seis de la tarde cesase la actividad en el inmueble y se cerrase, podría hacerlo sin ningún tipo de problema. En pocos días las dos habitaciones llenas de estanterías que en sus paredes contenían la historia de la institución, se habían convertido en sus dominios, donde podía hacer y deshacer según su criterio y entendimiento.

Para decidirse por un legajo u otro, sólo se guiaba por su intuición. La única ayuda que tenía era la que le facilitaban varias páginas mecanografiadas y grapadas, formando un cuadernillo, en las que se señalaban lo que en otra época —por el tipo de letra de la máquina con que se habían escrito sería de los años veinte o treinta, una Underwood o una primitiva Olivetti— fueron sesiones del archivo. Pero por alguna razón los cartoncillos de los legajos indicando esas sesiones se habían perdido en muchos casos. Para mayor desgracia, en algún traslado o por algún otro motivo desconocido, los legajos que debieron estar ordenados por sesiones habían sido alterados. El resultado era una mezcolanza de documentación donde, junto a cuentas y facturas, había actas de las reuniones del patronato de la institución. Sin embargo, todos aquellos imponderables no eran óbice para que de vez en cuando manase la fuente que esperaba. Notas relacionadas con el maestro; recibos de su puño y letra; peticiones elevadas por Vivaldi al patronato; minutas en las que informaba a los patronos la realidad del coro, de los problemas del aprendizaje, de las obras que se preparaban y, a veces, copias de partituras de sus obras.

Cada vez que Lucio tomaba un legajo entre sus manos el polvo, acumulado no podría precisarse durante cuántos años, pero a buen seguro muchos, manchaba sus manos, tiznando sus dedos. Sin embargo, a la vez era motivo de veneración por cuanto significaba poner la mano sobre viejos papeles donde palpitaba la historia en cada una de sus líneas. Pero nada que ver con la actividad musical del *Ospedale* o sobre las relaciones mantenidas por Vivaldi con la institución. Nueve de cada diez legajos inspeccionados carecían de valor para sus propósitos. Se había tomado el trabajo como lo harían los buscadores de oro en las aguas de un río, que habían de cribar grandes cantidades de arena para obtener unas pepitas del preciado metal. Pero, al igual que a aquellos buscadores, el hallazgo de alguna información válida para su fin le compensaba de tanto esfuerzo como realizaba.

Sobre la una y media bajaba a la calle y compraba un trozo de pizza en una *tavola calda* que había en la misma acera del edificio donde pasaba las horas de búsqueda. Por lo general se tomaba dos trozos medianos, para darle variedad a su almuerzo, de la docena de especialidades que había en las vitrinas. Acompañaba el condumio con una lata de *birra* y como postre un *espresso*. Sin darse mucho reposo, volvía al tajo hasta que llegaba la hora del cierre.

Lucio miró el reloj. Eran las cuatro de la tarde, cuando colocaba en su sitio el legajo que acababa de revisar sin rendimiento alguno y tomaba el siguiente para llevarlo hasta su mesa de trabajo. Por un instante se maldijo a sí mismo por estar encerrado entre aquellas cuatro paredes en lugar de estar con María paseando por la ciudad que ella le estaba enseñando como jamás había imaginado conocer, entre besos, cariños y susurros de amor. También pensaba que podría estar dando rienda suelta a sus sentimientos o haciendo el amor. Se dijo a sí mismo en voz alta —sólo se escucharía él— que era un gilipollas. Aunque se había impuesto como obligación aprovechar cada día hasta las seis, decidió que aquél era el último legajo de la jornada. Lo abrió con desgana y se encontró en primer lugar con un grueso libro de cuentas, que había perdido las cubiertas. Las últimas páginas no habían sido utilizadas. Por casualidad sus ojos se fijaron en la página que cerraba las anotaciones de un mes, 30 de junio de 1741, y en una firma con rúbrica que con letra legible decía: Tomasso Bellini.

—Tomasso Bellini, Tomasso Bellini —comentó como un susurro que apenas salió de su boca—. ¿De qué me suena a mí este nombre? Tomasso Bellini.

Trató de recordar aquel nombre, pero no vino nada a su memoria.

—¡Bah! Lo habré visto en otro libro de cuentas —estaba hablando solo.

Fijó su atención en el documento siguiente y empezó a leer. Apenas había avanzado unas líneas —se trataba de la carta de un proveedor reclamando el pago de ciertas cantidades atrasadas— cuando ya sabía que era algo que carecía de interés para sus propósitos. Los demás documentos de aquel legajo tampoco tenían información alguna que le fuese de utilidad. Cerró las tapas del legajo, anudó el balduque rojo y se levantó para colocarlo en su sitio. Eran las cuatro y cuarto, pero se había prometido que aquéllos serían los últimos papeles del día en los que husmearía. La jornada había concluido. Lo único que deseaba en aquel momento era estar con María.

Caminaba hacia la puerta cuando le vino a la mente la fecha del documento donde se reclamaba el pago: 14 de agosto de 1741. Poco después de que muriese Vivaldi, pensó y... y... golpeó con el puño cerrado en la palma de la mano.

—¡Tomasso Bellini! ¡Tomasso Bellini!

¡Ése era el nombre del individuo al que Vivaldi había enviado desde Viena la carta que contenía el secreto que fue a concretar en aquella ciudad donde le sorprendió la muerte!

¡Cómo no se habría dado cuenta antes!

Lucio recordó que María había dicho que Bellini, además de ser miembro de la *Fraternitas Charitatis* era el patrono mayor del *Ospedale della Pietà*. Aquel libro de cuentas estaba cerrado por las mismas fechas en que acaeció la extraña historia asociada a Vivaldi. Estaba sudando. Miró el reloj y dudó una vez más entre marcharse o volver a coger aquel legajo. En realidad, aquello nada tenía de particular. Se trataba de un libro de cuentas, uno más de los muchos que había guardados en aquellas estanterías. Si María no le hubiese hablado de Bellini, no habría reparado en él, aunque era cierto que la fecha resultaba interesante. Pero «¿interesante para qué?», se preguntó. Vivaldi no tenía en aquel momento ninguna relación con la *Pietà*; es más, ni siquiera estaba en Venecia. Dudó una vez más entre marcharse o echarle un vistazo a aquel libro de cuentas.

Cogió el legajo, lo colocó sobre la mesa, se sentó y lo abrió lentamente. Sin saber por qué, se había puesto tenso. Una tontería, pero era así, estaba tenso y tenía las palmas de las manos húmedas. El voluminoso libro de cuentas que tenía ante sí comenzaba el 19 de diciembre de 1740 y no tenía nada de particular. Tras una breve introducción, donde con letra en la que el escribano se había esmerado con la caligrafía, se explicaba que era un libro de asiento y contabilidad de los «Ingresos y gastos del *Ospedale della Pietà*, donde se acogen niñas huérfanas o abandonadas para darles cobijo y educación, según lo ordenado por los estatutos de la fundación». Había en cada página una columna con los asientos. Abierto el libro, en la página de la izquierda se consignaban los ingresos, en la de la derecha los gastos. Estos últimos eran más numerosos, aunque la cuantía de los asientos era más pequeña. Se cerraban los capítulos por meses y el desequilibrio entre una columna y otra se subsanaba inutilizando con tres líneas zigzagueantes el espacio que quedaba en blanco en la parte correspondiente a los ingresos.

Lucio pasaba las hojas, sin detenerse mucho en los conceptos allí anotados. Era algo que no le interesaba. Comprendió que al final todo había sido una pérdida de tiempo. Pero por emplear unos minutos en revisarlas, se había quedado tranquilo. Había hojeado más de la mitad del voluminoso libro cuando pensó que podía ahorrarse el continuar. Cogió con la mano izquierda las hojas que aún no había pasado, las curvó y dejó correr el borde de las mismas por el dedo pulgar. Aquel movimiento hizo que un papel suelto saliese por el impulso que las propias hojas le daban. Lucio lo siguió con la mirada, viéndole planear y posarse suavemente en el suelo. Lo recogió y al desplegarlo comprobó con cierta sorpresa que se trataba de una partitura.

Un libro de cuentas era un lugar poco adecuado para una partitura, pero tratándose de las cuentas de una institución musical, nada tenía de anormal y menos aún si se consideraba el desorden que imperaba en toda la documentación. La partitura carecía de título, por lo que pensó que se trataba de una parte de una composición mayor. Comenzó a leerla. Era una partitura para violín. Aquella música no era nada del otro mundo, más bien eran un conjunto de notas poco armoniosas. Tal vez era el ejercicio de algún aprendiz. Nada que mereciese mucho interés. Seguía con los dedos el compás y tarareaba la música cuando, de repente, vio algo que le hizo sacudir la cabeza.

Se fijó en aquellas notas. Lo que allí había escrito tenía que ser obra de un principiante. Más que un principiante, quien lo hubiese hecho era un ignorante, a tono con la escasa calidad que dominaba la composición. Pero una cosa era una mala composición y otra muy diferente lo que tenía delante de sus ojos. Tal vez era una broma porque sólo de esa forma lo escrito podría alcanzar una explicación. Aunque, pensándolo bien, no era asunto para tomarlo a broma.

Volvió a mirar y vio las notas, nítidas y desafiantes. Pensó que era un error. Miró otra vez la partitura y de nuevo sus ojos se fueron a aquella agrupación de notas. Allí estaban, como si su presencia fuese un reto a la cordura.

Repentizó la partitura y en su cabeza comenzaron a tomar cuerpo unos acordes, a los que no podía dar el nombre de melodía, poco armoniosos, por calificarlos de una forma benévola. Era una música extraña, fruto del mal gusto de alguien que no sabía muy bien lo que hacía. Todo sonaba mal, pero cuando llegó a las notas que tanta perplejidad le habían causado, un sonido terrible vibró en su cabeza. Fue como una dolorosa punzada que le causó daño físico, un dolor instantáneo que con sólo unos segundos de duración resultaría insoportable.

¡Era un sonido desagradable, horrísono!

No alcanzaba a encontrar una explicación para que alguien hubiese compuesto una cosa tan horrible.

El corazón le latía aceleradamente, como si hubiese hecho un gran esfuerzo físico. Tenía el pulso alterado y la cabeza empezaba a dolerle. Estaba desconcertado. Sin pensar muy bien lo que hacía cerró el libro y anudó el balduque. Había dejado fuera la extraña partitura. Colocó el legajo en el sitio donde había reposado, quién sabía cuantos años, y tomó la decisión de quedarse con ella, consciente de que lo que hacía estaba mal. Pensó en las consecuencias que tendría que afrontar si descubriesen que había robado un papel de un archivo. Nada bueno, por supuesto. Pero también pensó que era muy difícil que alguien descubriese su falta. ¡Allí imperaba el mayor de los desórdenes! Tampoco era cosa de que le sometiesen a un registro a la salida. Nunca lo habían hecho en los días anteriores. Por un momento, sintió cómo un escalofrío le recorría la espalda.

Se guardó la partitura en el bolsillo y abandonó el archivo. Sentía cómo la sangre golpeaba en sus sienes con fuerza.

Conforme bajaba las escaleras aumentaba el nerviosismo que había hecho presa en él. Hubo un momento, antes de llegar a la planta baja, que pensó en volverse, dejar el maldito papel donde lo había encontrado y olvidarse del asunto. Pero fue mayor la tentación de llevárselo. Era una partitura de violín y quería interpretarla, a pesar de que en su cabeza sonaban unos horribles acordes. Dejaba ya la primera planta cuando decidió que haría una copia y luego devolvería el original a su sitio. Era lo mejor ante la posibilidad de que se descubriese que se llevaba un documento del archivo.

—*Signore Luccio!*

La voz del portero llegó hasta sus oídos como una maldición. Estaba seguro de que iba a darse cuenta de que se llevaba aquel trozo de papel. ¡Quién le habría mandado volverse a mirar aquel libro de cuentas, cuando ya había dado por concluida su tarea!

—*Signore Luccio!* Veo que hoy ha dado por concluido su trabajo mucho antes que otros días.

No sabía si echar a correr escaleras arriba, si abalanzarse sobre el cuello del portero o ponerse a llorar. El pánico tenía que ser algo muy parecido a lo que estaba experimentando en aquellos momentos. Pero la realidad era que sus pies bajaban las escaleras y su cuerpo le seguía como un autómata. Apenas escuchaba la voz del portero que seguía perorando. Lo que quiera que fuese que estaba diciendo tenía que ver con una bella veneciana. Prestó atención.

—Seguro, seguro que algo tendrá que ver una bella veneciana.

Exactamente eso era lo que estaba diciendo. Aquello, sin que se lo explicase muy bien, le dio ánimos.

—¡Ha dado usted en el clavo! Sus paisanas son una tentación irresistible.

—Mi querido amigo, una joven bella es siempre una tentación. Un serio peligro para cualquier hombre. Pero también un hermoso peligro en el que lo mejor es perecer. Así ha sido toda la vida y seguirá siéndolo mientras existan bellas mujeres.

El portero debía considerar aquellas palabras como una muestra de su filosófica elocuencia porque, ensimismado en su propio discurso sobre el amor, apenas se fijó en lo agitado que estaba Lucio, cuando pasó cerca de él, sin decir otra cosa que un correcto:

—*Buona sera.*

—*Buona sera, caro amico.*

Lucio caminó deprisa, la vista al frente, aunque no veía. Conforme se alejaba de la puerta del edificio notaba cómo se relajaba y el sudor le empapaba la ropa.

Se tocó el bolsillo en un estúpido gesto de comprobación. Allí estaba el papel que tanta angustia le había producido. Allí estaba aquel maldito papel. Sí, maldito papel porque la partitura contenía una música prohibida, a la que no era capaz de sustraerse.

Recordó sus clases de teoría cuando era estudiante en el conservatorio. ¡Aquélla era una música condenada por la Iglesia! ¡Era la música del diablo!

8

Una vez que se alejó del edificio que un día albergó el *Ospedale della Pietà* trató de recobrar la serenidad. Decidió dar un paseo de esos que no llevan a ninguna parte; dejarse ir, callejear para superar la angustia que sufría. Poco a poco fue calmándose y comprobó que conforme pasaban los minutos su mente superaba la tensión vivida, pero también que con fuerza cada vez mayor sonaba en su cabeza la extraña música que contenía la partitura que guardaba en el bolsillo.

Estuvo deambulando por callejas durante más de una hora. Aunque el paseo había ejercido un efecto saludable en sus alterados ánimos, el dolor de cabeza, por el contrario, no había dejado de aumentar. Compró unos analgésicos y se tomó dos acompañados de un *capuchino* en un pequeño café de la *riva del Carbón* muy cerca del puente Rialto. En las aguas del Gran Canal y en sus riberas había la agitación de siempre; aglomeraciones de gente en los puentes, viendo cómo surcaban las aguas góndolas, *vaporettos* o lanchas que dejaban a su paso estelas de espuma sobre el oscuro verdor del agua. Subió al puente Rialto y logró, a puro codazo, abrirse hueco entre la gente en uno de los pretiles para ver el canal desde arriba. Allí, acodado, dejó pasar los minutos, comprobando con cierta delectación cómo su mente se relajaba hasta el punto de aislarse del estruendo y del ruido que le rodeaba, pero al cabo de unos instantes la música de la partitura volvió a golpearle como una dolorosa punzada. Eran más de las cinco y media, por lo que decidió encaminarse hacia el Bucintoro. Ahora andaba rápido porque su mayor deseo era estar cuanto antes en el hostal, que se le presentaba en aquellas circunstancias como un refugio apacible. Cuando llegó estaba agotado. Le dolía todo su cuerpo desde los pies hasta la cabeza porque los analgésicos todavía no habían hecho su efecto. Saludó a la madre de María con un *buona sera, signora Giulietta*, muy diferente a la amable conversación que solía mantener con ella. Tomó las llaves y subió las escaleras con el propósito de darse una larga ducha.

Aquello le daría la fuerza suficiente para interpretar con su violín la música que había escrita en los pentagramas.

Su pequeña habitación se llenó de vapor creando una atmósfera algodonosa y húmeda, empañando ventanas y espejos. La ducha, como deseaba, había ejercido un efecto tonificante en su cuerpo y también en su espíritu. El sonido estridente del teléfono le hizo sobresaltarse.

—¿Diga?

—Soy yo, María

—¡Ah! Eres tú.

—Mi madre me ha dicho que habías llegado y que te habías subido rápidamente a tu habitación, sin detenerte un instante. ¿Estás bien?

Lucio dudó un momento antes de responder. Había pensado varias veces cómo contarle a María lo que le había ocurrido aquella tarde, pero no sabía cómo hacerlo, cómo contárselo. ¿Qué pensaría una persona como ella, apasionada de la historia, de un individuo que se apropiaba de un documento de un archivo? ¿Cuál sería su reacción? Por otra parte, tenía muy malas vibraciones. Quienquiera que hubiese compuesto aquella música había utilizado la cuarta tritono. Una agrupación de notas que producía un sonido horrible. Un sonido tan detestable que había sido proscrito. La Iglesia, incluso, lo había maldecido. ¡Aquella partitura era una herejía musical!

El silencio que se había hecho en el hilo telefónico hizo que María volviese a preguntar:

—Lucio, ¿estás bien? ¿Te ocurre algo? —su voz sonó preocupada.

—Sí, sí, estoy bien. Aunque tengo que decirte algo. Algo muy importante.

—¿Qué tienes que decirme? —ahora había un fondo de angustia en la voz de María.

—No quiero hacerlo por teléfono. ¿Nos vemos dentro de media hora? Estaré en el vestíbulo.

Y colgó el auricular.

Aunque la joven escuchó cómo se cortaba la comunicación no pudo evitar responder:

—Está bien, dentro de media hora en el vestíbulo.

María sabía que los treinta minutos de aquella media hora se le harían interminables. Ella también estaba enamorada. Aquel *spagnolo* de suaves maneras y fina sensibilidad le había robado el corazón. Había pasado junto a él unos días maravillosos, hasta el punto de que su vida había cobrado una nueva dimensión. Le había entregado su corazón sin reservas y a lo largo de aquel día no había dejado de pensar en la forma de plantearle que deseaba acostarse con él, no sólo por el sexo sino por algo mucho más hermoso que deseaba compartir.

No quería ni pensar que lo que Lucio tenía que decirle era que aquello se había terminado. Le había llamado la atención que todavía no le hubiese propuesto hacer el amor y no sabía muy bien cuál era la causa. Se recreaba pensando en que la razón se encontraba en la sensibilidad con que lo trataba todo y que sólo se había roto en una ocasión, cuando le estaba contando lo que sabía acerca de la *Fraternitas Charitatis*. Se sentía contenta, aunque desease ardientemente hacer el amor con él, de que no hubiese sido una propuesta inmediata de Lucio. María estaba alarmada pensando que lo que Lucio iba a decirle era que todo aquello no iba más allá de una aventura pasajera, que todo había sido un sueño y que él volvería a su país, a su música, que su violín y Vivaldi estaban por encima de cualquier otra cosa en el mundo.

A María se le hizo un nudo en la garganta y tuvo que hacer un verdadero esfuerzo para que las lágrimas, que acudían a sus ojos, no corriesen también por sus mejillas delante de su madre, a cuya perspicacia no escapó el mal trago por el que pasaba su hija. A Giulietta le costó no poco trabajo guardar un respetuoso silencio.

Sin decir palabra María se encerró en su habitación, que estaba en un ala de la primera planta, dedicada a vivienda de la familia. Allí no pudo contener el llanto y dio rienda suelta a su desconsuelo.

Habían transcurrido quince minutos cuando a los oídos de María llegaron, como otras veces, las notas del violín —la habitación de Lucio estaba justo encima de la suya—; eran unos sonidos desagradables. Aquello era cualquier cosa, menos música.

Los extraños compases tuvieron la virtud de hacerle olvidar por un momento la angustia que le oprimía el corazón. No entendía qué era lo que podía estar pasando por la mente de Lucio. De repente llegó hasta sus oídos un sonido estridente que producía una punzada desagradable.

Luego la música cesó.

Acababan de dar las siete y media en el reloj de la torre campanaria de la iglesia de la Santísima Trinidad cuando María y Lucio salían del hostal. Ella vestía pantalón vaquero, muy ajustado, y una camisa de lino de color salmón, con mangas japonesas y algo entallada, lo que realzaba su busto. Se había recogido el pelo en una coleta y tenía, algo inusual, maquillada la cara y muy perfilada la línea de los ojos. Lucio también vestía pantalón vaquero y una holgada camisa de punto, tipo polo, de manga larga. Todavía tenía el pelo húmedo de la ducha y en su rostro se reflejaba la tensión de aquellas horas.

Cruzaron uno de los puentes sobre el río Nuevo y se encaminaron hacia San Simeón *Piccolo*, a orillas del Gran Canal, frente a la estación de ferrocarril de Santa Lucía. Iban cogidos de la mano y durante varios minutos no cruzaron una sola palabra. El silencio empezaba a resultar embarazoso cuando María le preguntó:

—¿Qué era lo que estabas tocando antes? Sonaba fatal, sobre todo las últimas notas que diste.

—Son un horror, ¿verdad? —asintió Lucio.

María afirmó con movimientos de cabeza.

—Precisamente de eso es de lo que quería hablarte —la voz de Lucio era como un susurro.

—¿De esa música horrible? —la pregunta de María denotaba sorpresa.

—Sí, de esa música horrible.

—¿Era de eso de lo que no querías hablarme por teléfono?

—Sí.

María no sabía si reírse o romper a llorar. En sus ojos aparecieron lágrimas de felicidad.

—No me lo puedo creer.

—¿Qué es lo que no puedes creer? —Lucio la miró a los ojos y se percató de que las lágrimas estaban a punto de saltársele.

»Amor mío, ¿te ocurre algo?

El llanto de ella ya era incontenible. María y Lucio se abrazaron. Mientras ella se desahogaba en su hombro, él no sabía muy bien qué hacer, aparte de besarla sin parar. Una y otra vez trataba de echar la cabeza de María hacia atrás, pero ella se resistía y apretaba con toda su fuerza para no retirarla de su hombro.

—¿Qué es lo que te ocurre, vida mía? —repetía Lucio sin obtener respuesta porque María era un baño de lágrimas.

La gente que pasaba por su lado miraba, curiosa, la escena. A ellos no les importaba lo que las gentes pensasen. Era como si en el mundo, en aquellos momentos, estuviesen ellos solos.

Cuando María dejó de llorar, tenía el rímel corrido. Se limpió los ojos con un pañuelo que le dio Lucio, quien dejó que pasase un tiempo prudencial, luego le acarició la mejilla y la miró con toda la ternura de que era capaz.

—¿Qué es lo que te pasa, María?

—¡Nada, que soy una tonta! ¡Eso es, que soy una tonta!

Secándose con el dorso de la mano los restos de las lágrimas, comentó con voz entrecortada:

—¿Qué es lo que tienes que contarme de esa música tan extraña?

—Es un poco largo, pero presta mucha atención y por favor no me interrumpas. He encontrado en los papeles de la *Pietà* una extraña partitura sin título y sin el nombre del autor. Se encontraba entre las páginas de un libro de cuentas de 1741, fecha en que Tomasso Bellini era patrono del *Ospedale della Pietà.*

Lucio le contó, con todo detalle, cómo se había tropezado con el nombre de Tomasso Bellini y el descubrimiento de la partitura que contenía aquella música horrible. También su decisión de quedarse con la partitura. Después se refirió a la angustia vivida y al mal momento que había pasado al salir del edificio.

Para sosiego de Lucio, María no hizo ninguna alusión al hecho de sustraer un papel de un archivo. Cuando concluyó, María le preguntó:

—¿Y dices que la partitura no tiene ni título ni nombre de autor y que estaba en un libro de cuentas del año 1741?

—Efectivamente, todo muy extraño, pero aún más extraño es la música que está escrita en esa partitura, digo música por llamar de alguna manera al contenido de esos pentagramas.

—¿Los sonidos que encierra esa partitura eran los que estabas interpretando hace poco rato en tu habitación? —volvió a preguntar María.

—Eso que has escuchado es lo que está escrito en ese papel —comentó Lucio con la mirada perdida en el vacío.

—Pues puedo asegurarte que se trata de algo muy desagradable. El final es verdaderamente horrible.

—Se trata de una música muy extraña. La partitura contiene una composición de notas expresamente condenadas por la Iglesia.

—¡La Iglesia también condenaba la música!

—Prohibió que se produjesen unas determinadas agrupaciones de notas, considerando que era obra diabólica. Las notas así agrupadas producían un sonido tan horrible que fueron catalogadas como algo satánico.

—¿Satánico, dices?

—Sí, a esa música se le denominó la música del diablo.

—¿Qué has dicho?

—Que es la música del diablo —repitió Lucio.

—¿Me quieres explicar qué es eso de la música del diablo? —preguntó inquieta María.

Lucio bajó la voz.

—En las composiciones musicales las notas pueden ir separadas unas de otras más de un tono. Sin embargo, hay pasos que se han tenido por prohibidos a lo largo de la historia. La mayor de esas prohibiciones era pasar de *do* a *fa sostenido*, es lo que se llama una cuarta aumentada o cuarta tritono. Produce un sonido horrible.

—¿Es el sonido que yo he escuchado? —le interrumpió María.

—Sí, ése es el sonido que produce y a ese sonido es a lo que se conoce con el nombre de la música del diablo; se relaciona con el infierno. La Iglesia católica prohibió expresamente el uso de la cuarta tritono por considerar que se trataba de un sonido satánico.

—¿Llevas contigo la partitura? —preguntó María.

—Guardada en el bolsillo.

—Vámonos, si te parece, a un lugar recogido, donde podamos verla con tranquilidad.

Después de someter a un minucioso examen la extraña partitura, Lucio y María habían sacado algunas conclusiones.

Primero, en opinión de ella, la partitura estaba escrita en un papel antiguo, que perfectamente podía ser del siglo XVIII. Pero para poder determinarlo con exactitud habían decidido llamar a un amigo suyo, propietario de una tienda de grabados, objetos y libros antiguos, todo un experto en papeles viejos. Era la persona adecuada para sacarle a aquel papel una sustanciosa información. Se llamaba Giorgio Cataldo y tenía su negocio en el campo de Santa Margarita, cerca del canal Foscari. Cataldo le había prometido acudir al Vino Vino, la tasca donde estaban, situada a la sombra del famoso restaurante Antico Martín, en cuanto cerrase su tienda. Como no se encontraba lejos podría estar allí en media hora, poco más o menos.

La segunda conclusión que habían establecido era que la partitura rompía todos los moldes establecidos. Aquello no era propiamente música. Estaban convencidos de que las notas escritas en los pentagramas encerraban un misterio, contenían algo que se les escapaba. Lucio insistía en que musicalmente aquello carecía de sentido y al utilizar la cuarta tritono el compositor entraba en un terreno escabroso, prohibido, sobre todo si la partitura había sido escrita en el siglo XVIII. Por lo tanto, si no era una travesura, aunque con unas notas cuya conjunción tenía resonancias satánicas, había de tener un significado que no era musical.

Por último, habían reflexionado acerca de las circunstancias que envolvían el hallazgo realizado por Lucio. La partitura estaba en un libro de cuentas que llegaba hasta agosto de 1741, fecha en que Tomasso Bellini había desaparecido sin dejar rastro. Se encontraba en el archivo de aquella institución, pero en un lugar que no le correspondía y, además, era una locura musical, con ribetes diabólicos, en un centro consagrado a la música religiosa. En definitiva, allí había algo que no encajaba, aunque no podían siquiera vislumbrarlo.

Giorgio Cataldo llegó a la hora que había prometido. Era un tipo extrovertido que rondaría los cuarenta años; tal vez no los había cumplido, aunque su pelo canoso, completamente blanco, parecía indicar lo contrario. Pero la tersura de su piel no dejaba mucho margen a la duda. Muy delgado, vestía con una informalidad a la que le faltaba poco para llegar a la extravagancia. Saludó a María con dos besos, luego tomó una de sus manos, dio un paso atrás, como si de esa forma mejorase su perspectiva, y exclamó:

—*Bella, bellisima María.*

Le besó la punta de los dedos y se presentó a Lucio, como Giorgio, el trapero amigo de María.

—Bueno, ¿dónde está esa joya en papel del siglo XVIII?

Sin aguardar una respuesta, llamó al camarero, agitando un brazo en alto, y le pidió un *martini bianco* con hielo.

Mientras le servían hablaron de intranscendencias. Giorgio se interesó por el motivo de la presencia de Lucio en Venecia y celebró que se dedicase a un arte tan noble como la música. Cuando el camarero se hubo retirado Lucio le alargó el papel. Los dobleces estaban marcados por los largos años de reposo entre las páginas del libro de cuentas.

El anticuario lo abrió cuidadosamente, como quien teme estropear algo muy delicado. Lo frotó, palpándolo suavemente por ambas caras a la vez, con la yema de los dedos para percibir su textura. Fijó su atención en los bordes donde disminuía el grosor hasta hacerse casi transparente en algunos lugares. Después se lo llevó a la nariz y lo olió, como si tratase de percibir algún aroma. Lo miró varias veces por el derecho y el revés. Estuvo varios minutos concentrado en el examen de aquella hoja, sin decir palabra. Lucio tenía la sensación de que en su actuación había algo de teatralidad.

Lo último que Giorgio hizo fue levantar el papel hasta la altura de los ojos y girarse hacia donde había un punto luminoso. Estaba mirándolo al trasluz. Cuando dio por concluido su examen, preguntó:

—¿Puedo saber de dónde procede esta partitura?

Lucio y María intercambiaron una mirada, que no se escapó a Cataldo.

—No os preocupéis, ni voy a ofreceros un precio por él, ni voy a contárselo a nadie. A no ser que la partitura tenga un valor que yo no alcanzo a determinar, no es más que un papel del siglo XVIII.

—¿Es del siglo XVIII?

—Es del siglo XVIII, pero no fue fabricado en Venecia. Este papel está fabricado en Viena.

—¡¡En Viena!! —la exclamación fue casi un grito que en parte quedó ahogado en sus gargantas.

—Parece que os ha sorprendido que el papel haya sido fabricado en Viena —comentó Cataldo—, pero habéis de saber que no hay duda al respecto. La filigrana de este pliego es de Herrmann, que era el fabricante de papel más importante que hubo en Viena entre 1736 y 1752. Su marca era un óvalo en cuyo interior hay un jinete que blande una larga espada por encima de la cabeza. Podéis verla sin problemas al contraluz.

Giorgio volvió a insistir en la pregunta que había dejado formulada:

—¿Puedo saber de dónde procede esta partitura?

María no era quien debía contestar, aunque ella hubiese llamado a Cataldo. Fue Lucio quien soltó a bocajarro:

—¿Puedo fiarme de él?

—Sí, hasta donde yo le conozco. Es mi amigo —fue la respuesta de María.

—Bueno, bueno, no quiero que mi curiosidad se convierta en un problema entre vosotros.

Por toda respuesta Lucio le dijo:

—Esa partitura pertenece al fondo documental del antiguo *Ospedale della Pietà*.

Cataldo arrugó el entrecejo. Fue un movimiento instintivo del que pareció arrepentirse.

—Ya comprendo. ¿Y tiene mucho valor, musicalmente hablando? —dejó caer con cierta sorna.

—No es lo que te imaginas —respondió María un tanto molesta—, se trata de una de las muchas partituras que se pueden encontrar en el archivo de una institución como ésa.

—¿Y entre tantas como hay, por qué ésta precisamente?

Lucio, a quien no gustaba el sesgo que estaba tomando la conversación, respondió con cierta vehemencia:

—Esa partitura contiene una extraña composición. No eran habituales, ni entonces ni ahora, ciertas agrupaciones de notas que hay en ella. No se sabe de quién es, ni tiene nombre.

Como podrás comprobar no está firmada y musicalmente es bastante mala.

—Entonces, ¿por qué tanto interés? —preguntó el italiano.

—Por esas extrañas agrupaciones de notas —contestó Lucio. Se hizo un breve silencio que fue roto por el español.

—¿Sabes algo de música?

—Muy poco.

—En ese caso te diré que hay distancias tonales que no se usan. Es más, hay un cierto rechazo a usarlas.

—¿Cuál es la causa de ello?

—La música es ante todo armonía. Sin embargo, hay agrupaciones de notas donde la armonía no existe y en algunos casos no sólo no existe, sino que el resultado es francamente desagradable.

—Y en esa partitura se han utilizado distancias tonales cuyo resultado es un sonido desagradable —apostilló Cataldo.

—Exactamente eso es lo que hay en esa partitura, lo cual la convierte en algo extraño —señaló Lucio, dando por concluida la explicación. No se le había escapado que para saber poco de música había utilizado una expresión como distancias tonales.

Aunque a Giorgio Cataldo le hubiese gustado hacer algunas preguntas más, tales como por qué tenían tanto interés en conocer ciertos detalles sobre la extraña partitura o por qué les había causado tanta sorpresa saber que el papel había sido fabricado en Viena, decidió no insistir más en el asunto. Aunque no estaba dispuesto a olvidar un solo detalle de los escuchados en aquella mesa del Vino Vino.

Giorgio miró el reloj y comentó:

—Creo que me he ganado un *calzone*, después de todo lo que os he contado de ese papel.

Aquello significaba que estaba dispuesto a compartir una cena con María y Lucio, quien también pidió *calzone*. Se había aficionado a esta especie de empanadilla hecha de pasta muy ligera, inflada, que en su interior llevaba una masa de verduras, de carne picada o de relleno de huevo con salmón o atún y en la que el queso fundido era parte importante, aunque no imprescindible. María pidió una crema de espárragos. El vino fue un excelente *bianco di Custoza*.

Era cerca de la medianoche cuando Lucio y María cruzaban la *piazza* de San Marcos —las orquestinas ya se habían recogido—, camino de la *riva degli Schiavoni* hacia el Bucintoro. Dejaron atrás el hotel Danieli.

—¿Sabes qué estoy pensando? —le dijo Lucio.

—¡Que me quieres con toda tu alma!

Lucio se detuvo, la miró, tiró de ella y la llevó hasta una zona sumida en la penumbra. Apenas pasaba gente. La besó en el cuello suavemente, después buscó su boca y su lengua. Se apretaron. Lucio desabrochó los botones de la camisa de María y buscó sus pechos, cuando alcanzó la suavidad de sus pezones no pudo contener un gemido de placer.

—¿Quieres que pasemos la noche juntos? —le susurró María al oído.

—Es lo que más deseo en este mundo.

María abotonó su camisa y reemprendieron la marcha.

—Ahora, si quieres, te digo en lo que estabas pensando, cuando hace un rato me lo preguntaste —comentó María.

Lucio la miró con ojos interrogantes.

—Pensabas en lo que nos ha dicho Giorgio sobre esa partitura que llevas en el bolsillo.

Lucio se detuvo un instante.

—¿Cómo lo sabías?

—Porque empiezo a conocer al hombre que amo.

Volvió a besarla y a continuación le preguntó:

—¿Qué piensas de esa partitura?

—Que es de Vivaldi —respondió María tranquilamente.

—¿¡Quieres decir que esa partitura fue escrita por Vivaldi!?

—Exactamente eso es lo que he dicho.

—¡Vivaldi no pudo escribir eso! —Lucio hablaba con vehemencia—. ¡Lo que hay en esos pentagramas es pura basura y Vivaldi era un genio! Era un violinista excepcional y uno de los mejores compositores que han existido. ¡Insultas su memoria, con sólo atribuirle ese engendro!

—Lo que Vivaldi escribió ahí no era música —María manifestaba una calma absoluta.

—Continúa —la animó Lucio.

—Lo que hay en esos pentagramas no es música, de eso no tengo ninguna duda. El papel está fabricado en Viena, en unos talleres que estaban en funcionamiento por los años en que Vivaldi estuvo allí. Lo has encontrado en un libro de cuentas del *Ospedale della Pietà* de la época en que Tomasso Bellini era el primer patrono de dicha institución. Sabemos que Vivaldi escribió a Bellini un mensaje cifrado en el que le comunicaba un misterioso descubrimiento, en su calidad de miembro de la *Fraternitas Charitatis*.

María guardó silencio durante unos instantes y Lucio la animó a continuar otra vez.

—Vivaldi sabía lo suficiente de música como para valerse de ella como medio de enviar un mensaje cifrado. No me negarás que no es un buen procedimiento para esconder el contenido de un texto que no se desea divulgar. Por último, sabemos que el propio Bellini, sin que podamos ni confirmarlo ni negarlo, dijo que el texto en cifra que le envió Vivaldi le había sido robado. En todo caso dicho texto se había perdido.

Hubo otro silencio que fue roto por María:

—Estoy convencida de que ése es el mensaje que Vivaldi envió en 1741 desde Viena.

—Según tú, ¿en esta partitura —se palpó el bolsillo del pantalón— está el enigma del cura rojo?

—Eso es, justamente, lo que creo.

Mientras avanzaban, abrazados, hacia el Bucintoro, Lucio pensaba en lo inverosímil que resultaba que hablasen de un asunto como aquél, cuando caminaba hacia una noche de amor con la mujer que amaba.

—Aun suponiendo que lleves razón —al cabo de un rato Lucio había vuelto a Vivaldi— y esta partitura fuese el mensaje recibido por Bellini, conteniendo el secreto descubierto por el compositor, el enigma seguiría siéndolo, porque no poseemos la clave para poder descifrarlo. Al fin y al cabo lo único que tenemos es un puñado de notas musicales, que sólo puedo calificar de desconcertantes.

—Tal vez deberíamos hacer un intento. Con ello nada íbamos a perder —comentó María cuando llegaban a la puerta del hostal.

Lo que prometía ser una noche de amor comenzó como una noche detectivesca. El comedor familiar de María se convirtió en el centro de operaciones. Pertrechados con un termo de café y mucho entusiasmo, trataron de establecer un método. Pero todos los ensayos que realizaron fracasaron uno tras otro. Asignaron letras a las notas, pero había muchas más de aquéllas que de éstas. Probaron luego con las escalas cosechando un fracaso similar. Hicieron algunas combinaciones de escalas y tonos, pero era tan complicado que todos sus esfuerzos resultaron inútiles.

Después de cuatro horas de esfuerzos y nulos resultados, decidieron dejarlo.

—Bellini dijo que no había recibido la clave. Pero tal vez lo dijese con el fin de poner obstáculos para compartir con sus hermanos de la *Fraternitas Charitatis* el envío de Vivaldi —comentó María.

—¿En qué estás pensando?

—En que es posible, tal vez probable, que la clave se encuentre también escondida entre los papeles del archivo de la *Pietà*.

Lucio entrecerró los ojos:

—Sería como buscar una aguja en un pajar. No puedes hacerte una idea del desorden que impera en ese fondo documental, además la clave no estará encabezada por una línea que diga: «Cifra para desvelar el mensaje secreto que el señor Vivaldi envió al señor Bellini».

María le dio un cachete:

—No te burles de mí, no estoy ni para bromas ni para nada.

—¿Para nada, para nada?

—Aún nos queda una posibilidad —señaló María, que seguía enfrascada en la partitura.

—¿Y cuál es, si puede saberse?

—Eso queda para mañana. Ahora tú vas a saber lo que es bueno.

María lo cogió de la mano y se lo llevó a su dormitorio.

9

Las últimas veinticuatro horas de la vida de Lucio Torres habían sido las más intensas de sus veintisiete años de existencia. Había encontrado una extraña partitura, donde estaba la música del diablo. Había vivido la angustia de sacar un documento de un archivo. Había tenido la mejor experiencia de su vida, compartida con una mujer. María era una mujer maravillosa por su inteligencia, su perspicacia y por su intuición. También como amante no tenía comparación con todo lo que había conocido hasta entonces.

Después de su fracaso como descodificadores de mensajes crípticos, habían compartido unas horas maravillosas. Habían hecho el amor, primero con frenética pasión y luego con una pasmosa tranquilidad. Sentía que su espíritu flotaba; si aquello era estar enamorado, el amor era la más sublime de las sensaciones que podía percibir el ser humano. Había sido como un bálsamo para su espíritu, después de la agitación soportada.

Apenas había dormido un par de horas cuando María le despertó. Trató de hacerlo besándolo suavemente. Pero al final hubo de utilizar un procedimiento más expeditivo. Una buena ducha le entonó, al menos momentáneamente. Luego disfrutó de un placentero desayuno en la terraza del comedor del hostal, donde había dispuesta una pequeña mesa para dos personas. Gracias a su orientación recibía durante las primeras horas de la mañana, si el día estaba despejado, una hermosa luminosidad y el calor de los rayos del sol tibio del otoño.

Allí, sin pensárselo mucho, Lucio le pidió a María que se casase con él. El corazón iba a salírsele por la boca cuando escuchó de los labios de ella un sí que era a la vez rotundo y suave. En ese momento hubiera deseado poder fundirse en un abrazo que los convirtiese en una sola persona y también gritarle al mundo cuáles eran sus sentimientos. Era un hombre plenamente feliz. Barajaron la posibilidad, aunque sin concretar nada, de contraer matrimonio antes de la próxima Navidad. Se irían a vivir a Córdoba o tal vez a Madrid, si la propuesta de Briviesca, el director de la sinfónica, se convertía en realidad.

Volvieron a plantearse el mensaje de la partitura. María propuso un plan para descifrarlo. Una vez más le dijo que no albergaba dudas de que se trataba del secreto que Vivaldi había confiado a Tomasso Bellini.

Contó a Lucio que conocía a un profesor de paleografía y lenguas protorrománicas, que le había dado clase varios años y con el que había asistido también a un curso de verano. Era un experto no sólo en paleografía y diplomática, sino que sus conocimientos de criptografía le habían llevado, en la época de la guerra fría, a trabajar para la OTAN en el desciframiento de mensajes codificados, utilizados por el Pacto de Varsovia.

Gracias a su pericia —le contó María— se había desmantelado una red de espionaje, cuyo centro era la embajada soviética en Roma, y descubrir un doble agente que durante más de cinco años había pasado información militar de primera importancia a los rusos. También fue decisiva su colaboración para conocer el código que utilizaba la mencionada embajada cuando transmitía información reservada. Hasta que los rusos se percataron de que su sistema de cifra había sido desvelado, los occidentales gozaron de una posición privilegiada en asuntos de gran importancia en un momento en que desde Italia, más concretamente desde el Vaticano, se llevaban a cabo importantes medidas de apoyo al sindicato Solidaridad y a sus acciones para acabar con el régimen comunista de Polonia. Lech Walessa y los suyos contaron con una ayuda vital para planificar sus acciones gracias al magnífico trabajo realizado por Stefano Michelotto, que era el nombre del profesor en cuestión.

En un curso de verano de la Universidad de Rávena sobre «Diplomática y paleografía en el reino Lombardo durante la época de los carolingios», impartido por Michelotto, María tuvo ocasión de conocerle más allá del ámbito académico, durante las conversaciones y el tiempo de asueto que en este tipo de seminarios y cursos se producen entre profesores y alumnos. Hacía de ello cuatro años, María tenía entonces diecinueve y el *dottore* Michelotto, la mayor eminencia en paleografía de Italia, que rozaba los sesenta, se reveló, en aquel tiempo libre que compartía con sus alumnos, como un excelente conversador y una verdadera caja de sorpresas. Aunque los medios de comunicación le habían dedicado espacios y entrevistas en relación con su actividad de descifrador de códigos, tal faceta de su actividad, que le rodeaba de un aura de misterio, fue descubierta por la mayor parte de aquellos alumnos en las conversaciones mantenidas en terrazas de cafeterías y en pubes de la Rávena estival.

Después, María mantuvo aquel contacto porque el *dottore* Michelotto había sido su profesor de Paleografía I y Paleografía II en la facultad y porque había asistido a algunos de sus seminarios para la obtención de créditos opcionales.

Salieron juntos del Bucintoro y, en una copistería, hicieron cinco copias de la partitura. Habían decidido volver a colocarla en el mismo lugar donde Lucio la había encontrado y trabajarían con las copias. Luego él se marchó al archivo de la *Pietà* a buscar, aunque no sabía cómo hacerlo, la clave del mensaje. María no descartaba que pudiese estar allí, ni que la misma casualidad que les había proporcionado aquel texto cifrado les deparase otra sorpresa similar con la clave.

Mientras él buceaba en los legajos, ella iría hasta su facultad con la esperanza de encontrar allí al *dottore* Michelotto o al menos a alguien de su departamento que pudiese ponerle en contacto con él.

Habían quedado en verse a las dos en el *buffet* del hotel Metropole, que tenía precios asequibles y estaba muy cerca de la *Pietà,* por lo que Lucio dispondría de más tiempo para escudriñar en los fondos del archivo. Lo único malo era el bullicio que allí se producía a la hora del almuerzo. Verdaderas aglomeraciones de turistas, que buscaban una comida rápida, para no perder tiempo, y económica porque no podían permitirse pagar un cubierto en sitios como la Terraza del Danieli, La Caravella, Da Fiore —cuyo dispendio se había permitido Lucio por un día— o Noemí. También iban allí muchos venecianos que, por razones diferentes a los turistas, buscaban igualmente economía de tiempo y de dinero.

Cinco minutos antes de la hora fijada Lucio estaba en la puerta del Metropole. El bullicio en la *riva degli Schiavoni* era muy grande, masas humanas se desplazaban en ambas direcciones. Grupos de turistas seguían a sus guías, apelmazados en torno a ellos o esparcidos en largos cordones.

También había mucha gente aglomerada en los puestos de souvenirs donde, además de las imprescindibles corbatas de diseño italiano *pura seta*, se podían encontrar columnas coronadas por el león de San Marcos, sombreros de *gondolieri*, figuras variadas de cristal de Murano, reproducciones de góndolas y... postales, muchas postales.

Lucio esperaba que María hubiese tenido más suerte en su tarea porque él, como era de esperar, había fracasado en su empeño. Había revisado, hoja por hoja, diecinueve legajos, sin ningún resultado práctico. Teniendo en cuenta que había setecientos treinta y ocho, necesitaría como mínimo tres semanas para mirar superficialmente todos los fondos del archivo.

La verdad era que había asumido aquella tarea por complacer a María. Aquello nada aportaba a la música de Vivaldi, si es que el gran maestro tenía algo que ver con aquel engendro. Era cierto que en algunas de las biografías del compositor se decía que resultaba un tanto extraño el viaje que hizo a Viena a tan avanzada edad, pero no se le había dado mayor importancia que a otros acontecimientos también llamativos de su vida, como el hecho de que poco después de que hubiese recibido el orden sacerdotal dejase de decir misa. También había atraído la atención de sus biógrafos el que Vivaldi se convirtiese en empresario de ópera, aunque no era el primer clérigo, ni mucho menos, que se dedicaba a negocios profanos, como tampoco lo era el que hubiese mantenido una relación sentimental con Ana Giró, una famosa cantante que le acompañaba profesionalmente.

La historia de la *Fraternitas Charitatis* y de la vinculación de Vivaldi a tan extraña y secreta sociedad, era algo que para el objetivo de profundizar en su música carecía de interés. Otra cosa era que su devoción por el gran violinista le impeliese a conocer todo lo que estuviese relacionado con su obra y, en menor medida, con su vida. Él era un violinista, no un historiador de la música. Sólo conocer cuál era el enigma que, al parecer había descubierto y cuya importancia recomendaba mantenerlo en el mayor de los secretos, le había atraído, pero estaba desanimado porque, pese al entusiasmo de María, creía que no tenían la más mínima posibilidad de encontrar la solución de aquel misterio.

Abstraído primero en la contemplación de los turistas y después sumido en aquellas elucubraciones, perdió la noción del tiempo. Cuando miró el reloj comprobó que habían pasado las dos y cuarto. María se estaba retrasando. En el cielo las nubes se presentaban compactas y oscuras hasta entoldar Venecia de un gris plomizo. La brisa del Adriático era recia. No tendría nada de extraño que en poco rato empezase a llover.

Se le alegró el corazón cuando distinguió entre la muchedumbre que deambulaba la silueta de María. Hasta su forma de caminar le parecía diferente a la del resto de la gente; aquella veneciana, inteligente, guapa y elegante lo tenía perdidamente enamorado. Avanzó hacia ella y la besó en la boca.

—Perdona el retraso, amor mío, pero en la facultad he esperado hasta que ya no he aguantado más —murmuró María a modo de excusa.

—Cuéntame. ¿Cómo te ha ido? Por lo que acabas de decirme, deduzco que no muy bien.

—Francamente mal —fue su sincera respuesta—. ¿Y a ti qué tal?

—No mejor que a ti. Ya te dije que esto era como buscar una aguja en un pajar y... claro, la aguja no ha aparecido. Pero creo que mejor será que comamos. Lo veremos todo de otro color delante de un buen *chianti rosso* y unos *fetuccini alla carbonara*.

Consiguieron una mesa, algo que no resultó fácil, y María le contó lo que había hecho durante la mañana.

—Llegué a la facultad y subí al departamento del profesor Michelotto, donde me dijeron que se le esperaba hacia las doce.

Tenía algunos asuntos pendientes antes del comienzo de las clases, que será dentro de una semana. Como tenía tiempo —eran poco más de las diez y media— bajé a la biblioteca y busqué bibliografía sobre algo que nos fuese de utilidad. He visto cosas en la *Enciclopedia de Criptología* de un tal David E. Newton, pero no me ha arrojado ninguna luz, como tampoco he conseguido nada positivo en un manual de *Criptografía* de Smith en el que, no obstante, hay ciento cincuenta problemas criptográficos. He visto algunos de ellos y lo único que he sacado en claro es que los mensajes cifrados pueden descodificarse a partir de asignar letras o valores numéricos que luego se pasan a letras. También me he enterado de que, a veces, para mantener el secreto de algo que se quiere comunicar se utilizan códigos, que son palabras a las que se da de antemano un significado acordado entre quien envía el mensaje y quien lo ha de recibir.

—¿Cómo es eso? —preguntó Lucio.

—Es muy fácil. Imagínate que he de comunicarte que nos hemos de ver mañana a las ocho de la mañana o de decirte que no acudas porque puede resultar peligroso, pero no quiero que nadie lo sepa y tengo que realizar la confirmación de una cosa u otra. De antemano podemos establecer que la palabra «primavera» significa confirmación y la palabra «otoño» que no se te ocurra ir. El envío de una u otra palabra encierra un mensaje que sólo tu y yo conocemos porque previamente hemos establecido un código. En este caso no existen las claves.

—Espero que nuestra partitura no sea un código —comentó Lucio.

—No, no lo es. Los códigos sirven para transmitir mensajes muy cortos y la partitura, al menos en apariencia, no lo es. Además Vivaldi envió una clave. Por lo tanto no tenía un acuerdo previo con Bellini.

—Menos mal. Porque si hubiese sido un código, nuestras escasas posibilidades hubiesen quedado pulverizadas.

María se limitó a asentir con la cabeza y prosiguió su relato:

—Poco antes de las doce subí al departamento. Esperaba que Michelotto tuviese unos minutos para mí, pero me dijeron que aún no había llegado. Esperándolo he estado hasta las dos, hora en que su secretaria se ha marchado —María frunció el ceño—. Es una arpía, no me ha facilitado cómo ponerme en contacto con él. Se ha negado a decirme si había llamado a lo largo de la mañana, anunciando un retraso o algún impedimento para que no pudiese acudir a la facultad. Lo único que he conseguido es dejarle mi nombre y el número de mi teléfono móvil por si quería decirle a su jefe que tenía urgencia en hablar con él de un asunto de suma importancia. Se limitó a decirme que todos los alumnos tienen urgencias y cosas importantes que contarle al *dottore*. ¡Si hubiese podido estrangularla, te juro que lo habría hecho! Pero me limité a decirle que no era alumna suya, que lo había sido, pero que ahora éramos colegas —esbozó una sonrisa que rebajó la crispación que le había supuesto el recordar lo que estaba contando—. Sólo entonces, levantó los ojos y me miró. Con anterioridad no se había dignado hacerlo.

»No sé lo que habrá hecho con el papel donde le dejé mi nombre y el número del teléfono —concluyó María—. Luego he venido lo más aprisa que he podido, sabiendo que tú me estabas esperando. ¡Ni ánimos tenía para decirte por teléfono que me iba a retrasar!

Cuando María hubo concluido, Lucio le preguntó, mientras le acariciaba una mano:

—¿Crees que esa partitura merece la pena el esfuerzo que estamos haciendo?

—La verdad es que no lo sé —María se encogió de hombros—, pero tal vez nunca comprendas lo que para mí, una enamorada de la historia de mi cuidad y de todo lo relacionado con ella, significó el momento en que me dijiste que habías encontrado esa partitura. He estudiado lenguas románicas, pero mi verdadera pasión es la historia y sobre todo la historia de Venecia. Y me fascina la historia de las sectas y organizaciones secretas. Vivaldi para ti es un músico, pero es uno de los hijos más preclaros de esta ciudad y, además, aunque esto lo sabe mucha menos gente, fue miembro de la enigmática *Fraternitas Charitatis*. ¿Te imaginas si descubriésemos cuál fue su secreto?

Lucio, que tenía la mirada clavada en sus ojos, apretó su mano con más fuerza.

—Tengo la completa seguridad —continuó María— de que esa partitura es el mensaje que le envió a Bellini. En las horas de espera ante el despacho de Michelotto he pensado en el cúmulo de coincidencias que se han producido estos días. ¡Es algo extraordinario!

—Cuéntamelo. Me gustará escucharlo de tus labios —Lucio estaba embelesado.

María entornó los ojos y le rozó con sus labios la boca.

—Lo primero es que tú te cruzaras en mi camino. Un músico español que físicamente me pareció muy atractivo, enamorado de mi ciudad. No deja de ser una coincidencia que yo haya estudiado español y que saliésemos juntos, no recuerdo haberlo hecho con clientes del hostal. El resultado es que me he enamorado de ese músico. También el músico pierde la cabeza por esta veneciana, hasta el punto de pedirle que se case con ella. Te has metido de tal forma en mi vida que tu agitación de ayer la interpreté como un arrepentimiento de tus compromisos.

—¿Ayer pensaste eso? —los ojos de Lucio se agrandaron.

—Sí, y pasé un rato malísimo desde que llamé a tu habitación hasta que me contaste cuál era la razón de tu estado de ánimo. En un instante, lo que se dice en un instante, fui de la más negra de las angustias a la mayor de las alegrías —María tomó un sorbo de vino—. Ese músico del que me he enamorado dedica una buena parte de su tiempo a estudiar a Vivaldi, aprovechando el acceso que tiene a las fuentes del archivo de la *Pietà*. Por otra coincidencia, y no sé cuántas van, se encuentra con una extraña partitura que le produce un desasosiego extraordinario. Desde el primer instante no albergué ninguna duda acerca del valor del papel que tenías en tu bolsillo. Tengo grabadas en mi mente tus palabras de aquel momento, no creo que las olvide nunca: «He encontrado una extraña partitura sin título, sin el nombre del autor en un libro de cuentas de 1741, cuando Tomasso Bellini era patrono del *Ospedale della Pietà*».

»Es posible —continuó María— que estés algo confundido con mi actitud de ayer. Una noche en la que me sentí transportada a un mundo de ensueño y después me pides que me case contigo, que sea tu esposa, que es el mayor de mis deseos. Una noche en la que decidimos entregarnos el uno al otro y en la que, sin embargo, te propuse dedicarnos a buscar una posible clave para descifrar esa partitura. Quiero que sepas, si no puedes comprender lo que esto supone para mí, que también te amo por tu infinita paciencia conmigo.

—¿Cómo hubieses reaccionado si anoche me hubiese negado a dedicarle el tiempo a buscar la clave? —la interrumpió Lucio.

—No lo sé. Pero, por nada del mundo —María esbozó una sonrisa llena de picardía—, hubiese dejado de irme a la cama contigo.

—Ciertamente el destino nos tiene reservados vericuetos sorprendentes en el camino. ¿Quién iba a decirme que el objetivo de mi venida a Venecia iba a convertirse en una gran decepción y que este viaje iba a cambiar el rumbo de mi vida de la forma que lo ha hecho?

En aquel momento del bolso de María salió el estridente ruido de su teléfono móvil.

—*Pronto?*

El gentío que había en el Metropole le dificultaba la audición. Hizo un verdadero esfuerzo para saber, al menos, quien le llamaba.

Le pidió que le hablase más alto. Cuando pudo saber el nombre, la expresión contraída de su rostro desapareció y se iluminó. No podía creerlo. Tapó con la mano el teléfono y le dijo a Lucio:

—¡Es Michelotto!

—*Come? Quando?*

—*Prego dottore.*

María había sacado un bolígrafo de su bolso y anotó en una servilleta de papel unas líneas. Luego leyó en voz alta:

—*Via dei Foscarii, 283. Bene, bene. Grazie milla, dottore.*

María cerró su teléfono y dejó escapar un suspiro. Apretó un puño y con la otra mano hizo la señal de la victoria. En la cara de Lucio estaba reflejada la expectación con la que había seguido la conversación.

—Es Michelotto. La arpía le ha dado mi nombre y mi número de teléfono. Dice que me recibirá mañana por la mañana, a las diez. En su propia casa.

10

María había decidido abandonar el atuendo de una alumna y vestirse como una señorita que ya ha culminado su licenciatura. Se puso un traje de chaqueta rojo, de falda estrecha y chaqueta de solapa, que realzaba su figura; camisa blanca de seda y bolso y zapatos de tacón mediano, rojos. Levemente maquillada y con las puntas de su melena peinadas hacia adentro consiguió un estilo clásico de ejecutiva moderna, más cerca de los treinta que de los veinticuatro años que tenía.

Lucio, al verla, quedó impresionado y un punto de celos rozó, como un débil aleteo, su corazón. No pudo contener una exclamación:

—¡Guapísima!

—¿Qué crees que pensará Michelotto?

—¡Que tu propósito es seducirle!

María le sacó la lengua en un gesto infantil.

En la calle la atmósfera estaba cargada de humedad y hacía más fresco que otras mañanas; había llovido durante la noche y el cielo estaba encapotado. Sin duda el otoño empezaba a ganarle la partida al verano.

Caminaron cogidos del brazo hasta una parada de *vaporettos* que había muy cerca del Bucintoro, en el canal de San Marcos.

Hubieron de esperar unos minutos a que llegase uno de aquellos transportes acuáticos.

—¿Estás segura de que es mejor que no te acompañe? —la pregunta de Lucio tenía el tono de una súplica.

—Estoy segura de que sería mucho mejor, que yo sepa Michelotto no es un experto en música y lo que vamos a ver es una partitura. Pero ayer, con los nervios y el ruido, no le dije que me acompañaría otra persona.

—¡Tampoco es eso un crimen!

—No, desde luego, que no. Pero no tengo confianza con el *dottore* para presentarme en su casa con un desconocido... Si fuese en su despacho de la facultad, sería otra cosa.

—Con que un desconocido, ¿eh? —las palabras de Lucio estaban a medio camino entre la broma y la ofensa.

—No seas tonto, cuando hablo de un desconocido, me estoy refiriendo a él. ¡Y además, Lucio, es su casa! Me parecería de pésimo gusto presentarme allí con otra persona. Te prometo que a la primera oportunidad que tenga le diré que conozco a un experto en Vivaldi que puede prestarnos su colaboración.

En aquel momento llegaba el *vaporetto* que María tenía que tomar, comprobó que llevaba en el bolso un pequeño paraguas plegable y se despidió de Lucio con un ligero beso en la punta de los labios. Las últimas palabras de éste, mientras ella pasaba la pasarela, llegaron a sus oídos confundidas con el ruido del motor y el golpeteo del agua en el casco de la embarcación:

—Llámame en el momento en que salgas de la reunión. Estoy en la *Pietà* buscando la aguja, por si acaso...

La casa de Stefano Michelotto era un *palazzo* antiguo, probablemente de finales del siglo XVII. La planta baja articulaba sus dependencias en torno a un patio cuadrado rodeado por un claustro abovedado que sostenían columnas sobre las que cabalgaban arcos de medio punto. En el centro había una fuente de formas complicadas, coronada por una taza, de la que brotaba un chorro de agua. Los techos de las dependencias eran muy altos, al gusto veneciano, y estaban decorados con complicadas composiciones de buena factura, pintadas al temple, donde se ponía de relieve la suntuosidad propia del barroco. El mobiliario podía definirse con una sola palabra: exquisito. La planta principal abría a la fachada una hilera de balcones. Cada uno de los vanos estaba coronado por un arco de medio punto, creando un movimiento grácil y elegante, que se complementaba con la balconada corrida de la segunda planta, también jalonada por arcos de medio punto.

La puerta exterior la formaban dos pesadas hojas de madera, tachonadas con relucientes adornos de bronce. Había un llamador en una de ellas y en la otra una ranura para depositar el correo. María miró el reloj, faltaban dos minutos para las diez. Aspiró aire y pulsó el interfono, que se encontraba en la jamba de la puerta, dos veces con un intervalo de una fracción de segundo.

Transcurrió casi medio minuto sin respuesta.

Cuando María iba a pulsar de nuevo, una voz, distorsionada por la tecnología, le preguntó:

—*Pronto?*

—Buenos días. Soy María del Sarto y he quedado con el *dottore* Michelotto a las diez.

Sonó un chasquido en la cerradura de la puerta al saltar el pestillo. María empujó la pesada hoja de madera de roble y entró en un zaguán ante el que se abría una hermosa cancela de hierro con cristales emplomados, a través de ellos pasaba una matizada claridad que venía del interior. Las paredes estaban recubiertas en la parte inferior de un zócalo de mármol verdoso y pintadas de un verde más suave hasta una fina greca, adornada con motivos vegetales, que había unos diez centímetros antes de llegar al techo. En el centro pendía una lámpara de hierro forjado con motivos que hacían juego con la cancela.

Una mujer de buena apariencia, vestida de negro, con cofia y delantal de encaje, abrió la cancela y la invitó a pasar. La condujo hasta una salita y le preguntó si deseaba tomar algo.

—No, muchas gracias.

Le pidió que aguardase allí un momento, el *dottore* la recibiría enseguida.

Transcurrieron un par de minutos, que María aprovechó para curiosear por la habitación. En una de las paredes había un soberbio ejemplar de espejo veneciano que no tenía menos de doscientos años, lo flanqueaban unos apliques estilo imperio de bronce y cristal. En las otras dos paredes colgaban sendos cuadros de la escuela veneciana. Había un sofá de formas clásicas, tapizado en damasco rojo, a juego con las cortinas que enmarcaban la ventana que daba luz a la estancia desde el patio de la casa y a ambos lados de la puerta sendas sillas estilo imperio. El dorado de la madera denotaba el paso del tiempo, pero la tapicería, también en damasco rojo, había sido renovada. En el centro una pequeña mesa de roble escocés, patas torneadas y forma ovalada. Sobre ella una delicada pieza de *capodimonti.*

Estaba observando uno de los cuadros —una escena mitológica de ninfas y sátiros— cuando la doncella apareció de nuevo y le rogó que la siguiera. Salieron al patio y bordeándolo por el claustro llegaron hasta una puerta decorada con casetones, que se abría en una de las esquinas. La sirvienta golpeó suavemente con los nudillos y sin esperar respuesta abrió una de las hojas lo justo para asomar la cabeza.

—Señor, la visita que esperaba.

Abrió la puerta del todo y se hizo a un lado para dejar paso a María.

Stefano Michelotto estaba materialmente atrincherado tras una mesa de despacho de grandes proporciones en la que reinaba, aparte de dos rimeros de papeles apilados a ambos lados, el más completo desorden. Había libros diseminados, unos abiertos y otros cerrados. Papeles, lápices, un par de plumas, algunas cartas y otros adminículos que completaban un panorama de trabajo.

Físicamente Michelotto parecía más joven de lo que en realidad era. Vestía impecablemente y su figura delgada y esbelta era atractiva. Conservaba el pelo, cuya blancura total aportaba a su imagen un toque de distinción. Sus ojos, azules y grandes, eran fríos. Sus modales exquisitos. Era un hombre de mundo al que la vida, al menos aparentemente, no había tratado mal.

—¡Mi querida María! ¡No sabe —Michelotto siempre trataba a sus alumnos de usted— el placer que me produce verla! —se había levantado, como si la presencia de la joven fuese toda una sorpresa para él. Había algo de estudiada cordialidad en su actitud.

—El placer es mío, *dottore*. Quiero, además, agradecerle un vez más su llamada de ayer —respondió María con calculada corrección.

—¡No tiene importancia ninguna! En el momento en que mi secretaria me comunicó que había ido a verme, resultó un placer ponerme en contacto con usted. ¡Es tan grato recibir visitas de antiguos alumnos! Eso significa que no sembramos en el desierto, como a veces tenemos la impresión de que ocurre.

Cogió con elegancia la mano de María por la punta de los dedos y la besó, rozándola apenas con los labios.

—¡Tome asiento, por favor, tome asiento! —con el brazo

extendido le indicaba una pareja de cómodos sillones tapizados en piel.

María se sentó en el borde del sillón, las piernas juntas e inclinadas a un lado. Dejó el bolso sobre su regazo y unió las manos entrelazando los dedos. Stefano, antes de sentarse, le preguntó:

—¿Qué va a tomar? ¿Café? ¿Té? ¿Un zumo, tal vez?

La sirvienta esperaba junto a la puerta alguna instrucción.

—Muchas gracias, *dottore,* tomaré un zumo de naranja, si es posible.

—Carla, un zumo de naranja para la señorita, por favor.

—¿El señor tomará algo?

—Nada, nada, muchas gracias.

Una vez solos, Stefano Michelotto comentó:

—Hace algo más de un año que no nos habíamos visto ¿verdad? Desde el final del anterior curso.

La arpía, pensó María, le ha dado toda la información que necesita para quedar como los ángeles.

Sin darle tiempo para que ratificase su comentario, Michelotto le preguntó, sin mayores preámbulos:

—Bueno, mi querida María, ahora explíqueme, ¿cuál es el motivo que ha dado lugar a tan agradable visita?

Era el mismo *dottore* de siempre: extrovertido, enérgico y dispuesto a abordar de frente cualquier asunto, por muy complejo que fuese.

—Verá, *dottore,* antes de contarle la causa por la que le he pedido que me recibiese, permítame que le agradezca que lo haya hecho con tanta rapidez, en su propia casa y sin saber cuál es el asunto que quiero plantearle.

—María, ahórrese explicaciones vanas. La verdad es que no ando sobrado de tiempo, pero le reitero que ha sido un placer recibirla. ¡Y ahora vamos al grano!

—Muy bien —respondió María—, la causa por la que he

recurrido a usted está relacionada con sus conocimientos de criptografía. Nunca olvidaré todo lo que nos contó en aquel curso de verano, en Rávena.

Stefano Michelotto frunció el ceño:

—¿Por mis conocimientos de criptografía?

En aquel momento sonaron unos suaves golpes en la puerta, seguidos de la aparición de la sirvienta, quien portaba en una pequeña bandeja de plata una copa con zumo de naranja, que depositó en una mesita auxiliar junto al sillón donde estaba sentada María.

—¿Algo más, señor?

—Nada más, Carla, muchas gracias. Cierre la puerta cuando salga. María, ¿me decía...?

—Verá, *dottore*, ha llegado a mi poder una extraña partitura musical. Si lo desea, más adelante puedo explicarle cómo ha sido. Tengo el convencimiento de que encierra un mensaje en clave.

—¿Por qué piensa eso, María?

—¿Conoce la historia que se cuenta acerca de la pertenencia de Vivaldi a la *Fraternitas Charitatis*?

—¿La *Fraternitas Charitatis*? —preguntó Stefano retrepándose en su sillón.

—Sí, una sociedad secreta cuya misión era la de controlar determinado tipo de conocimientos, cuyos miembros deseaban, por alguna circunstancia, que no tuviesen difusión.

—¿Gentes que controlaban el saber, según sus criterios? —preguntó el *dottore* con manifiesto interés.

—Más o menos.

—¿Qué sabe usted de esa... esa...?

—¿*Fraternitas Charitatis*? —le ayudó María.

—¿Qué sabe de la *Fraternitas Charitatis*?

—Se trata de una sociedad esotérica o mistérica, cuyos miembros mantienen en secreto su pertenencia a la misma. Se afirma que surgió en época muy antigua, antes de Jesucristo, en Alejandría, en torno a la famosa biblioteca. Allí, al parecer ejercieron las primeras labores de control sobre un determinado tipo de saberes, cuya difusión consideraban que podía resultar peligrosa.

Stefano Michelotto asentía con leves movimientos de cabeza. Aunque tenía el rostro ligeramente contraído, parecía disfrutar con lo que María la estaba contando. Desde luego había perdido ese deseo de ir al grano con que la había apremiado hacía sólo unos instantes.

—Dicha sociedad —continuó María— extendió sus tentáculos por todas las ciudades importantes del orbe y, al parecer, pertenecieron a ella muchas personalidades relevantes de todos los tiempos. Como le he comentado, Vivaldi fue uno de ellos. Parece ser que su viaje a Viena, afrontado en los últimos meses de su vida y en unas condiciones muy difíciles, está relacionado con un descubrimiento extraordinario que había realizado...

—Lo que me está contando resulta de lo más interesante. ¿Qué era lo que Vivaldi había descubierto?

—No lo sabemos, *dottore*.

—¡Una pena! —exclamó Michelotto, quien parecía lamentarlo sinceramente.

—Ahí es donde entra en juego la partitura de la que le he hablado.

—¡Ah, la partitura en clave!

—En esa partitura es donde Vivaldi daba a conocer, mediante un texto cifrado, qué fue lo que había descubierto.

—¿Cómo está tan segura de que esa partitura, que ya le anticipo que es una fórmula extraña de cifrar un mensaje, contiene ese secreto de Vivaldi?

—Verá, *dottore*, hay muchos datos que apuntan a ello. Cualquiera que conozca los avatares de la relación de Vivaldi con la *Fraternitas Charitatis* sabe que el músico envió a Tomasso Bellini, que era en aquel momento el primer patrono del *Ospedale della Pietà*, un mensaje cifrado comunicándole su secreto. Es lo que se conoce como el secreto del cura rojo. Hay constancia de que Bellini recibió el texto de Vivaldi y que hubo una reunión de los miembros venecianos de la enigmática secta para tratar del asunto. Bellini afirmaba que no había llegado a su poder la clave para descifrar aquel mensaje y, lo que era más grave, que el mensaje le había sido robado. Por alguna circunstancia el gobierno de la Serenísima había tenido conocimiento de aquel envío y trató por todos los medios a su alcance saber cuál era el secreto que tan celosamente Vivaldi pretendía ocultar. A partir de ese momento se pierde toda noticia sobre Bellini, sobre otros dos miembros venecianos de la secta y del texto cifrado remitido desde Viena.

—Todavía no me ha dicho por qué cree que esa partitura de la que me ha hablado es el texto que contiene el mensaje del compositor. Pero antes, mi querida María, acláreme una duda. Si Vivaldi deseaba que el secreto cubriese lo que quiera que fuese que había descubierto, ¿cómo es que lo ponía en conocimiento del tal Bellini?

—Porque la *Fraternitas Charitatis* no tenía como objetivo que tales saberes se perdiesen, sino controlarlos. Aunque no puedo afirmarlo, la extraña sociedad ha difundido conocimientos, que había controlado durante siglos, en el momento que ha considerado que no constituían un peligro.

—¿Me permite otra pregunta? —Michelotto se mostraba solícito.

—Las que usted guste, *dottore*.

—He observado que cuando habla de la *Fraternitas Charitatis* —ya se había aprendido el nombre— unas veces lo hace en presente y otras en pasado. ¿Sabe si en la actualidad la sociedad sigue existiendo?

—Lamento no poder responderle a esa pregunta. Aunque no tengo ninguna razón para pensar que haya desaparecido.

Stefano Michelotto asintió en silencio, mientras se pasaba la mano por su mandíbula en actitud meditabunda.

—¿Me cuenta lo de la partitura?

—La música no escondía secretos para Vivaldi. Leer en un pentagrama era lo más normal del mundo para una persona como él. Por lo tanto no debe resultar extraño que utilizase una partitura para esconder un mensaje en clave. Bellini era, como le he dicho, patrono principal de la *Pietà*. El envío de Vivaldi se realizó en 1741. La partitura de que le hablo ha aparecido en los fondos documentales del archivo de la *Pietà*.

—Eso es interesante —apostilló Michelotto.

—Todavía hay más. Estaba escondida en un libro de cuentas, ¿adivina de qué año era el libro?

—¿Mil setecientos cuarenta y uno?

—En efecto.

—Perdone, María, si le parezco indiscreto o entrometido, pero ¿cómo ha encontrado la partitura?

—En realidad no he sido yo quien la ha descubierto.

Los ojos, fríos y penetrantes de Stefano, se agrandaron a la par que arqueaba sus blancas y finas cejas:

—¿Eso significa que alguien más está al tanto de todo este asunto?

—Se trata de un músico español. Un violinista, devoto de Vivaldi, llamado Lucio Torres, que ha venido a nuestra ciudad para asistir a unas Jornadas Musicales y también a investigar sobre su obra. Le han permitido acceder al archivo de la *Pietà* y por casualidad ha tropezado con la partitura.

—¿Conocía ese músico español la relación de Vivaldi con la *Fraternitas Charitatis*?

—No, no sabía nada al respecto —respondió María.

—En ese caso, ¿cómo es que relacionó la partitura con el supuesto mensaje que el músico envió a Bellini? Debo pedirle disculpas, una vez más, por mis preguntas. Por nada del mundo, mi querida María, quisiera que fuese a tener la sensación de que la estoy sometiendo a un interrogatorio inquisitorial, ni siquiera examinándola. ¡Pero me parece tan apasionante todo lo que me está contando...!

—No tiene porque excusarse, *dottore*, he sido yo quien ha venido a solicitar su ayuda. Ya le he dicho que la partitura es muy extraña desde un punto de vista musical. Es una composición que carece de armonía; es más, se trata de notas cuya interpretación es un conjunto de sonidos poco agradables. En algún momento los sonidos son horribles. Según Lucio Torres se han sobrepasado todas las normas. Se ha utilizado la llamada cuarta tritono.

—¡La cuarta tritono! —exclamó Michelotto.

—Así es, *dottore*, la combinación de notas que estaba prohibida por la Iglesia. Se la consideraba la música del diablo. Fue precisamente todo esto lo que hizo que Lucio Torres reparase en aquella partitura y me lo contase.

—¿Cómo conoció usted al tal Torres?

A Stefano Michelotto no le pasó desapercibido el rubor que cubrió el rostro de María, un rubor que no pudo disimular el maquillaje que llevaba.

—No tiene por qué contestarme. Ha sido una impertinencia por mi parte.

—No, *dottore,* no se preocupe. Conocí a Lucio —Michelotto reparó que se refería al español por su nombre de pila— porque se aloja en el hostal de mi familia, el Bucintoro. Hemos congeniado.

—¿Por qué no la ha acompañado el señor Torres? Tiene mucho que decir en este asunto, ¿no le parece?

—No me pareció correcto que viniese a una entrevista que

yo había solicitado a título personal y que, por añadidura, iba a tener lugar en su propia casa.

—No me hubiese molestado, en absoluto, dadas las circunstancias. En fin, espero conocerle porque, estoy seguro, de que nos vamos a ver en los próximos días. No sé si ése era su propósito, María, pero ha logrado excitar mi curiosidad hasta un límite que ni siquiera puede sospechar. ¿Ha traído consigo la partitura?

—Tengo aquí una copia —María abrió el bolso, sacó la fotocopia que llevaba y se la entregó al profesor.

Michelotto desdobló los pliegues del papel y fijó su atención en los pentagramas y en las notas que lo llenaban. Tenía clavada la mirada, la respiración contenida, el cuerpo inmóvil. El silencio era total, absoluto. María se dio cuenta de que también ella tenía la respiración contenida y permanecía tan inmóvil como el dueño de aquella hermosa casa. No podría decir cuánto tiempo transcurrió hasta que Stefano levantó la vista, la miró a los ojos y le preguntó:

—¿Sobre la clave no se sabe nada?

—Nada —María acompañó su lacónica respuesta con movimientos negativos de su cabeza.

—¿Tiene algún inconveniente en que me quede con la copia?

—En absoluto, la he traído para usted. ¿Puedo preguntarle qué le parece?

Stefano Michelotto meditó la respuesta antes de contestar. María temió haber sido inoportuna.

—Creo que habrá que trabajar a fondo. Pero es un reto fascinante y, además, toda esa historia de la *Fraternitas Charitatis* y los secretos y misterios que la rodean... No será fácil. Pero le aseguro que vamos a arrancarle al *prete rosso* su misterio, su secreto. Ya lo verá.

—Estoy segura de ello —comentó María en voz baja.

—Varias cosas antes de que se marche —Michelotto daba la reunión por concluida—. En primer lugar, le propongo que nos hablemos de tú. Yo te hablaré de tú, a cambio de reciprocidad. ¡Vamos a ser colegas! ¿Aceptas?

María estaba un poco turbada. Apenas pudo balbucear un sí.

—En segundo lugar, te propongo que nos veamos pasado mañana aquí, en mi casa, a la misma hora de hoy. A las diez. ¿Te viene bien?

—Me viene perfectamente.

—En tercer y último lugar, me gustaría que a esa reunión viniese Lucio Torres, ¿serías tan amable de invitarle?

A María se le había iluminado el rostro. Fue algo que tampoco pasó desapercibido a Michelotto.

—Creo que aceptará encantado.

—Bien, en ese caso, has de disculparme. Pero son cerca de las doce y tengo otros compromisos. Espero tener noticias agradables pasado mañana cuando nos volvamos a ver.

—Quiero darle las gracias por su interés, *dottore* —María se puso de pie.

—Quie-ro dar-te las gra-cias S-te-fa-no. Hemos quedado en eso, ¿no?

—Quiero darte las gracias, Stefano —repitió María.

—Eso está mejor. Te acompaño hasta la puerta.

Cuando el *dottore* Michelotto volvió a su despacho sacó una agenda de piel de uno de los cajones de su escritorio y buscó cuidadosamente. Luego marcó un número de teléfono.

—¿*Herr doctor* Drexler? ¿*Herr doctor* Karl Drexler, de Munich?

—¿Quién lo llama, por favor?

Michelotto se extrañó con aquella pregunta. Estuvo a punto de colgar, pero contestó:

—El *dottore* Stefano Michelotto, desde Venecia.

—Aguarde un momento, por favor.

A Stefano le había extrañado que hubiese cogido el teléfono otra persona que no fuese el propio Karl. Anotó en su mente que tendría que preguntarle la causa de ello. Transcurrió un tiempo excesivamente largo para una espera telefónica. Pero Michelotto no parecía tener prisa. Miraba la partitura que tenía encima de la mesa y trazaba sobre un papel, con un lapicero, líneas que no formaban ninguna figura. Era una forma de aguardar la respuesta a su llamada. Por fin surgió una voz recia.

—¿Stefano?

—¿Karl?

—Sí, soy yo. Me pasan nota de que me has llamado, ¿cómo estás?

—Perfectamente ¿Qué tal estás? ¿Y Gertrud?

—Todos muy bien. ¡Cuéntame!

—Tendrías que venir a Venecia lo más rápido que te fuese posible.

—¿Qué ha ocurrido?

—No te lo puedo explicar por teléfono, pero es un asunto del máximo interés, si no lo fuese no te habría llamado. Es urgente que llegues a Venecia cuanto antes, créeme.

—Está bien. Está bien. Tal vez hoy me sea imposible. Pero da por hecho que estaré ahí mañana.

—Una pregunta, ¿quién ha cogido el teléfono?

—No te preocupes, es mi ayudante, la persona de quien ya te he hablado. Será una valiosa aportación.

—No albergo ninguna duda, pero no debes confiarte, ni con nada ni con nadie.

—Otto es persona de toda confianza, te lo garantizo. Si

no fuese así no hubiese levantado el auricular. Yo no podía hacerlo en ese momento y no deseaba que la llamada se perdiese.

—Está bien, está bien —concedió Stefano—. Si te es posible, Karl, llega a Venecia mejor hoy que mañana —insistió Michelotto.

—¿Tan urgente es?

—Más de lo que te puedas imaginar. Hasta pronto, Karl —y colgó el teléfono.

Karl Drexler era un prestigioso cirujano bávaro, que se había hecho a sí mismo. Su padre fue un funcionario del Reich, muerto durante la guerra, al igual que su madre y su única hermana, en uno de los bombardeos aliados sobre Munich. Tenía trece años cuando terminó aquella conflagración y estaba solo, en medio de un mundo destruido. Pertenecía a esa generación de jóvenes alemanes que tuvo que abrirse paso en los difíciles años de la posguerra y meter el hombro para reconstruir su devastado país. Terminó su enseñanza media e ingresó en la facultad de medicina muniquesa; pudo pagarse sus estudios, trabajando de noche como guarda de un almacén. Aprovechaba las largas noches de vigila nocturna para estudiar; asistía a clase por la mañana y dormía por las tardes, así pasaron seis largos y difíciles años. El último de ellos con mayores problemas porque el catedrático de cirugía, que había calibrado su valía, le incorporó con escasos emolumentos —pero era la única forma de entrar en el cerrado círculo de la medicina universitaria alemana— al departamento. Aquello significaba permanecer en la facultad de lunes a jueves hasta las ocho de la noche. Apenas le quedaba tiempo para dormir porque iniciaba sus funciones de vigilante a las doce de la noche y allí estaba hasta las siete de la mañana, de lunes a sábado. Cuando salía le quedaba el tiempo justo para ducharse, desayunar y acudir a la primera de sus clases. Recuperaba sueño los fines de semana: no tenía ayudantía en la cátedra los viernes por la tarde y disponía los sábados desde las ocho de la mañana hasta las doce de la noche. Como la noche de los domingos no trabajaba en el almacén aquel día hasta se permitía salir con Gertrud, una compañera de facultad que estudiaba dos cursos por debajo del suyo.

Aquellos años de dureza y disciplina en un entorno lleno de grandes dificultades y carencias templaron su temperamento, moldearon su personalidad y le prepararon para asumir cualquier empresa que hubiese de acometer en el futuro.

Al concluir la carrera, el sueldo de su ayudantía creció lo suficiente como para dejar el trabajo del almacén. Dos años después ganaba la titularidad de esa ayudantía. Tras cuatro años de trabajo era uno de los cirujanos más eminentes de la facultad y la persona en quien su maestro, Erhard Wilhem, tenía depositadas todas sus expectativas. Éstas se hicieron realidad al hacerse con la cátedra de su maestro, a la jubilación de éste, con sólo treinta y seis años. Ya por entonces había puesto de manifiesto que no sólo era un excelente neurocirujano, sino un investigador de talento.

Su fama desbordó las fronteras de Alemania y su figura se convirtió en referencia obligada en congresos, seminarios, jornadas y simposiums. Sus investigaciones sobre las neuronas cerebrales y la duramadre habían abierto nuevos campos de conocimiento. Los avances del equipo que dirigía en el terreno de la lucha contra la enfermedad de Alzheimer eran los más importantes del mundo. Su nombre, desde hacía algunos años, sonaba como un cualificado aspirante al premio Nóbel de medicina.

Se había casado con Gertrud, el mismo año en que obtuvo la titularidad por oposición y ella había concluido su carrera. Tenían cuatro hijos.

Stefano Michelotto miró de nuevo en su agenda y buscó otro número telefónico. Marcó y esperó impaciente, no hubo respuesta y colgó el auricular mascullando una maldición. Otra vez buscó en la agenda y nuevamente marcó un número. Cuando tampoco obtuvo respuesta a su llamada el criptólogo estaba de un humor de perros.

Apartó la agenda y trató de concentrarse en la partitura que le había dejado María del Sarto. Todo el trabajo que había sobre su mesa había pasado a un segundo plano.

11

María salió de casa de Stefano Michelotto exultante sin apenas percatarse de la finísima lluvia que caía. Durante las casi dos horas que había durado la reunión, la mañana había empeorado de forma considerable. Sólo cuando una ráfaga de viento hizo que unas minúsculas gotas de agua le golpeasen en la cara tomó conciencia de que estaba lloviendo, sacó el paraguas que llevaba en el bolso y, con un ágil movimiento, hizo que funcionase el mecanismo de apertura. Justo a tiempo porque la lluvia comenzaba a arreciar. Avanzó poco más de un centenar de metros y decidió entrar en un *bacaro* que tenía justo delante, era uno de esos bares de barrio donde a media mañana acuden trabajadores de la zona, oficinistas y dependientes a tomar un *tentempié*. El local estaba muy concurrido y encaminó sus pasos hasta el fondo, donde había una zona de mesitas más despejada, para llamar a Lucio y poner en orden sus ideas. Su paso entre la clientela del local se tradujo en miradas lascivas y ciertos comentarios obscenos que produjeron alguna hilaridad y exclamaciones. Con toda seguridad, María no daba la imagen de las personas que frecuentaban el *bacaro*. Pasó con la mirada altiva y un andar cadencioso que sirvió para levantar mayores deseos. En su estado de ánimo decidió que las groserías de alguno de aquellos gárrulos no iban a estropearle el momento que estaba viviendo.

Apenas se hubo sentado cuando el camarero, que era la misma persona que atendía la barra, se acercó solícito para preguntarle qué iba a tomar. Lo hizo con una corrección que, a buen seguro, no dispensaba a la mayoría de sus clientes.

—Buenos días, ¿qué va a tomar la señora?

—Un *capuchino*, por favor.

—Enseguida, señora.

María se quedó pensativa, absorta en sus pensamientos. No podía creer que todo hubiese salido tan bien. El *dottore* Michelotto —en sus labios se esbozó una sonrisa— ¡tendría que acostumbrarse a llamarle Stefano!, no sólo la había recibido en su casa, sino que estaba entusiasmado con el asunto de la partitura. Tenía el convencimiento de que con su ayuda y por la forma en que había reaccionado iban a arrancarle el secreto al cura rojo. ¡Él mismo lo había dicho! Y lo había hecho con esa seguridad que era una de las características que definían su personalidad. ¿Estaría casado? ¿Cómo sería su vida? ¿Sería rico por su familia? Era, desde luego, una personalidad llena de atractivos. ¡Criptógrafo de los servicios de la OTAN! ¡Cuántos secretos habrían pasado por sus manos! A María le producía un cierto orgullo que una persona como aquélla se hubiese interesado de la forma que lo había hecho por la partitura que le había llevado y que, además de haberle dedicado casi dos horas de su precioso tiempo, hubiese iniciado una relación de colaboración con ella. Había quedado impresionada con la distinción, la elegancia y el glamour que desprendía todo lo que le rodeaba.

Ciertamente el estado de ánimo de María era exultante.

Sacó del bolso su teléfono móvil y llamó a Lucio. Le alegró comprobar que inmediatamente después del primer tono surgió su voz.

—¡Dime, María! ¿Qué tal ha ido todo?

—¡Magnífico! ¡Magnífico!

—¡Cuéntame, por favor! ¡Me tienes sobre ascuas!

—¡No, no! ¡Por teléfono no!

—¿Hasta ahora ha durado la entrevista?

—Hasta hace unos minutos. Casi dos horas.

En aquel momento llegó el camarero con el café.

—Aquí está su *capuchino*, señora.

—Aguarda un momento, Lucio.

Tapó con la mano el micrófono de su teléfono y, dirigiéndose al camarero, María le preguntó el precio.

—Ochenta céntimos, señora.

Le dio una moneda de un euro y con un gesto le indicó que se quedase con el cambio:

—¿Decías, amor mío?

—¿De qué habéis hablado tanto rato?

—No seas impaciente. Te lo voy a contar todo con detalle, pero no por teléfono. Sólo un anticipo. Hemos quedado para pasado mañana y tú también estarás en la reunión. ¡Ya verás, Lucio, qué casa más maravillosa!

—¿Dónde estás ahora?

—Estoy en un bar junto al canal Foscari. No se cómo se llama. Me tomo un *capuchino* y podemos quedar dentro de media hora en la misma parada del *vaporetto* en que me dejaste esta mañana. ¿Te parece bien?

—Muy bien. Nos veremos allí dentro de media hora, que se me va a hacer eterna. ¡Te quiero, te quiero mucho!

—¡Yo también a ti, amor mío!

Mientras había hablado por teléfono, apenas se había percatado del ruido —rozaba el escándalo— que había en el local. Terminó su *capuchino*, que era excelente, y abandonó el *bacaro* en medio de las miradas de la parroquia. En la calle la lluvia había arreciado, utilizó su paraguas como un escudo protector contra el viento y el agua esquinada y por suerte su llegada a la parada casi coincidió con la del *vaporetto*. Cuando arribó a su destino Lucio estaba esperándole, refugiado bajo la marquesina de un restaurante. Tenía el pelo empapado y la ropa mojada. Al ver bajar a María dio una carrerilla hasta donde estaba. La besó con cuidado para no mojarla y le cogió el paraguas, que era demasiado pequeño para dos personas.

—¿Adónde nos vamos? —preguntó Lucio.

—Creo que lo más a mano que tenemos es el Metropole.

—¡Vamos allá! —Lució la apretó con su brazo, ahora no parecía importarle la humedad de su ropa, y colocó el paraguas de forma que ella se mojara lo menos posible.

—¡Te vas a poner empapado! —gritó ella, tratando que él se cubriese algo.

Aceleraron el paso todo lo que pudieron. Cuando entraron al *buffet* del restaurante, la recia lluvia era ya un temporal desatado. La concurrencia en el local era mayor aún de lo habitual. Muchos habían encontrado allí el mismo resguardo de la lluvia que ellos buscaban. No cabía una aguja. Todo eran achuchones, codazos, algún pisotón y gritos.

Lucio dio un cariñoso mordisco en la oreja de María y le susurró al oído:

—Aquí no podemos hablar. ¡Vente!

Tiró del brazo y le cogió la mano. Se abrió paso entre el gentío lo mejor que pudo, sin escuchar las protestas de María, que preguntaba adónde iban a ir con aquel tiempo. Una vez que dejaron atrás la ruidosa muchedumbre y llegaron al vestíbulo del pequeño, pero encantador hotel que se abría a las aguas de la *riva degli Schiavoni*, le susurró otra vez al oído:

—¡Vamos a almorzar en el comedor del hotel!

—¡Nos va a costar un ojo! —protestó María con la boca chica porque en el fondo la idea le parecía maravillosa. Encajaba con su estado de ánimo y aquel comedor era un sitio selecto de Venecia. Sus amplias vidrieras daban a un jardín que era uno de los mayores atractivos del hotel. Todo denotaba buen gusto y elegancia. Los manteles eran de hilo crudo y las servilletas muy grandes; la vajilla de porcelana blanca con un filo dorado y la cristalería fina y sobria.

—Espero, con lo que me has dicho por teléfono, que la ocasión merezca la pena —fue la respuesta de Lucio antes de besarla.

El maître les llevó hasta la mesa más apartada, en un rincón, junto a los ventanales del jardín. El sitio era perfecto para sostener una conversación relajada. Les entregó la carta de vinos, les hizo varias recomendaciones y se retiró prudentemente. El sosiego que se respiraba en el comedor era la antítesis del pandemonium que había en el *buffet*. Había ocupadas pocas mesas y estaban en el otro extremo del salón. Cuando, tras una ojeada a la carta la dejaron sobre la mesa, el maître se acercó solícito:

—¿Han decidido los señores?

—Tomaremos un *bianco di Custoza* —indicó Lucio.

—Si es posible, que no esté muy frío —señaló María.

—¡Cómo no, señora! Aquí les dejo la carta de platos.

María se decidió por un *antipasto* de mariscos templados y un *pasticcio di seppioline*. Mientras que Lucio, que también se inclinó como entrada por el *antipasto*, pidió de segundo una *braciolona alla zingara*.

—Bueno, soy todo oídos —fue la exclamación de Lucio cuando el maître se hubo retirado con la comanda, después de servir el vino.

—Lo primero que tengo que decirte es que me ha recibido con todos los honores. ¡Qué casa Lucio, qué casa! ¡Ya la verás cuando vayamos pasado mañana! Y lo más importante, me ha escuchado con atención, tanta que no ha dejado de hacerme preguntas para enterarse a fondo del asunto que le he planteado. —María bebió un sorbo de vino y sus ojos brillaron—. No te lo vas a creer, pero el *dottore* está entusiasmado con la perspectiva de descifrar el mensaje de la partitura.

—¿Está seguro de que esas notas contienen un mensaje en clave?

María se quedó en silencio y tardó unos instantes en contestar. Estaba rememorando y sopesaba la respuesta.

—Está tan convencido de ello que su afirmación ha sido contundente: «Vamos a arrancarle el enigma al cura rojo». ¿Te parece poco?

—¿Sobre qué cosas te ha preguntado?

—Me ha preguntado por la *Fraternitas Charitatis*.

—¿No sabía lo que era? —preguntó Lucio extrañado.

—Al parecer no. Pero es algo que no tiene importancia. Él no es un experto, que yo sepa, en esoterismo, ni tampoco en Vivaldi. ¡Fíjate, tú que tienes al compositor colocado en un altar, ignorabas que perteneciera a la secta y tampoco conocías su existencia! No sé por qué te extrañas.

—Es verdad —asintió Lucio—, pero no sé... me parecía que... ¡Bah!, dejémoslo, es una tontería. ¿Sobre qué otras cosas te ha preguntado?

—Quería saber sobre la relación de Vivaldi con la *Fraternitas Charitatis* y también cómo ha llegado la partitura a nuestro poder.

—¡Qué le has contado!

—¡Qué le iba a contar! ¡La verdad! Le he hablado de ti, de tus investigaciones en el archivo de la *Pietà,* del hallazgo fortuito y de las circunstancias en que se produjo. También le he explicado que musicalmente esa partitura es desconcertante y le he contado lo de la cuarta tritono.

—¿Cuál es su opinión de todo esto?

—La que te he dicho.

—No, María, no me has contado nada sobre su opinión. Sólo lo que tú le has contado y las preguntas que te ha hecho.

—¡Lucio, te he dicho que está entusiasmado! Yo creo que este texto es para él un reto. Me ha dicho que no es habitual utilizar una partitura para esconder un mensaje, aunque tratándose de un músico no debe de resultar tan extraño. También me preguntó, porque le conté la relación de Vivaldi con Bellini, si no sabíamos nada de la clave. Por cierto, ¿qué tal te ha ido a ti?

—Mal, muy mal. Las dos horas se me han ido en mirar papeles y más papeles en busca de algo que probablemente no esté allí.

El estado de ánimo de Lucio contrastaba con el de María. Estaba abatido. Sería la sensación de pérdida de tiempo con la tarea que tenía ante sí o, tal vez, lo gris de aquel día. María alargó la mano y acarició la suya. Lucio la cogió y le besó los dedos.

—¿Sabes una cosa...?

Callaron mientras el camarero les servía los *antipastos*. Los platos tenían un aspecto excelente, media langosta a la parrilla, dos langostinos relucientes y de un tamaño poco común y media docena de gambas a la plancha.

Una vez que el camarero, que rellenó las copas de vino, se hubo retirado, María comentó en voz muy baja, poniendo cara de pícara:

—¡Esto nos va a costar un riñón, pero como tú decías antes creo que la ocasión merece la pena!

—¿Qué es lo que debo saber? —preguntó Lucio un tanto mustio.

—Antes de decírtelo quiero que alegres esa cara. No tenemos más que motivos para estar contentos.

Lucio la miró con ojos interrogantes.

—¿Te pasa algo que yo no sé? —por primera vez en aquella mañana una nube cruzó por los ojos de la hermosa veneciana.

—No, nada, debo tener un mal día. Tal vez me hubiese gustado estar en la reunión. He pasado un mal rato en el archivo.

María depositó un beso en la palma extendida de su mano y sopló suavemente sobre ella en dirección a Lucio:

—Te prometo que esta noche te compensaré con creces por ese mal rato —le guiñó un ojo y le comentó—: Lo que quería decirte es que tengo una corazonada.

—¿Sobre qué?

—Sobre la clave.

—¿Qué corazonada?

—Que vas a encontrarla —lo dijo con una seguridad tal que Lucio, que luchaba contra el caparazón de la langosta, levantó la mirada:

—¿Me lo dices para animarme?

Otra vez María pareció meditar la respuesta:

—Si quisiera animarte, te diría que dejásemos la búsqueda porque con Michelotto dispuesto a ayudarnos a desentrañar la partitura, no deberíamos dedicar mucho esfuerzo a la clave. Estoy segura de que desentrañará el enigma que hay escondido en esas notas. Sea lo que sea.

—¡Es como buscar una aguja en un pajar, María! ¡Peor aún porque en el caso de la aguja sabes lo que estás buscando y aquí no! ¡Es como dar palos de ciego!

—Yo no tengo esa opinión.

—¡Explícamelo, por favor!

—Encontrar la clave no debe ser ni más fácil ni más difícil que haber encontrado la partitura...

Lucio la interrumpió:

—Es cierto, pero yo no estaba buscando la partitura, sino que me topé con ella por una pura casualidad.

—Llevas razón, pero nada impide que puedas toparte con la clave porque se dé otra pura casualidad.

—La diferencia es que ahora estoy buscándola. Mi esfuerzo va encaminado a encontrarla. Con la partitura no había esfuerzo, se me vino a las manos sin saber qué era lo que realmente había encontrado. Es difícil por un simple cálculo de probabilidades que se den dos casualidades seguidas. Eso rompe todas las reglas.

—Sin embargo, ése es el sitio más adecuado para buscar. Lo mismo que Bellini dejó la partitura metida en un libro de cuentas, pudo dejar la clave metida en otro legajo cualquiera, que no tuviese relación ninguna con el anterior. Era una buena forma de evitar que pudiese ser fácilmente localizado. No olvides que ése era uno de los objetivos de la *Fraternitas Charitatis*. Por otro lado, dejaba una posibilidad, aunque fuese remota, de que alguien pudiese hacerse con los dos papeles. De esa forma cumplía también otro de los fines de la *Fraternitas Charitatis* que, como recordarás, era controlar esos conocimientos, pero también evitar que los mismos se perdiesen. En mi opinión, Bellini, por alguna circunstancia que desconocemos, no quería que sus compañeros supiesen qué era lo que Vivaldi había descubierto. Ahora sabemos que les mentía cuando afirmó que le habían robado la partitura que el compositor le había enviado, porque ha aparecido en un libro de cuentas de la *Pietà*, de la época en que era el patrono principal, que sería el lugar donde él la depositó. La sospecha de que Bellini mentía la he tenido siempre, no sólo en lo que se refiere al mensaje cifrado, sino también en lo que respecta a la clave. Siempre he creído que la clave que Vivaldi le envió, llegó a su poder, incluso sospecho que llegó a descifrar el mensaje...

—¿Por qué piensas eso? —la interrumpió Lucio.

—Muy sencillo. La pregunta es ¿por qué Bellini no quería

que los demás miembros de la *Fraternitas Charitatis* conociesen el secreto de Vivaldi? La respuesta es que se trataba de algo que él ya hubo de conocer y que por alguna razón que ignoramos no deseaba compartir con nadie más. Si Bellini —continuó María— no hubiese tenido la clave para desentrañar el mensaje cifrado de Vivaldi, no habría tenido acceso a su contenido. En ese caso, ¿qué es lo que pretendía ocultar a los demás? ¿Algo que no conocía? Eso no tiene lógica, ninguna lógica. Nadie oculta un secreto cuyo contenido desconoce, a no ser que quien se lo ha encomendado le haya señalado que lo haga así. Pero éste no es el caso que nos ocupa. Vivaldi escribió también a otros dos *fratres* como fórmula de obligar a Bellini a reunir lo que podemos denominar el capítulo de la *Fraternitas* en Venecia.

—¿Por qué no me hiciste este razonamiento cuando te dije que había encontrado la partitura? —preguntó Lucio.

—No lo sé. Pienso que en aquel momento estaba desbordada por el descubrimiento. Todavía no puedes calibrar el significado que tiene para mí el que hayas encontrado esa partitura. Después de la propuesta de unir nuestras vidas que me has hecho, y que es lo más importante que ha ocurrido en mi vida, no puedes imaginarte el vértigo que para mí supone todo lo que ha ocurrido en tan pocas horas. Lucio, esto es un torbellino. A veces tengo la sensación de que no me está ocurriendo a mí, sino que se trata de una ilusión.

Lucio escuchaba, embobado, lo que María le decía.

—Cuantas más vueltas le doy a todo esto —continuó María—, y te aseguro que mi cabeza no para, saco nuevas conclusiones, tengo mayores certezas. Por ejemplo, la sospecha de que Bellini mentía con lo del robo, ya está confirmada. Si la partitura hubiese aparecido en otro lugar, no se habría podido demostrar nada, pero donde la has encontrado hace que se disipe cualquier duda. Ahora, el siguiente paso es buscar la clave porque después de lo que sabemos, no hay duda de que llegó a poder de Bellini.

—El razonamiento, desde luego, es impecable —apostilló Lucio, cuyo marisco había prácticamente desaparecido del plato, mientras que el de María, que no había parado de hablar, estaba casi entero.

—Con lo que sabemos en este momento, sumando certezas y sospechas —en medio de la conversación trataba de degustar su media langosta—, no resulta descaminado buscar la clave en el archivo de la *Pietà* por una razón muy sencilla. Si para Bellini era un lugar seguro para esconder el mensaje, también habría de serlo para ocultar la clave.

—No estoy tan seguro de ello —replicó Lucio.

—Explícame el porqué.

—Porque, aceptando que conocía el secreto del mensaje porque tenía en su poder la clave y que no quería que nadie más lo supiese, dejar la clave en el mismo sitio donde ocultó el mensaje era lo peor que podía hacer.

Hubo un silencio después de las palabras de Lucio, no tanto porque María meditase la respuesta, cuanto porque tenía en la boca un sabroso trozo de langosta. Lo masticó con fruición y luego se mojó los labios en el vino.

—Llevas parte de razón en lo que acabas de decir, pero olvidas un detalle de gran importancia. Los miembros de la *Fraternitas Charitatis* no querían que los conocimientos que controlaban se perdiesen. No eran unos bárbaros destructores, sino una especie de custodios del saber. Otra cosa es que entremos a discutir la ética de sus actuaciones y el derecho que tenían a arrogarse ese papel de guardianes de un cierto conocimiento. Pero nosotros no estamos ante la casuística de los *fratres*, sino ante sus acciones. Estoy convencida de que Bellini dejó también la clave oculta en algún lugar del archivo. No tengo la más remota idea de en qué lugar. Ni siquiera sabemos si el lugar donde dejó la partitura de Vivaldi es el mismo en el que tú la has encontrado. Con los avatares que esa documentación parece haber sufrido y el abandono a que ha estado sometida, ¿quién sabe la mano que la colocó en ese libro de cuentas donde tú la has hallado?

—Creo, María, que estamos dando palos de ciego. Porque si eso fuese así se nos borraría la conexión de la partitura y Bellini.

—¿Palos de ciego? —María parecía enfadada—. No puedo entenderte, en mi opinión nadie nunca ha estado tan cerca como estamos nosotros de desvelar el secreto que Vivaldi descubrió en las postrimerías de su vida. Nadie en doscientos cincuenta años ha tenido en su poder la partitura donde se encuentra encerrado el secreto de lo que quiera que fuese que alcanzó a conocer. Ahora la pregunta es mucho más apasionante, Lucio. La pregunta en este momento, en que con la colaboración de Michelotto estamos tocando con la punta de los dedos el gran secreto de Vivaldi, es, precisamente, ¿cuál fue ese secreto? ¿Qué fue lo que le llevó hasta Viena a una edad tan avanzada como la suya? ¡Imagínate lo que era entonces un viaje de Venecia a Viena, con los medios de transporte que había y los inconvenientes que se derivaban de todo viaje! ¡Tuvo que ser algo extraordinario! Luego está la actitud de Bellini. ¿Qué fue lo que descubrió que le llevó a actuar de la manera que lo hizo?

María dio cuenta del resto de la langosta y tras un instante de silencio miró a Lucio a los ojos.

—¿No sientes que estamos ante algo verdaderamente extraordinario? ¿Que tenemos al alcance de nuestra mano desvelar un enigma que durante mucho tiempo atrajo la atención de investigadores, quienes hubieran dado, qué sé yo, por estar en el lugar en que nosotros estamos?

»Te veo preocupado, amor mío, ¿qué es lo que te ocurre?

Lucio dejó el cubierto sobre su plato, en el que ya solamente quedaban caparazones de mariscos.

—No sé, tengo un mal presentimiento. Es como si estuviésemos perturbando algo que ha reposado mucho tiempo. Queremos desvelar un misterio que dos siglos y medio han respetado. Es... es como si estuviésemos abriendo una puerta que debería permanecer cerrada.

Tras aquellas palabras se hizo un silencio que no era como los silencios anteriores. María dejó el cubierto sobre su plato, como si ya hubiese terminado. Una sombra de tristeza había aparecido en su rostro. No era la María exultante que había salido del encuentro con Michelotto. El camarero pidió permiso para retirar los platos.

—Sí, sí, puede retirarlos —dijo María en voz muy baja. También la tristeza estaba en el fondo de su voz.

—Si quieres llamo ahora mismo a Michelotto, le digo que se olvide de todo y nosotros también nos olvidamos.

Guardó silencio por unos instantes y luego dijo con la tristeza velando su mirada:

—Tengo mucho interés por conocer —su voz sonaba solemne— qué fue lo que Vivaldi escondió tras esas notas. Desde que tenía doce años, en que leí un libro sobre sociedades secretas y tuve conocimiento de la existencia de la *Fraternitas Charitatis*, descubrí la existencia del enigma del *prete rosso*. No puedes figurarte cuántas noches me he dormido pensando en ello. Mi imaginación me llevaba a vivir aventuras increíbles, como las de Indiana Jones, buscando el secreto que el genial compositor había guardado tan celosamente. Hubo momentos en que me llegó a obsesionar. Pero quiero que sepas que por nada del mundo deseo hacer algo que te produzca el desasosiego que en este momento veo reflejado en tu rostro. Te quiero demasiado para hacerte sufrir, ni por esto ni por ninguna otra cosa. Te lo he dicho antes y te lo repito ahora: una palabra tuya y nos olvidamos de todo.

A Lucio Torres se le había hecho un nudo en la garganta. Estaba inmóvil, con la mirada clavada en los ojos de María. Retiró la servilleta de su regazo, se levantó, se acercó a María y se abrazó a ella, besándola.

El camarero, que venía con los segundos platos, cuando vio la escena que tenía delante, se detuvo y decidió, prudentemente, no importunar, retirarse y aguardar el desenlace.

—Soy un imbécil. Eso es lo que soy, un imbécil —a Lucio se le atragantaban las palabras.

A aquella misma hora Stefano Michelotto lograba hablar con París. Había insistido en tres ocasiones, hasta que su constancia obtuvo recompensa. Consiguió comunicar con Étienne Clermont-Lafargue, un rico empresario, con importantes intereses en la industria de la construcción aeronáutica. Vivía en un lujoso piso de la Place Vendôme, aunque pasaba largas temporadas en una finca situada a algo más de dos horas de París, cuya casa estaba a orillas de Loire. Su pasión eran las antigüedades y los caballos. Su mujer, una aristocrática dama emparentada con el conde de Artois, pasaba buena parte del año en la *Riviera*, donde poseían una mansión.

Tras la sorpresa inicial ante la llamada de Michelotto —llevaban siete meses sin hablar—, Clermont-Lafargue le había prometido estar al día siguiente en Venecia. «Almorzaremos juntos, Stefano», habían sido sus palabras.

Menos suerte habían tenido, hasta aquel momento, sus intentos con Alister MacFarlaine, que era la tercera persona con la que tenía necesidad urgente de hablar. Decidió volver a aquella maldita partitura.

Durante casi dos horas había concentrado su atención en

ella y sólo había logrado familiarizarse con las notas colgadas de los pentagramas, pero ni un ápice de información. El *preste rosso* había utilizado una fórmula poco habitual, notas musicales, para preservar de miradas indiscretas lo que había escondido allí.

Sintió una punzada en el estómago, había llegado la hora de tomar algo y reponer energías. Levantó la mirada y la dejó perdida en el vacío.

—¡Aunque hayas echado a tu secreto las siete llaves del infierno, yo las abriré una a una! ¡Por mucho que te empeñes, tu secreto, antes o después, dejará de serlo! ¡Fortalezas más difíciles he rendido!

12

La forma en que María le había dicho que era lo más importante de su vida, sacó las reservas de energía que le quedaban a Lucio para seguir buscando en el archivo de la *Pietà*. Aunque no albergaba esperanzas de que su esfuerzo sirviese para gran cosa, se aplicó a la búsqueda con los cinco sentidos. Era la única forma que tenía de responderle a María.

Mientras él revisó durante la tarde una buena cantidad de legajos, entre ellos numerosas actas correspondientes a las reuniones del patronato, a través de las cuales se podía seguir el pulso de la institución en todo lo referente a su gobierno y funcionamiento —renunciando al caudal de información que allí había sobre Vivaldi—, María regresó al Bucintoro donde tenía que ayudar a su madre en asuntos relacionados con el hostal.

Stefano Micheloto había logrado a las cuatro y media hablar con Alister MacFarlaine.

—Está bien, Stefano, veré cómo puedo organizar el viaje. Veré la forma más rápida de llegar a Londres y luego a Venecia. Espero que tanta prisa merezca la pena. ¿No me puedes adelantar nada, ni una pequeña pista a modo de anticipo?

—¿Alguna vez te he defraudado? —le espetó el veneciano, quien a continuación se despidió y colgó el teléfono.

Aquel escocés gruñón tenía algo de montaraz. Era un sujeto de contrastes en quien se había revelado, por encima de la exquisita educación que había recibido en Eton, la sangre terrible de uno de los clanes que mayores resistencias había ofrecido a todo lo que oliese a inglés en los verdes valles, azules lagos y viejas montañas de su Escocia natal. Era inmensamente rico. Tanto que no sabía muy bien a cuánto ascendía su fortuna, la cual estaba distribuida en propiedades por medio planeta, en las que explotaba maderas preciosas en las selvas amazónicas, plantaciones de azúcar en las Antillas, caucho en Nueva Guinea y cultivos avanzados en varias zonas de California. Acciones en compañías petrolíferas, se decía que poseía el 2 por ciento de la *British Petroleum*, y que era el accionista mayoritario de una concesión de gas en Argelia. También eran importantes sus paquetes de acciones en empresas de comunicaciones, en las que se empleaba la tecnología más avanzada. Tenía casas en las principales capitales del mundo, aunque su residencia estaba fijada en su querida Edimburgo, donde vivía la mayor parte del año. Se decía también que algunas de sus casas no las había pisado en su vida.

Era un solterón empedernido al que se le habían conocido numerosas mujeres a lo largo de su ya dilatada existencia, pero ninguna había logrado hacerle pasar por el altar, pese a los denodados intentos que algunas de ellas habían realizado. Tenía un verdadero enjambre de sobrinos y sobre su testamento corrían las más variadas versiones —algunas inverosímiles—, aunque la verdad era que nadie conocía su contenido. Circulaban rumores que señalaban, incluso, que no existía ningún testamento. Era el protector principal de media docena de instituciones culturales y de beneficencia a las que anualmente entregaba sustanciosos donativos. Cuando acudía a algunos actos sociales, muy pocos, y siempre relacionados con esas sociedades de las que era mecenas, lo hacía invariablemente vestido con el atuendo y todos los adminículos de la más estricta y rancia etiqueta escocesa. Pertenecía a la orden de san Andrés y se contaban historias acerca de su vinculación a la oficialmente extinguida orden del Temple sobre la que se decía que en Escocia había desafiado el paso del tiempo y los dicterios de la Iglesia católica. Lo que estaba fuera de toda duda era su afición al whisky, aunque nadie podía afirmar que lo había visto borracho.

Stefano Michelotto estaba confortablemente sentado en un sillón de su despacho, fumando un aromático tabaco holandés en pipa y tomando un té al que siempre añadía una nube de leche. Eran los primeros minutos que dedicaba a relajarse, desde que por la mañana había recibido la visita de María del Sarto. No imaginaba que aquella encantadora criatura fuese a alterar sus planes de la manera que lo había hecho. Después de haberse asegurado la presencia en Venecia, antes de que transcurriesen veinticuatro horas, de Drexler, de Clermont-Lafargue y de MacFarlaine, podía aflojar la tensión durante unos minutos. Sin embargo, aquella partitura que María había dejado sobre su mesa no dejaba de sonar en su cabeza, y no le permitía un instante de reposo.

Hizo un esfuerzo y trató de poner su mente en blanco como una forma de distraerse. Pensó que después de un rato de descanso, aún dispondría de un par de horas, antes de vestirse adecuadamente para acudir a la inauguración de la temporada de ópera en La Fenice, que además era el estreno del famoso palacio de la música veneciana, después del pavoroso incendio que lo había destruido ocho años antes. Si el estreno de la temporada de ópera era, junto con la *Mostra* de cine, el baile de Carnaval en el Casino y la Fiesta del Mar, uno de los grandes momentos de la ciudad; en esta ocasión revestía un carácter singular, La Fenice volvía a abrir sus puertas. Si eras alguien en Venecia habías de estar en esos eventos, donde se reunía la gente que verdaderamente tenía poder. Ahora con la reapertura de la ópera después de años de obras y restauraciones, sólo los más escogidos tendrían un asiento aquella noche.

La Compañía de Danza, Música y Ópera de Venecia iniciaría la temporada con un estreno sonado, como no podía ser de otra forma: *La Bohéme* de Puccini, al que seguiría *La flauta mágica* de Mozart y para cerrar el programa de otoño, Verdi y su *Nabucco*. Si acudir al estreno de la temporada era un acto social al que no podía dejar de asistir, escuchar la música de Verdi era para él como una liturgia. Además, *Nabucco* le traía siempre recuerdos de su infancia. Cuando acudió a escucharla por primera vez, siendo un niño de diez años, con su abuelo paterno, conoció la historia de su estreno en Milán, cuando una buena parte de Italia estaba sometida al poder de Austria. La representación se convirtió en un acto de exaltación patriótica para los nacionalistas italianos, que suspiraban por la unidad de su patria y por la expulsión del dominador extranjero. Su abuelo le contó haber oído de labios del suyo cómo a la salida de L'Scala las calles de la capital lombarda se llenaron de manifestantes que gritaban *¡Libertad!* y exigían la salida del opresor austríaco. Eran los tiempos de Victor Manuel, de Camilo Benzo, más conocido con el nombre de Cavour, que era el título nobiliario de su familia, de Massini, de Garibaldi, de D'Azzeglio y de Verdi. Gigantes que hicieron que Italia, hasta entonces retazos, se convirtiese en una realidad.

Aquellos pensamientos le habían proporcionado una distracción de varios minutos, ejerciendo sobre su agitado espíritu un efecto benefactor. Dio los últimos sorbos a su taza de té y fumó despacio. Le encantaba verse envuelto en el aroma de su propio humo. Eran las cinco y media cuando dio por concluido el descanso. Abandonó la comodidad del sillón donde estaba y se sentó en su bufete de trabajo y con la lámpara de un potente flexo iluminando las notas de aquellos pentagramas, se concentró otra vez en la tarea. A pesar de su experiencia como criptógrafo, todo el esfuerzo realizado hasta entonces sólo le había servido para comprobar que allí no había música, sino unas notas cuya finalidad era esconder algo. La joven que le había involucrado en aquello tenía toda la razón al denominar como ruidos desagradables lo que de allí surgía y que algunos compases eran verdaderamente horribles.

Cuando a las siete dio por concluida su tarea, sin ningún avance, tenía un principio de jaqueca y los miembros entumecidos a causa de la concentración. Se daría una ducha y vestiría un esmoquin adecuado para la ocasión. El comienzo de la representación estaba fijado para las nueve.

Los esfuerzos de Lucio Torres en la *Pietà* fueron tan infructuosos como los de Stefano Michelotto.

Había hojeado con minuciosidad otro puñado de legajos, sin encontrar nada allí. María estaba segura de que aparecería en el momento más inesperado, como había ocurrido con la partitura. Pero como decía Lucio, una cosa era encontrarse por sorpresa con algo que no se busca, y otra muy diferente buscar, esperando la sorpresa, algo que se cree que no va a encontrarse.

A pesar de que consideraba baldío su esfuerzo aquella tarde el violinista español había realizado su búsqueda con más ganas. Sin duda, había influido en ello el almuerzo en el Metropole. ¡Cómo no iba a estar dispuesto a hacer el pequeño sacrificio que significaba aquella tarea, en la que lo único que tenía que lamentar era el tedio y la pérdida de tiempo que significaba, por el amor que sentía hacia aquella mujer!

El pasar páginas de legajos se había convertido en algo rutinario. Había momentos en que pasando hojas —lo cual era un riesgo para alcanzar lo que buscaba— su mente se iba a otro sitio. ¡Qué diferentes estaban siendo aquellos días en Venecia a lo que había imaginado y planeado! Las Jornadas Musicales que habían sido la razón principal del viaje habían desaparecido. Llevaba seis días sin asistir a ellas. Lo más curioso de todo era que no le interesaban en absoluto y no le importaba. Desde luego había influido en ello la desorganización, las ausencias de algunas de las *atracciones* del programa y la falta de alicientes durante los días en que asistió. Por lo que había leído en la prensa la situación no había mejorado y las críticas iban en aumento. Sólo se salvaba el concierto de Anne-Sophie Mutter, la prestigiosa violinista alemana que en algún medio de comunicación había sido calificado de sublime. Lamentaba no haber estado allí, pero en su momento ni siquiera se había acordado. El concierto coincidió con la tarde en que había descubierto la partitura y todo lo que ocurrió en las horas siguientes. Tal vez iría al acto de clausura porque estaba prevista la presencia de Isaac Stern y aquello eran palabras mayores.

En otros momentos era su imaginación la que entraba en funcionamiento y trataba de vislumbrar cómo sería su vida con María. ¡Había ocurrido todo tan deprisa! En algún instante pensó si tal vez no se había precipitado, si no había corrido demasiado. Pero rápidamente alejaba de su mente aquellos pensamientos. ¡Estaba tan enamorado! Para después de Navidad, y sólo faltaban tres meses, se habría casado con María. ¡Qué sorpresa iban a llevarse sus padres cuando les contase todo aquello!

Un poco antes de las seis decidió que por aquel día ponía punto final a la infructuosa búsqueda. Volvería al Bucintoro, donde había quedado con María a las siete. Estar con ella era lo que verdaderamente le apetecía. Hablar, aunque fuese de aquella partitura que no había vuelto a tocar, hacer proyectos sobre el futuro, acariciarla, besarla y hacer el amor. Cuando se acordaba de que se había iniciado la última semana de su estancia en Venecia le embargaba una sensación de tristeza, que procuraba sacudirse rápidamente porque le dejaba abatido.

El estreno de *La Bohéme* estaba siendo un gran éxito. Stefano Michelotto buscó la ocasión para hacer un aparte como Camila Strozzi; había decidido no llamarla por teléfono porque sabía que se encontraría con ella en La Fenice y prefería decirle de viva voz lo que tenía que comunicarle.

El eminente paleógrafo llegó al pequeño salón donde en el descanso se agasajaba a las *vips* cuando estaba ya muy concurrido. Saludó con gestos de cabeza y sonrisas, algún apretón de manos y una frase amable, mientras buscaba a Camila con la mirada. La encontró en medio de un grupo en el momento en que uno de los camareros les ofrecía unas copas de champagne.

Como siempre, Camila Strozzi resplandecía. Era una mujer de un magnetismo natural que se percibía en todos y cada uno de sus gestos, al que colaboraba una belleza poco común. En sus formas y modos estaba impreso el paso de generaciones de aristócratas, aquello era algo que no se aprendía, se heredaba.

Llevaba un vestido de fiesta negro, largo y ajustado; sin ningún adorno y generoso escote en la espalda. Un espléndido collar de perlas al cuello con pendientes a juego y un reloj cuadrado de diseño avanzado. El verde de sus ojos marcaba un acusado contraste con el negro intenso, casi azulado de su pelo. Lo llevaba muy corto, tanto que sólo una belleza como la suya era capaz de aguantar.

Michelotto se acercó a su objetivo, saludando a diestro y siniestro. Cuando llegó al grupo donde estaba Camila, brillante como una diosa, no tuvo reparo en solicitarle un momento su atención, sin importarle la conversación que mantenía el grupo. No estaba para más cumplimientos que los imprescindibles.

—Querida Camila, como siempre, eres un placer para los ojos —le dijo tomando la mano que ella le extendía—, ¿puedes concederme un instante, con el permiso, naturalmente, de estos caballeros?

Camila Strozzi era una de las bellezas oficiales de la alta sociedad veneciana. Rondaría los cuarenta años. En ella se combinaban la elegancia natural, la belleza en su sentido más clásico y el buen gusto para vestirse y adornarse. Se decía que había sido la tentación de Versace y que las ofertas para ejercer como musa de la famosa firma habían llegado al extremo de ofrecerle un cheque en blanco en el que podía poner la cantidad que desease. Había sido una vana ilusión. La de los Strozzi era una de las mayores fortunas de Italia y Camila hubiese considerado inadecuado trabajar como modelo.

Apenas se habían alejado del grupo del que la había sacado Michelotto cuando su voz, melosa hasta el punto de que parecía susurrar cuando hablaba, comentó:

—Mi querido Stefano, estás tan elegante como siempre. ¿A qué debo el honor de tu atención?

—A lo largo de hoy he hablado con Drexler, con Clermont-Lafargue y con MacFarlaine. Todos estarán mañana en Venecia.

Camila lo miró con los ojos entrecerrados, como si le molestase la luz, y le preguntó extrañada:

—¿Qué razón hay para que todos vengan mañana a Venecia?

—Los acontecimientos se han precipitado —respondió el criptógrafo, mientras cogía un canapé de caviar.

Ahora Camila le miró fijamente a los ojos, tratando de escudriñar sus pensamientos.

—¿Qué quieres decir con eso de que los acontecimientos se han precipitado? —su voz había perdido la dulzura cortesana de que hacía gala cuando la timbraba para que fuese escuchada en público.

—Se ha producido —esbozó una sonrisa hipócrita a alguien que le saludaba desde lejos— un suceso inesperado. Todo el trabajo que hemos realizado se ha revelado, una vez más, falso. Hemos seguido un camino equivocado.

Las palabras de Stefano debieron de producirle mucho efecto porque sin darse cuenta había elevado el tono de voz.

—¡Cómo que hemos seguido un camino equivocado! ¡En varias ocasiones nos habías asegurado que, al fin, transitábamos por la senda correcta!

—Serénate, querida —la voz de Michelotto era muy baja—, esa gente nos está mirando —decía esto con una sonrisa cristalizada en su boca.

—¡Explícame qué es eso de que hemos seguido un camino equivocado! —el tono era más bajo, pero el fondo de malhumor era el mismo. Ahora fue Camila quien sonrió a alguien e hizo un saludo con la mano.

—Ahora no puedo darte muchas explicaciones, querida. Ya somos la comidilla de todos esos... Pero puedo anticiparte, cosa que no he hecho con ninguno de los otros, que además de descubrir que una vez más no estábamos haciendo lo correcto, el asunto ha dado un giro de ciento ochenta grados. Es tan importante lo ocurrido que he considerado necesaria la presencia de Drexler, de MacFarlaine y de Clermont-Lafargue aquí y con carácter de urgencia. Ni que decir tiene que tu presencia es tan necesaria como la de ellos. Mañana nos reuniremos a las dos en mi casa. Espero no alterar de forma grave los planes que tuvieses hechos.

—Pero ¿qué es lo que ha ocurrido? ¡No me dejes así!

—Insisto en que la pista que hemos seguido era falsa. No me preguntes ahora por qué hago esta afirmación, pero no albergues ninguna duda de que así es, querida. Estábamos completamente equivocados, pero ahora lo sabemos y sabemos mucho más...

—¿Eso quiere decir que todo nuestro esfuerzo y nuestro tiempo ha sido en vano? ¿Que también hemos perdido los últimos cuatro años?

—Quiere decir exactamente eso pero también que hay noticias que te parecerán increíbles —dijo aquello con tal tranquilidad que consiguió irritar más a Camila.

—Te veo muy seguro de lo que dices ¿No estaremos una vez más al comienzo de otro camino equivocado? —había una calculada malicia en sus palabras. Una ironía que había hecho temible a la Strozzi.

Stefano Michelotto acusó el golpe porque, a diferencia de la resistencia que había mantenido con los demás citados en su casa, decidió decir algo de lo que sabía.

—No, no estamos al comienzo de otro camino equivocado porque esta misma mañana me ha llegado, ahora no voy a contarte cómo, la información de que por una casualidad un violinista español ha descubierto el verdadero texto que guarda el secreto del *prete rosso*.

A Camila Strozzi se le cayó la copa de champagne que sostenía en su mano y se estrelló contra el suelo con gran estrépito. Muchos de los presentes miraron descaradamente hacia donde estaban y varios de ellos se acercaron solícitos.

13

Camila Strozzi era la única hija y heredera del general Giambattista Strozzi, quien había desempeñado varios cargos de
alta responsabilidad en el ejército italiano. El primero, después
de una brillante hoja de servicios, fue el mando de la base militar de Tarento, la pieza fundamental del sistema defensivo
de la OTAN en Italia. Luego formó parte del alto mando de la
Alianza Atlántica en Bruselas y, por último, fue jefe del Estado Mayor italiano. Una brillante carrera con la que había
cumplido, como varios de sus antepasados, con la tradición
de los Strozzi de que un miembro de la familia siguiese la carrera de las armas. Así había sido desde la época en que, desde el Piamonte, Víctor Manuel II había impulsado la unidad
italiana.

Su única descendencia era Camila, por lo que la tradición
familiar debería continuar por otra de las ramas porque, aunque Camila podía haber ingresado en el ejército, se negó a
satisfacer cualquier posibilidad en este sentido. La inicial decepción que en su padre había producido el nacimiento de una
hija, aumentada con la noticia de que su esposa después de
aquel parto había quedado imposibilitada para volver a concebir, fue borrándose con el paso del tiempo, hasta trans-
formarse en orgullo. Se reveló primero como una chiquilla
inteligente y dotada de altas capacidades, y después, cuando

Camila dejó atrás la adolescencia, se convirtió en una mujer bellísima. En la familia se decía que nunca habían visto al general tan ufano como cuando la llevó del brazo el día de su puesta de largo, al ser presentada en sociedad. En ella recayó el título familiar, desde la muerte de su padre era la condesa Strozzi.

Camila había estudiado derecho en la Universidad de Bolonia y arte en la de Roma. Era una mujer cultísima, a la que se le conocía un solo error, su matrimonio. Constituyó en menos de un año un rotundo fracaso —sólo tenía veinticuatro años—, pero sirvió para poner de manifiesto ante el mundo su resolución y hasta dónde era capaz de llegar si tenía que enfrentarse con algo o con alguien. Dejó constancia de que era mejor no tenerla como enemiga. Desde entonces cobró fama entre los círculos donde se desenvolvía de mujer altiva, peligrosa y que, llegado el caso, no se andaba con muchas contemplaciones. No eran pocos los que, pese al magnetismo de su figura y al atractivo que tenía, preferían no estar muy cerca de ella. También habían llamado la atención a algunas de sus amistades los largos viajes que realizaba —que la quitaban durante meses de la circulación— sin que se supiese su paradero, creando a su alrededor una atmósfera que rodeaba a su figura de misterio.

Se contaba que había tenido varios amantes, pero eran relaciones pasajeras de las que se desprendía con facilidad. Los automóviles eran una de sus pasiones. Durante algún tiempo vivió muy de cerca la farándula que rodea el mundo del automovilismo de Fórmula Uno. Una vez al año, después del carnaval, con la llegada de la primavera daba una fiesta de disfraces en su palacio de Venecia, junto al Vendramín, que por aquella época del año se convertía en el casino de la ciudad. Era un reunión de personas muy heterogéneas, desde políticos a escritores, gente de la bohemia o individuos que marcaban la pauta en el mundo de *la buena sociedad*; allí se reunían deportistas, *tiburones* del mundo de los negocios, artistas o simplemente amigos de Camila, lo cual no era poca cosa. Cada año sorprendía a sus invitados con una novedad. Alguna causó verdadero escándalo, como cuando contrató a una docena de refinadas prostitutas, que pasaron por elegantes modelos. Durante la comida que precedía al baile se fueron quitando ropa, poco a poco, hasta quedar completamente desnudas; los invitados estaban estupefactos. No era una idea original, se la había copiado a Harold Robbins, el novelista americano, famoso autor de *best sellers*. El escándalo fue monumental. Durante semanas no se habló de otra cosa en ciertos círculos venecianos. Algunos rumores la hacían consumidora de cocaína y la relacionaban con grupos mafiosos, pero nunca nadie había podido demostrar nada.

Camila Strozzi llegó a casa de Stefano un minuto después de las dos. Había dicho a su chófer que aminorase la marcha. Mejor diez minutos después que un minuto antes. El mayordomo la acompañó hasta la biblioteca. Abrió la puerta y anunciando a la dama, la hizo pasar. Allí estaban los tres invitados: Alister MacFarlaine, Étienne Clermont-Lafargue y Karl Drexler. La conversación que mantenían quedó interrumpida y Stefano avanzó hacia ella.

—¡Mi querida Camila! ¡Cuánto honor! —se acercó a los labios la mano que ella le ofreció con cierta languidez.

—¿Ordena algo el señor?

—Nada, Angelo, nada, gracias. Cuida de que en el comedor esté todo a punto cuando vayamos.

—Descuide el señor —Angelo hizo una respetuosa inclinación de cabeza y se retiró cerrando tras él la labrada puerta de casetones.

Los tres caballeros saludaron a Camila con afecto medido

y una estudiada consideración. Lo que en Drexler fue una ostentosa reverencia que le llevó a inclinarse desde la cintura, a la vez que sus tacones se unían en un saludo que tenía algo de prusiano, en Clermont-Lafargue se convirtió en una inclinación de cabeza y una expresiva sonrisa. Alister MacFarlaine saludó a Camila con un beso en la mejilla; era una mezcla de la flema que había aprendido en Eton y los ancestros que agitaban su sangre escocesa.

Stefano les invitó a tomar asiento. Había dos cómodos sillones de orejas, tapizados en cuero, que formaban parte del mobiliario de la biblioteca, y otros tres tipo chester tapizados en terciopelo verde, que habían sido colocados allí para la reunión. Todos esperaron a que Camila tomase asiento. Una vez más hacía gala a la fama de mujer elegante que envolvía su figura. Llevaba un traje de chaqueta verde muy claro, con botones que le subían hasta el cuello, pendientes de esmeraldas y un reloj Cartier en su muñeca.

—Antes de que pasemos al comedor creo que debo daros algunos detalles sobre la necesidad de esta reunión y la urgencia de la misma —Stefano no podía disimular la satisfacción que rebosaba—. Quiero, en primer lugar, daros nuevamente a todos las gracias por estar aquí; por haber acudido a mi llamada, dejando a un lado otras cosas siempre importantes. Pero lo que he de comunicaros, como vais a tener ocasión de comprobar, me obligaba a citaros con premura.

—¡Suéltalo de una vez, Stefano! —la sangre escocesa de MacFarlaine se había revelado con toda su energía.

—Como sabéis, nuestra hermandad nos había encomendado a las cinco personas que estamos aquí dedicar nuestro esfuerzo al descubrimiento del enigma del cura rojo —la voz de Stefano Michelotto había cobrado un fondo de solemnidad—. Ese encargo nos llegó hace ya varios años. Eran, como todos recordaréis, las vísperas de las navidades de 1995. La razón se encontraba en que afloraban numerosos indicios sobre el intenso trabajo de varios grupos de investigadores sobre los templarios y la posibilidad de que se desvelase el secreto de la orden. Un secreto que en nuestra fraternidad ha sido tradición vincular al enigma de Vivaldi. Para acometer nuestra tarea lo único que teníamos eran las referencias históricas de que el misterio desentrañado por el cura rojo tenía alguna de sus claves en Viena, adonde había acudido y le había sorprendido la muerte. También se sabía que había enviado a Tomasso Bellini, compañero de la *Fraternitas Charitatis,* un texto en clave, donde explicaba el misterioso descubrimiento que había realizado. Hemos invertido mucho tiempo, mucho esfuerzo y muchos medios para encontrar una pista segura que nos condujese a nuestro objetivo. Una tras otra, no tengo necesidad de daros detalles, las hipótesis con las que hemos trabajado se han derrumbado como castillos de arena. Últimamente habíamos seguido una senda que nos hizo concebir fundadas esperanzas de acercarnos a nuestro objetivo en las proximidades de Edimburgo. En este momento, como ya os he adelantado estoy en condiciones de afirmar que, una vez más, nuestros esfuerzos han resultado vanos.

El silencio en la biblioteca era total, absoluto, sólo se escuchaba la agitada respiración de MacFarlaine. Las palabras de Stefano quedaban ahogadas entre las estanterías que llenaban paredes tapizadas de libros, del suelo al techo, y las pesadas alfombras que cubrían el suelo.

—Todos os estaréis preguntando que no os habré hecho venir a toda prisa para deciros que nos hemos equivocado otra vez.

Hizo una pausa para aumentar la expectación y pronunció la frase que había preparado para la ocasión:

—He descubierto nuestro fracaso porque hemos alcanzado nuestro objetivo.

—¿Qué quieres decir con que hemos alcanzado nuestro objetivo? —MacFarlaine había fruncido el ceño.

—Muy sencillo, mi querido Alister, que por una vía inesperada y desconocida hasta ayer por nosotros, ha llegado a nuestro poder el documento que encierra el enigma de Vivaldi. ¡Mi querido amigo, tenemos en nuestras manos el enigma del *prete rosso*!

Étienne Clermont-Lafargue se levantó del sillón chester en el que estaba sentado y mirando sin pestañear a Stefano le preguntó:

—¿Que tenemos en nuestro poder el documento que nos revela el secreto de Vivaldi? —en sus palabras latía la incredulidad.

—Yo no he dicho que tengamos el documento que revela el secreto de Vivaldi, *mon cher ami*.

La ilusión que había apuntado en los ojos de los tres hombres se desvaneció de forma instantánea. En los ojos del anfitrión brillaba, sin embargo, una alegría que contrastaba con lo que acababa de decir. Dejó pasar algunos segundos antes de explicarse. Al hacerlo su voz sonaba tan solemne como al principio:

—Lo que he dicho es que tenemos el documento que encierra el secreto de Vivaldi, no que ese documento nos revele el secreto. Existe una notable diferencia entre una cosa y otra.

Quien ahora se puso de pie fue Drexler.

—¡Creo, Stefano, que lo mejor que podrías hacer es explicarnos con detalle todo lo concerniente a este asunto!

—Sentaos un momento, os lo suplico. Es tan simple lo que voy a deciros que sólo necesitaré de unos minutos.

El francés y el alemán tomaron asiento.

—Lo que tenemos en nuestro poder es el documento; en realidad se trata de una fotocopia, donde Vivaldi dejó consignado su secreto. Ese documento está en clave y será necesario descifrarlo.

—¿Dónde está ese documento? ¿Podemos verlo? —MacFarlaine dio un largo trago a su vaso de whisky

—Por supuesto que sí.

Stefano se levantó, se dirigió a un pequeño secreter empotrado entre las estanterías y sacó cinco copias de la partitura, cada una de ellas protegida por un plástico. Sin decir palabra, las repartió entre los presentes y se quedó con una de ellas. Fue MacFarlaine quien rompió el silencio que se había hecho. Sus palabras sonaron como un bufido:

—¡Por todos los demonios del averno, Stefano, esto es una partitura!

—Una partitura en la que Vivaldi escondió su secreto —las palabras del paleógrafo sonaron tranquilas, con el tono de quien domina la situación.

—¿Una partitura? —preguntó sorprendido Drexler.

—¡Qué mejor forma de expresarse para un músico! —fue la respuesta de Michelotto.

—¿Cómo sabes que este papel —Camila agitó su copia— es el que guarda el enigma del *prete rosso*?

—Ésa es una buena pregunta —apostilló el escocés.

Haciendo gala de una capacidad para resumir que ponía de manifiesto las dotes pedagógicas de Stefano, éste les explicó cómo había llegado a su poder aquella partitura, la extraña música que contenían aquellas notas y la forma en que se había producido su descubrimiento.

—¡Un golpe de fortuna! ¡La suerte que durante años nos ha sido esquiva se ha aliado con nosotros! —comentó Drexler.

—¡No sé cómo no se nos ocurrió buscar en la *Pietà*! ¡Nuestra obsesión con los templarios nos ha llevado a París, a Rosslyn, a Rennes-le-Chateau!

—¿Y la clave? ¿Dónde está la clave? —preguntó Camila.

—Eso es algo secundario, querida, teniendo a nuestra disposición todo lo que Stefano sabe —afirmó MacFarlaine.

—No tenemos la clave. En ese caso ya poseeríamos el secreto. Precisamente la chica de que os he hablado ha acudido a mí para que le ayude a desentrañar el mensaje que se esconde aquí.

—¿Cuál es el grado de dificultad para descifrar el texto? —preguntó Clermont-Lafargue.

Antes de contestar, Stefano Michelotto meditó la respuesta:

—Aunque no es mucho el tiempo que le he dedicado, apenas hace veinticuatro horas que está en mi poder, no os quepa duda de que arrancaremos el secreto que contienen esas notas. No sé cuánto tiempo tardaremos, espero que no sea mucho. Pero tened por seguro que estamos en el final de nuestro camino.

Todos asintieron con la satisfacción pintada en el rostro. Sólo las facciones de Camila eran inescrutables. Su pregunta, cuando todos se disponían a acudir al comedor para dar cuenta del almuerzo, sonó como un trallazo:

—¿Y si esto fuese falso? —levantó su partitura.

—Eso no es posible —replicó contrariado Michelotto.

—¡Por qué no ha de ser posible! —Camila hizo la afirmación con aplomo. ¡Esto ni siquiera es un documento original que, al menos, nos permitiese algunas certezas!

Stefano se limitó a responder que tenía plena confianza en la persona que le había hecho llegar la partitura y, un tanto recuperado de la impresión recibida, a modo de reto, dejó en el aire:

—¿Qué iba a ganar esa chica viniendo a contarme una mentira?

Camila, que era un duro adversario, le replicó:

—¿Y por qué iba a venir a contártelo?

—Porque sabe que me dediqué a la criptografía, que hubo

un tiempo en que fui uno de los mejores de Europa —al fin había encontrado un argumento ante al acoso de la Strozzi. Miró el reloj, dando a entender que la cuestión quedaba zanjada:

—Y ahora, mis queridos amigos, ha llegado el momento de pasar al comedor.

Las sombras lanzadas por Camila habían, sin embargo, sembrado la duda en el grupo.

—¿Tenemos la posibilidad de despejar las razonables dudas que Camila ha planteado acerca de la autenticidad del documento? ¿Habría alguna forma de acceder al documento original de la partitura?

—La mayor posibilidad —Stefano contestó con desgana— se encuentra en la reunión que mañana vamos a mantener, tanto con esa joven que ha puesto en mis manos el documento, como con ese violinista español que fue, según os he dicho, quien lo encontró en el archivo del *Ospedale de la Pietà*. No creo que haya obstáculos para acceder al documento original.

—¿Tenías prevista esa reunión de antemano? —preguntó Camila.

—Estaba prevista y espero que sirva para despejar cualquier duda sobre la autenticidad de la partitura.

—¿Qué haremos con esa pareja de jóvenes? —preguntó Drexler con aire sombrío.

—Sobre ese particular hablaremos más tarde. Ahora vamos a comer.

—¿A qué hora será la reunión? —insistió Camila.

—A las diez en punto, y todos vosotros asistiréis a la misma.

La comida sirvió para relajar la tensión que había aflorado minutos antes. El comedor era una pieza alargada, muy luminosa, que daba a una de las galerías del patio central. Como toda ella, estaba amueblado con un gusto exquisito. Las paredes arrancaban con un zócalo de madera de nogal que llegaba hasta una altura de algo más de un metro. Estaba formado por paneles alargados, separados por medias columnas. El resto de la pared estaba tapizada en seda. El mobiliario del comedor era de estilo español. Sillas y sillones con asientos y respaldos de cuero finamente trabajados y policromados.

Todo el menaje denotaba elegancia y buen gusto: sobre el mantel de hilo blanco con minúsculos bordados, cubertería de plata y vajilla de porcelana blanca, lucía una soberbia cristalería veneciana en tonos rosáceos y bordes dorados. La comida, como no podía ser menos, estaba pensada para agasajar adecuadamente a los comensales: vichyssoise, carpaccio de salmón adornado con angulas y solomillo de buey guarnecido con setas. El postre, delicadas milhojas con una leve capa de crema de vainilla. Todo acompañado de selectos vinos de la tierra.

Durante toda la comida sonaron suavemente, como música de fondo, varias de las sonatas para violín, el concierto 121 en *re mayor* y el concierto para mandolina y orquesta de cuerda, todo ello de Vivaldi.

A la misma hora que en el *palazzo* de Stefano Michelotto el anfitrión atendía a sus invitados, en una *trattoría* de la *riva degli Schiavoni*, en la zona próxima a la plaza de San Marcos, María y Lucio despachaban unas pizzas regadas con *birras* en medio del griterío de clientes y personal del establecimiento. Tan pronto como acabasen tomarían el primero de los *vaporettos* que saliesen hacia las islas. María iba a enseñarle las dos más importantes que había frente al canal de San Marcos, la de Murano, donde en tiempos se había concentrado toda la industria del famoso cristal y que aún conservaba algunos de los talleres y fábricas de tan renombradas piezas. También irían a Torcello, la primitiva sede episcopal de Venecia. María tenía especial interés en enseñarle dos hermosas iglesias, la catedral, con unos extraordinarios mosaicos, dedicada a la Asunción, y Santa Fosca, magníficos ejemplares de estilo bizantino, donde estaban algunas de la raíces del arte veneciano. En aquella isla la madre de María tenía una casa, que constituía un lugar ideal para retirarse a descansar algunos días.

Giulietta del Sarto había quedado viuda hacía seis años. Su marido había muerto en un accidente de coche, dejando a su esposa e hija en una confortable posición económica: una saneada cuenta bancaria, algunas acciones, un negocio bien gestionado, como era el Bucintoro y un par de propiedades más, entre las que se encontraba la casa de Torcello. A pesar de la buena relación que María mantenía con su madre, Lucio y ella habían decidido mantener en secreto su decisión de casarse, hasta que entendiesen que había llegado el momento adecuado para decírselo; dicha decisión también regía para la familia del músico.

María, ante las preguntas de Giulietta acerca de sus salidas y su relación con el violinista español, se había limitado a comentarle que se sentía muy a gusto cuando estaba con él, que tenían aficiones y gustos comunes y que le parecía una persona atractiva y encantadora. Esas dos palabras eran exactamente las que había utilizado para definirle, su madre no tuvo necesidad de preguntar nada más.

Para Lucio era una tarde esperada con anhelo, no sólo porque iba a compartirla con María, sino porque no tendría que dedicarse a la infructuosa búsqueda de la clave de Vivaldi.

14

Cuando María y Lucio llegaron a casa del *dottore* Michelotto, el mayordomo les acompañó hasta la biblioteca, donde éste les preguntó si deseaban tomar algo:

—¿Alguna infusión? ¿Un zumo?

—Nada, nada, muchas gracias —respondió María.

—En ese caso, les ruego que se acomoden a su gusto, el señor vendrá enseguida. Siéntanse como en su propia casa —Ángelo era una persona que respondía al perfil de mayordomo difundido por el cine británico: elegante, atento, circunspecto llegado el caso, y siempre en su lugar, desempeñando el papel que le correspondía.

En el centro de la biblioteca había dispuesta una mesa, que no estaba el día anterior, y los sillones eran siete. Aguardaron durante diez minutos, que dedicaron a husmear en las estanterías, mirando los libros, una amplia y cuidada selección de obras muy variadas. Había una buena representación de novelistas del siglo XIX: italianos como D'Anunzzio, Manzzoni o Leopardi; los franceses estaban representados por Víctor Hugo, Flaubert y Balzac; los españoles eran Valera y Galdós, y entre los ingleses estaban Dickens, Wilde y Walter Scott. Una antigua edición en inglés de *El paraíso perdido*, de Milton. Un primoroso ejemplar de *Los Emblemas* de Alciato. En uno de los anaqueles había obras de los científicos del renacimiento y del barroco, Kepler, Galileo, Copérnico, Newton. María estaba más interesada que Lucio, quien se había entretenido con un ejemplar —edición facsímil— del *Civitates Orbis Terrarum*. Hojeaba las espléndidas vistas de las más importantes ciudades de la Europa de mediados del siglo XVI, cuando María lo llamó, excitada:

—¡Lucio, Lucio, mira! ¡Mira lo que hay aquí!

Lo que había descubierto era lo que podía denominarse la sección de criptografía de la biblioteca. Allí había numerosos títulos —posiblemente, tratándose de Stefano Michelotto, todo lo que hubiese publicado sobre el tema— de criptografía y criptología; así como la célebre obra de David Kahn, *The Codebreakers* (Los rompedores de códigos), *Cryptology*, de Albreecht Beutels Pacer.

Cogió un volumen titulado *Cryptoanalysis* de Helen Fouché Gaines y comprobó que se trataba de un estudio de las cifras y su solución, y que contaba con un apéndice en el que había una numerosa serie de tablas. Pero no vio nada referente a códigos o cifras en las que se utilizasen notas musicales. Lo colocó en su sitio. Sus ojos se fueron tras un título sugerente: *The Cryptografic Imagination*. Cuando alargaba la mano para cogerlo, sintió abrirse la pesada puerta de caoba de la biblioteca.

La aparición de Michelotto en el umbral la hizo ruborizarse, como si la hubiesen sorprendido cometiendo una mala acción. Sin embargo, esa sensación desapareció, rápidamente, en el momento en que vio que tras el *dottore* entraban otras cuatro personas. Al rubor sucedió la sorpresa.

—¡Mi querida María, qué placer verte de nuevo! —Stefano se mostraba cortesano. Se acercó hasta la joven y la besó con naturalidad—. Éste, supongo —se dirigió a Lucio—, que es nuestro violinista español, ¿me equivoco?

—En efecto, él es Lucio Torres, la persona de quien le hablé —señaló María, todavía azorada y presa de un creciente desconcierto, que trataba de disimular.

Michelotto se acercó a Lucio con la mano extendida:

—Es un placer conocerte personalmente. ¡No puedes imaginar la importancia que para un veneciano tiene el que se estudie a Vivaldi!

Lucio contestó, estrechando la mano que le ofrecía, con un escueto:

—El placer es mío.

Stefano se volvió hacia María y le reprendió:

—Creo, mi buena amiga, que habíamos quedado en tutearnos —el tono era el de un profesor que reprende con dulzura a una alumna. Cambiando el registro de su voz y girándose hacia donde estaban Camila y los tres hombres procedió a las presentaciones.

—Permitidme que os presente. Ellos son María y Lucio, los jóvenes de quienes os he hablado, los que han puesto en mis manos la extraordinaria partitura de la que os hablé.

«Así que ya les ha contado lo de la partitura de Vivaldi. ¿Por qué habrá hecho una cosa así?» —a María la sacó de aquella reflexión la voz de Michelotto.

—Ella es Camila Strozzi. Supongo, María, que tú la conocerás.

Sin esperar una respuesta continuó:

—Ellos son Alister MacFarlaine, Étienne Clermont-Lafargue y Karl Drexler.

Hubo inclinaciones de cabeza y gestos de saludo, pero todo en la distancia.

—Se trata de unos amigos —continuó Michelotto— quienes por alguna razón están interesados con el descubrimiento que habéis realizado. Unos son devotos de Vivaldi, otros lo son de Venecia y alguno ha sido colega mío en las tareas de descodificación de textos cifrados —no hizo ninguna especificación acerca de las aficiones concretas de cada cual—. Espero que no os moleste su presencia. Con toda seguridad, nos será de gran ayuda, ¡ya lo veréis!

Michelotto se había dado cuenta de que María había tenido una desagradable sorpresa y trataba de que superase esa situación.

—Tomemos asiento. María y Lucio aquí, a mi lado.

Hubo movimiento de sillones que apenas produjeron ruido porque quedaba amortiguado por la gruesa alfombra de lana. En aquel momento apareció Angelo acompañado de dos doncellas que conducían sendos carritos de servicio, con jarras-termo con café, infusiones, agua y zumos, unas bandejitas con pastas y unos diminutos pastelillos. Colocaron las bandejas y las jarras sobre la mesa y delante de cada uno de los reunidos una taza y una copa.

Una vez que el servicio se hubo retirado, Michelotto cumplió su papel de anfitrión, tomando la palabra. Lucio y María estaban atenazados por una especie de miedo escénico.

—Antes de nada quiero agradecer a María y a Lucio el que hayan puesto en mis manos una partitura qué es mucho más que eso. Lucio es un excelente violinista —hacía aquella afirmación, aunque nunca le había oído tocar—, un profundo conocedor de la música de Vivaldi y un enamorado de nuestra ciudad, de Venecia. En la actualidad realiza una importante investigación —en realidad no tenía idea de qué era lo que estaba investigando— sobre nuestro *prete rosso*. Precisamente ésa es la razón por la cual llegó al conocimiento de esa partitura que es el motivo de esta reunión que honra mi casa. Con María me une una vieja relación. Fue mi alumna, y he decir que una de las mejores que han pasado por mi departamento —seguro que no podía recordar qué expediente tenía—, y que conocedora del... del digamos descubrimiento de Lucio vino a verme para acometer el desciframiento de esa extraña partitura. Pero creo, amigos —Stefano extendió las manos señalando a la pareja—, que, mucho mejor que yo, Lucio o María podrán explicaros cómo llegaron a conocer la partitura en cuestión.

Hizo un silencio que era una invitación a que alguno de los jóvenes tomara la palabra. El silencio, sin embargo, se prolongaba más de lo debido, por lo que fue Camila la que invitó a María a hablar.

—María, querida, estoy deseando que nos cuentes todo lo que sabes acerca de esa partitura y cuáles son tus impresiones.

El expectante silencio de todos los presentes había sumado a su malhumor un cierto nerviosismo. Sintió cómo Lucio rozaba su rodilla con la suya, infundiéndole ánimos.

—Todo comenzó hace tres días cuando Lucio se encontró —hacía todo lo posible por contener los nervios— con una partitura que apareció en un libro de cuentas, correspondiente al año 1741, en el archivo de la *Pietà*. No era, desde luego, el lugar más adecuado para una partitura, pero tampoco era tan extraño, dada la actividad musical de dicha institución y en la que Vivaldi ejerció durante muchos años su actividad como músico. En ese año de 1741, fecha de su muerte, era primer patrono de la *Pietà* Tomasso Bellini a quien, según consta documentalmente, Vivaldi le había remitido desde Viena un escrito cifrado, comunicándole un importante descubrimiento que había realizado. Como todos ustedes saben el compositor veneciano era *frater* de una orden o secta mistérica llamada la *Fraternitas Charitatis*, cuya misión era ejercer una especie de control sobre determinados saberes para evitar su divulgación. Unos saberes que no era aconsejable, por alguna razón que sólo ellos conocían, que fuesen del dominio público. También se cuidaban de evitar que tales conocimientos pudiesen perderse.

—¿Quiere usted decir que hay una especie de orden que protege cierto tipo de conocimiento a la par que evita que se divulgue? —quien había formulado la pregunta era Alister MacFarlaine.

—Lo ha captado usted perfectamente —ahora no había nerviosismo en las palabras de María, sino un fondo de ironía.

—Permítame que le diga, mi querida amiga, que eso encierra una contradicción. La mejor forma de salvaguardar un conocimiento es divulgarlo. ¡Cuanta más gente lo conozca y mayor constancia haya del mismo, mayores garantías de conservación!

—Pero esa contradicción es sólo aparente —replicó María cada vez más animada—, porque los miembros de esa secta u orden secreta estaban tan preocupados por la conservación de esos conocimientos como de controlar su difusión.

—¿Y cuáles eran las causas por las que tales individuos habían tomado sobre sí esa tarea? —insistió MacFarlaine.

—Ésa, señor, es una pregunta muy difícil de responder. Al menos lo es muy difícil para mí. Habría que formulársela a un miembro de la *Fraternitas Charitatis*.

—¿Existe en la actualidad dicha fraternidad? —quien había preguntado era el eminente cirujano muniqués.

—Eso es algo que ignoro. El carácter esotérico de la organización y su soterrada actuación hace que no sea gran cosa lo que se ha filtrado acerca de su existencia y su actividad.

—¿Se sabe cuál es el tipo de conocimiento que tratan de controlar y preservar? —Drexler parecía vivamente interesado por conocer detalles acerca de la *Fraternitas Charitatis*.

En aquel momento intervino Michelotto:

—Creo que con nuestras preguntas estamos desviando la explicación de María por caminos que no son los que en este momento nos interesan. Tanto ella como Lucio han venido para hablar de la partitura y de las posibilidades de descifrar el mensaje que se oculta entre sus notas.

—Es cierto lo que dices, mi querido Stefano, pero no me

negarás que lo que María nos está contando es tan... tán sugerente que difícilmente puede uno evitar que las preguntas se le vengan a la boca —argumentó el escocés.

—Creo que Stefano tiene razón —señaló Étienne Clermont-Lafargue—, debemos dejar que María se explique, sin interrupciones. Luego, supongo que no tendrá inconveniente en que hablemos de cualquier asunto que pudiese tener relación con esa secta.

La intervención del aristócrata francés pareció dejar zanjada la cuestión. María retomó su explicación.

—En resumidas cuentas, Vivaldi envió a Bellini, poco antes de morir, en 1741, un mensaje cifrado explicándole el conocimiento que había alcanzado o el misterio que había descubierto. Lo hizo en clave y se sabe que llegó hasta su destinatario. Pero por una serie de avatares dicho mensaje se perdió, y perdido ha permanecido durante más de dos siglos y medio, hasta que Lucio lo encontró hace tres días. Antes de ayer vine a ver al *dottore* Michelotto, sabedora de sus conocimientos en criptografía con el ánimo de que descifrase el mensaje que se oculta tras sus notas. Después de explicarle a él lo que acabo de revelarles a ustedes, quedamos en reunirnos hoy. A esa cita hemos acudido y tengo que confesar mi extrañeza al encontrarme con la presencia de ustedes en esta reunión, que sin duda pone de manifiesto la importancia del contenido de la partitura que dejé al *dottore*.

A ninguno de los invitados de Michelotto se escapó la perspicacia y la ironía que encerraban aquellas palabras. El duro acento de Drexler no quedaba disimulado por la musicalidad del italiano que hablaba con soltura:

—Si María ha concluido su explicación, me gustaría preguntarle algo.

—Puede preguntar lo que quiera, por mi parte veré si puedo responderle —el aplomo de María era cada vez mayor.

—Gracias. He seguido con gran atención lo que nos ha contado. Soy un devoto de Vivaldi, un enamorado de Venecia y un aficionado a la criptografía, ciencia de la que Stefano es un consumado experto y que fue, hace años, el nexo de unión que nos permitió establecer una amistad que explica mi presencia aquí.

—Karl, lo de aficionado en criptografía es un exceso de modestia —le interrumpió Michelotto.

El alemán hizo un cortés gesto de cabeza y prosiguió:

—Descubrir una partitura de Vivaldi es algo que ha ocurrido con cierta frecuencia, dada la extensa producción musical que nos dejó. Es posible que el futuro nos siga deparando agradables sorpresas en ese sentido. Pero es algo muy diferente que la partitura encontrada sea, precisamente, la que le envió desde Viena a... a... Bellini. ¿Qué pruebas tenemos de que la partitura encontrada por Lucio sea de Vivaldi? Y lo que ahora resulta más importante, ¿qué pruebas tenemos de que en sus notas haya algo más que música? En definitiva, ¿qué pruebas hay para afirmar que esa partitura contiene el llamado enigma del cura rojo?

—Creo, señor Drexler, que Lucio puede responder mejor que nadie a esas preguntas —señaló María.

El violinista susurró algo a su oído. Luego pidió disculpas e indicó que sería María quien lo explicase porque su italiano era mejor.

—Hay fundadas razones para afirmar que estamos en presencia de la partitura que guarda el secreto de Vivaldi —María tenía un aplomo que distaba mucho de su nerviosismo inicial—. La primera es dónde aparece. El libro de cuentas es de la misma fecha en que Vivaldi efectuó su envío. La segunda es que su destinatario era a la vez el patrono principal de la institución donde ha aparecido la partitura. La tercera y más importante es la propia partitura. En ella no hay música, las notas no responden a ningún criterio de armonía. Es más, en algunas de ellas se han roto todos los esquemas establecidos y se ha usado la cuarta tritono, que como ustedes saben es algo que estaba prohibido y que se denominaba la música del diablo. ¡Si las notas de esa partitura no contienen música, han de contener otra cosa!

Tras la última afirmación de María hubo un silencio.

—Aceptemos que es una partitura extraña y que sus notas encierran algo diferente a música —señaló Drexler—, pero que aparezca en un libro de 1741 un papel escondido, guardado u olvidado allí no es garantía de que sea de esa fecha. ¡Cuántas veces se guarda un papel entre las páginas de un libro que es de una fecha muy posterior! —sus últimas palabras sonaban a desafío.

—Hemos comprobado que el papel donde está escrita la partitura es del siglo XVIII —respondió con tranquilidad María.

—¡Pero el siglo XVIII tiene cien años, mi querida amiga!

—Sí, pero ese papel, el de la partitura, está fabricado entre 1736 y 1752.

—¿Cómo lo sabe? —preguntó intrigado el alemán.

—Por la filigrana del papel, que tiene la marca del fabricante. Pero aún hay más, el papel está elaborado en Viena, por la casa Herrmann.

—¿En Viena? —preguntó Drexler.

—En Viena, la ciudad donde estaba Vivaldi cuando envió a Bellini su mensaje en clave —María estaba disfrutando.

—Eso es muy interesante, muy, muy interesante —señaló el alemán.

—Ha de saber también que en la *Pietà* el papel que se utilizaba era papel fabricado en Venecia. No se importaba de Viena.

Fue como un golpe definitivo. Stefano se puso a aplaudir.

—Excelente, María, excelente. Una defensa brillante. Creo que cualquier duda acerca de que estamos ante el documento que contiene el enigma del cura rojo ha quedado resuelta.

Ahora nuestra tarea ha de encaminarse hacia el desciframiento de esas notas.

—¿Habría posibilidad de que viésemos la partitura original? —era Étienne Clermont-Lafargue quien planteaba la cuestión—. Lo que hemos visto son simples fotocopias.

«Así que Michelotto ya les ha reproducido la copia que yo le dejé», fue lo que pasó por la mente de María. No acababa de comprender muy bien qué era lo que hacía allí aquella gente y las vagas explicaciones de Stefano no le habían despejado las dudas. Aquella gente no era corriente. Sólo la presencia de Camila Strozzi era algo extraordinario.

Fue Lucio, con ayuda de María, quien dio respuesta a aquella pregunta.

—El archivo del *Ospedale della Pietà* no está abierto al público. El acceso que tengo me ha sido otorgado a través de una gestión particular realizada desde España. Por lo tanto, ignoro las dificultades que habrá en este terreno. Aunque tratándose de un archivo privado, supongo que todo dependerá de la voluntad de sus responsables.

—Creo que podremos acceder al archivo —señaló Michelotto—. Hoy mismo trataré de hacer las gestiones que nos lo permitan. Y ahora abordemos el asunto más importante de esta reunión que es el del contenido de esa partitura.

Stefano Michelotto se levantó y sacó de una gaveta copias de la partitura para todos los asistentes. El pequeño intervalo que ello supuso fue aprovechado por los presentes para servirse zumo, café o alguna infusión. María y Lucio pensaban que aquel momento no iba a llegar nunca. Para esto es para lo que habían acudido al eminente criptógrafo y no para discutir con unos desconocidos el valor del documento que el destino había puesto en sus manos.

—Ésta es —comenzó Stefano— la partitura de la que hemos estado hablando. Éstas son las notas que contienen un secreto celosamente guardado. He de deciros, tanto a los que conmigo compartís el interés por la criptografía y habéis dedicado a ella vuestro tiempo, vuestro interés y vuestro esfuerzo, como a los que sois profanos en esta materia, que no es habitual el que un mensaje se cifre en notas musicales. A lo largo de la historia se han utilizado los más variados procedimientos para ocultar un texto a ojos no deseados, desde escribir el mensaje en la cabeza de un hombre al que se dejó crecer el pelo y, llegado a su destino, afeitarla para leerlo, hasta tintas invisibles, llamadas simpáticas, que ocultaban los textos a quienes desconocían tales procedimientos. Para verlo había que tratarlos con zumo de limón. Muy antiguas fueron las técnicas no ya para ocultar el mensaje, sino para disfrazarlo de forma que resultase incomprensible a quien no tuviese la clave correspondiente. Se ha usado desde la trasposición de letras, es decir, cambiar unas por otras, según unos criterios previamente establecidos, hasta sustituir letras por números, también según criterios previos. Podría hacer un largo discurso acerca de la variedad de procedimientos utilizados, pero que nadie se preocupe, ni estamos aquí para eso, ni tampoco es mi deseo. Pero he considerado necesarias estas palabras para señalaros que no es habitual el que se utilicen notas musicales como medio para ocultar un mensaje, aunque en este caso —una sonrisa malévola se dibujó en sus labios— podríamos decir que era casi obligado que así fuese. Y tengo que decir que su autor fue sumamente habilidoso a la hora de ocultar lo que no deseaba que se conociese, si no era con la clave que permitiese descodificar el texto.

—¿Quiere eso decir, *dottore*, que estamos en presencia de un texto cuyo desciframiento es harto complicado? —María no acaba de creerse que de su boca hubiese salido aquella pregunta. No tanto por formularla, cuanto por lo que suponía de interrupción a quien estaba hablando.

—No se trata de un texto harto complicado, mi querida María, haciendo uso de las mismas palabras que tú has utilizado, sino que después de cuarenta y ocho horas, de las cuales un buen número de ellas he dedicado a buscar una clave que nos permita revelarnos su contenido, mi fracaso ha sito rotundo. No he sido capaz de dar un solo paso en firme en la consecución de nuestro objetivo. En este momento tengo que confesar que el secreto del cura rojo está bien guardado y que, aunque desde luego todavía es pronto para decirlo, estamos ante un reto lleno de dificultades. Todos los procedimientos para encontrar una clave se han estrellado estrepitosamente contra las defensas empleadas por el autor de esa partitura.

—¿Hasta dónde podemos tener seguridad de que no se trata de una broma de mal gusto? —la pregunta de Étienne sonó fría, demoledora.

—¿Una broma de mal gusto? —las palabras de María, cargadas de cólera, no tenían nada de pregunta, sino que era un rechazo palmario a tal posibilidad.

—Sí, que alguien hubiese compuesto esa partitura con ánimo de burlarse de quien la encontrase. Alguien que conociese la historia que usted nos ha explicado y la utilizase con ese fin —insistió el francés.

Aunque el italiano de Lucio no era bueno, alcanzaba lo suficiente como para haber captado la intencionalidad de aquellas palabras. El español intervino contrariado:

—¿¡No estará usted insinuando que todo esto es una burda ficción que hemos montado María y yo!?

—Yo no he insinuado nada, mi querido amigo. Es usted el que lo ha dicho todo —el francés dijo aquello con toda frialdad.

—¡Usted es un impresentable! —Lucio se había puesto de pie y había gritado.

—¿Usted no? —Clermont-Lafargue era, desde luego, más flemático que MacFarlaine.

Michelotto, utilizando formas suaves, trató de aplacar a Lucio, pero su intervención no hizo sino excitar aún más al violinista.

—No creo que monsieur Clermont-Lafargue haya querido ofenderle.

—¡Que no! ¿Qué ha hecho entonces cuando ha insinuado primero y en cierto modo ratificado después que todo esto es un montaje para divertirnos? —Lucio estaba muy alterado.

—Creo que usted ha interpretado mal las palabras de Étienne, amigo mío. ¿Verdad, Étienne?

—La verdad es que en mis palabras no había la intencionalidad que el señor Torres le ha dado, pero vista su reacción creo que la interpretación que ha hecho de las mismas puede responder a la realidad.

La posibilidad apuntada por el francés desbordó la situación. También María se sintió ofendida y se puso de pie.

—¡Es intolerable la actitud de monsieur! ¡Y desde luego no hemos venido a esta reunión para ser insultados! ¡Creo que lo mejor es darla por concluida!

Ante aquello todos se pusieron de pie, salvo Camila Strozzi. Michelotto suplicaba que se sentasen, pero todos sus esfuerzos resultaron baldíos.

Lucio y María se marcharon de una reunión en la que desde el primer momento se habían sentido incómodos y al final acosados.

Cuando en la biblioteca quedaron solos Michelotto, Camila Strozzi, y los otros tres miembros de la *Fraternitas Charitatis*, la satisfacción flotaba en el ambiente.

—Ha sido más facil de lo previsto —comentó el francés—, ellos solos se han eliminado.

—Sí, pero no debemos perderlos de vista, saben demasiado y podrían resultar peligrosos —Camila Strozzi parecía la menos satisfecha.

—¿Esa parejita peligrosos? —el francés estaba divirtiéndose.

—La pareja no, lo que saben sí —apostilló Drexler—. Estoy de acuerdo con Camila. Debemos tenerlos bajo control.

15

La joven pareja era presa del desconcierto, sobre todo María, que no acababa de explicarse cómo todo aquello podía haber acabado así. Lucio estaba muy alterado. Tras abandonar la casa de Michelotto, encaminaron sus pasos hacia el mismo *bacaro* donde ella había acudido dos días antes con un estado de ánimo completamente diferente al que ahora le embargaba. El ambiente era parecido al de la vez anterior y, como entonces, encaminaron sus pasos hacia la relativa tranquilidad que había en las mesas del fondo del local.

Tras pedir unos *capuchinos* hubo un prolongado silencio.

—No sé por qué el *dottore* ha organizado esta reunión. Yo... Yo... no acabo de comprender qué ha pretendido con esto... —las lágrimas estaban en el borde mismo de los ojos de María.

Tras un silencio en el que parecía rumiar su cólera, Lucio le dio una respuesta.

—Tengo la sensación de que tu *dottore* es un farsante. Creo que nos ha utilizado de una forma vil.

—No digas eso, Lucio. Michelotto es una persona sumamente agradable... ¡Es tan... tan gentil!

—Todo lo gentil que quieras, ¡pero esto ha sido una encerrona! No le encuentro otra explicación —mientras que María mostraba un ánimo cada vez más abatido, Lucio seguía encabritado— a la cantidad de trabas que desde el primer momento nos han puesto. Creo que lo tenían todo estudiado para provocarnos. ¡Quién es ese franchute de mierda para dudar de nosotros! ¡Poco menos que nos ha acusado de falsificadores! ¡Será cabrón, el tío!

María, que parecía ausente y tenía la mirada vagando, dio un sorbo a su *capuchino* y dejó una pregunta en el aire:

—¿Y ahora qué vamos a hacer?

Lucio se encogió de hombros.

—¡No lo sé, pero si, por un casual, encontrara la clave, esos de ahí no lo sabrán!

El semblante de María ofrecía una imagen de desolación. Tras otro prolongado silencio, que Lucio interrumpía una y otra vez con insultos variados, comentó:

—¿Y si volviéramos?

Si un latigazo hubiese cruzado la espalda de Lucio no habría tenido un efecto más fulminante.

—¡Ni muerto! ¡Yo con esa gente no me vuelvo a sentar!

María no contestó a los exabruptos. Al cabo de un rato comentó con un hilo de voz:

—Creo, en todo caso, que no debemos precipitarnos en nuestras decisiones... Si... si realmente esa reunión ha sido, como crees tú, una encerrona que nos tenían preparada, es probable que hayan alcanzado su objetivo. Con nuestra marcha les hemos hecho el juego. Nos hemos salido nosotros solitos de la partida...

—¿Qué partida?

María tomó aire, como una forma de serenar su espíritu.

—Lo que has descubierto en la *Pietà*, Lucio, tiene una importancia que no estamos en condiciones de calibrar, pero es lo suficientemente gordo como para que, además de la *contessa* Strozzi, estuviesen ahí ese escocés, ese alemán y ese francés. Hemos sido unos ingenuos al pensar que el secreto de Vivaldi era sólo una cuestión de importancia histórica para un puñado de soñadores o de románticos. ¡Tiene que ser algo que aún hoy posee una importancia capital, como para reunir en Venecia a esa gente.

—¿Qué estás pensando?

Lucio parecía un poco más relajado y María algo más animada.

—Éste es un asunto de mucha más envergadura de lo que tú y yo podamos imaginar. Tal vez tengas razón cuando antes decías que hemos actuado como unos pardillos, a los que han dejado fuera de combate a las primeras de cambio. Es posible que nos hayan provocado para que reaccionásemos como lo hemos hecho. ¡Nosotros solitos nos hemos puesto de patitas en la calle! Creo... creo que hemos sido unos imbéciles.

—Ahora la cosa ya no tiene remedio —comentó Lucio a modo de excusa.

—¡Sí lo tiene!

—¿Cómo?

—¡Vamos a volver a casa de Michelotto!

—¡Ni muerto! ¿Me oyes? ¡Ni muerto!

—No seas niño, amor mío. Tienen la partitura y no tendrán ningún problema para acceder al archivo del *Ospedale della Pietà*. Esa gente tiene mucha influencia. Lo más probable es que a ti te nieguen el acceso. Ya habrán calibrado que si allí estaba la partitura, también allí puede estar la clave. ¡Con los medios de que pueden disponer la localizarán en muy poco tiempo!

—¡Para mí será un alivio dejar de mirar legajos! —comentó Lucio.

—Si te parecen tan hijos de puta y tan cabrones, ¿por qué te empeñas en hacerles el juego? ¿No te das cuenta de que hemos actuado como ellos querían? ¡La única forma que tenemos de entorpecer sus planes es volviendo de nuevo a reunirnos con ellos y pedirles disculpas!

—¿Pedirles disculpas? ¡Ni hablar! ¡Ya te he dicho que ni muerto me reúno con esos granujas!

El lugar donde estaba reunido aquel grupo de personas era un amplio despacho de uno de los pisos de la planta noble de un moderno edificio de oficinas en el campo de San Barnaba. Allí todo era muy moderno y sofisticado. Predominaba el acero, el metacrilato, la fibra de vidrio y el cristal; todo estaba informatizado. La planta baja del inmueble era un elegante centro comercial, donde tenían abierta tienda algunas de las más prestigiosas firmas de cosméticos y perfumería, alta costura, lencería o complementos. Casas como Lancôme, Chanel, Rochas, Balenciaga, Versace, Loewe, Calvin Klein, Dutti o Bulgari.

A la entrada del piso donde se celebraba la reunión podía leerse en una pulida y reluciente placa *B&T*, sin mayor información. Todo indicaba que uno de los objetivos era que nadie tuviera conocimiento de las actividades que allí se realizaban. El mobiliario era funcional, en la mayor parte de las mesas había ordenadores, dotados de los más modernos equipamientos.

La sala de reuniones era muy amplia y su decorado variaba sustancialmente del resto de las dependencias: muebles de estilo, antiguos, pero bien conservados, pinturas colgadas de las paredes y objetos de decoración que denotaban buen gusto; en el centro una mesa ovalada rodeada de sillones tapizados en piel negra donde tomaban asiento los congregados. Llamaba la atención por sus primorosos relieves —una verdadera joya en madera— una estantería atestada de libros, muy usados, según denotaban sus lomos. En un rincón había una pequeña mesa de despacho.

La persona que parecía presidir la reunión, aunque ninguna señal de preeminencia delatase la presidencia, tomó la palabra.

—No debemos perder un instante porque el tiempo no corre precisamente a nuestro favor. Queridos *fratres*, vais a permitirme que haga una breve introducción antes de dar la palabra a nuestro hermano —dirigió su mirada hacia un individuo de unos treinta y cinco o cuarenta años y blanca cabellera—, quien posee una información que es la causa de esta precipitada y no prevista reunión. Hasta el día de hoy ha permanecido perdido, sin que se supiese nada acerca del paradero del mensaje de Vivaldi. Son muchos los que creen que desapareció definitivamente.

El hombre que estaba hablando paseó la mirada por los presentes.

El silencio era muy fuerte y todos estaban atentos a sus palabras para no perder detalle. No sabían adónde quería ir a parar con aquel recordatorio del que tantas y tantas veces se había hablado en reuniones de la hermandad.

—Bien, el enigma del *prete rosso* ha cobrado una nueva dimensión.

Aunque nadie abrió la boca se hizo perceptible cierta agitación entre los presentes, casi todos ellos se movieron en sus asientos. ¿Qué era eso de que el enigma Vivaldi había cobrado una nueva dimensión?

—Hace dos días el *frater* Giorgio, aquí presente —otra vez miró al joven de cabellos blancos—, me comunicó una noticia verdaderamente extraordinaria: había tenido en sus manos posiblemente el texto que Vivaldi había enviado desde Viena a Bellini, comunicándole el descubrimiento que había realizado.

Sus últimas palabras fueron acogidas por un murmullo que se elevó entre los presentes.

Quien hablaba esperó, satisfecho, contemplando el efecto que había tenido la noticia. Del otro extremo de la mesa llegó una pregunta.

—¿Cómo es eso?

—Lo que acabas de decir es de una importancia extraordinaria, tanta que resulta casi increíble que pueda ser verdad y digo esto sin ningún ánimo de ofender. Sin embargo, ante una noticia como ésta, que no puede menos que producirme una alegría infinita, me surgen numerosas dudas y la primera es ¿cómo sabemos que el documento al que se refiere el hermano Giorgio es el que Vivaldi envió a Bellini? ¿Cómo ha aparecido? ¿Dónde lo han encontrado? ¿Quién lo tiene? ¿Cómo ha tenido conocimiento el hermano Giorgio de su descubrimiento? ¿Cómo sabemos que no es la obra de un chiflado o una broma de mal gusto?, o lo que es peor, ¿cómo sabemos que no se trata de una acto planeado con premeditación contra la Fraternidad? ¿Cómo sabemos que no se trata de una trampa... tendida por nuestros enemigos?

—Creo razonables todas esas dudas, todas esas preguntas y muchas más de las que ha puesto en su boca el hermano Pietro —señaló quien presidía aquella reunión de la *Fraternitas Charitatis* veneciana—, por eso en mi intervención he señalado que sólo deseaba pronunciar unas palabras para explicar el motivo de esta reunión extraordinaria. Será el propio Giorgio quien nos dé cumplida explicación a todas esas preguntas que has formulado.

Con un elocuente gesto de cabeza, el *frater* Luigi Maretti indicó a Giorgio que podía hablar cuando gustase.

—Hace tres días recibí la llamada telefónica de una amiga, me pedía que acudiese a una cafetería para que le ayudase a determinar la autenticidad de un papel que casualmente había llegado a sus manos. Se trata de algo normal en el ejercicio de mi actividad. Era poco antes de las ocho cuando me llamó y acudí después de cerrar mi negocio. No esperaba, ni por asomo, encontrarme con lo que puso ante mis ojos. Se trataba de una partitura para violín, cuyo contenido musical era bastante deficiente, según me dijo un músico español que acompañaba a mi amiga y que era quien la había encontrado cuando realizaba una investigación. La siguiente sorpresa fue conocer el lugar de su aparición; se trataba del archivo del *Ospedale della Pietà*, que como todos sabéis iba a ser objeto de nuestras pesquisas próximamente. Lo que mi amiga quería saber era si el papel de la partitura era del siglo XVIII. Y en efecto era de ese siglo. Pero pude descubrir mucho más, el papel había sido fabricado en Viena entre los años 1736 y 1752. Conocemos que el papel que se utilizaba en la *Pietà* era papel veneciano. Por lo tanto se trataba de una partitura escrita en Viena y enviada a Venecia en un momento que encaja perfectamente con la fecha en que Vivaldi envió su mensaje a Bellini, quien por entonces era el patrono principal del *Ospedale*.

—¿El texto cifrado es una partitura? —La pregunta surgió de entre los asistentes.

—Eso parece ser. Lo cual no resulta extraño, tratándose de Vivaldi.

—¿Y de la clave? ¿Se sabe algo de la clave?

—Sólo conozco la partitura que he descrito —respondió Giorgio Cataldo.

—¿No puede tratarse de una argucia para llevarnos hacia algún tipo de trampa? —el *frater* Pietro no se daba por vencido.

—La posibilidad existe, desde luego, pero sus probabilidades son mínimas. Conozco a María del Sarto, ése es el nombre de mi amiga, y sé que no me mintió cuando me dijo que la persona que estaba con ella era un músico español. Se trata de un joven que se aloja en el hostal de su madre, el Bucintoro, y ha intimado con ella de forma muy especial. Llegó a Venecia hace diez o doce días y está inscrito en las Jornadas Musicales que se celebran en honor de Vivaldi, de quien es un devoto.

—¿Cómo es que sabes todo eso? —preguntó uno de los presentes

—No he perdido el tiempo en estos días, cuando tenía ante mí una información como la que había puesto el destino en mis manos. He realizado algunas pesquisas y obtenido algunos datos, que me han permitido verificar algunas de las afirmaciones de mi amiga María del Sarto.

—Todos esos datos, Giorgio, avalan tus afirmaciones, pero ¿podemos tener certeza de que la partitura que viste sea el texto donde Vivaldi guardó su secreto? —El que hablaba era un individuo canijo con una pronunciada nariz aquilina que dominaba su rostro y que era una extraordinaria plataforma para el asentamiento de unas gafas cuyos cristales denotaban muchas dioptrías. Su nombre era Romano Licci.

—Eso es cierto. No podemos tener certeza absoluta, pero creo estar en condiciones de afirmar que las posibilidades son muy elevadas.

—¿Cómo es que ese documento original del siglo XVIII estaba en poder del músico español? —quien preguntaba de nuevo era el *frater* Pietro.

—Lo había sacado del archivo —fue la lacónica respuesta de Giorgio.

—Así, sin más... —comentó alguien

—¿Sabemos en este momento donde está esa partitura? —insistió Pietro.

—Eso es algo que ignoro. No sé si continuará en poder de esta pareja. Por lo que me dijeron habían acordado devolverla al archivo de la *Pietà*, pero no sé si se han inclinado por otra decisión.

Tras aquella respuesta no se formularon más preguntas. Los presentes parecían esperar una indicación que señalara las actuaciones que había que llevar a cabo, porque estaba claro que aquélla no era una reunión informativa. La información que había sido puesta sobre la mesa obligaba a trazar un plan de actuación que habría de ser ejecutado con la mayor celeridad.

Luigi Maretti tomó la iniciativa.

—Creo que nuestro objetivo fundamental es hacernos con ese documento. Si se trata del mensaje de Vivaldi y yo tengo la convicción de que así es, esa partitura pertenece moralmente a nuestra *Fraternitas*. Aunque habrá otros que tratarán de apoderarse de ella. Nuestra ventaja está en la rapidez con que nos movamos. Lo primero es saber en poder de quién está en estos momentos y no reparar ni en gastos ni en procedimientos para hacernos con ella. Quienes hayan de actuar lo harán sin reparos, ni miramientos, ¿entendido?

Hubo un asentimiento general de cabezas.

—Bien —continuó Maretti—, el *frater* Romano se encargará de la planificación y Giorgio llevará a cabo las acciones necesarias para hacernos con la partitura, podrás buscar la ayuda que consideres necesaria. Volveremos a reunirnos cuando haya noticias que comunicar.

Antes de que los presentes abandonasen la sala de reuniones, Maretti aportó una última información. Que fuese la última no significaba que no fuese la más importante.

—Por supuesto, el *comendatore* tiene cumplida información de cómo se están desarrollando los acontecimientos.

El asentimiento general que se produjo señalaba de forma inequívoca que aquello no podía ser de otra forma.

* * *

María pulsó dos veces, casi consecutivas, el interfono de casa de Stefano Michelotto. Casi inmediatamente le llegó la respuesta:

—*Prego?*

—María del Sarto y Lucio Torres, ¿puede abrirnos, por favor?

No obtuvo respuesta, lo que fue aprovechado por Lucio para rezongar una protesta más, por haber vuelto para reunirse de nuevo con aquella gente. Los segundos transcurrían sin que nadie acudiese a abrirles. Lucio se impacientaba cada vez más.

—¡Seguro que lo hacen para humillarnos por haberles dado un portazo! ¿Ves cómo yo tengo razón y no deberíamos haber venido?

María empezaba a perder la paciencia cuando una de las pesadas hojas de madera se entreabrió y apareció el mayordomo:

—¿Tienen los señores concertada alguna cita?

—¿¡Que si tenemos qué!? —el grito de Lucio iba acompañado de una mirada iracunda.

El mayordomo insistió, imperturbable:

—Pregunto si tienen los señores concertada una cita.

—¡Mire usted! ¡Acabamos de salir hace un rato! ¿Ya no se acuerda de nosotros? —Lucio acercó su cara a la del mayordomo, quien no movió un solo músculo y se limitó a decir con el mismo tono de voz de las dos veces anteriores:

—Insisto, ¿tienen los señores concertada cita?

María se adelantó al exabrupto con que iba a responder Lucio.

—Sí, teníamos una cita. Era a las diez.

—Perdóneme, señora, pero son cerca de la una... comprenderá usted que...

—¿Qué es lo que he de comprender? —preguntó Lucio.

—Que alguien como ustedes no pueden hacer esperar al *dottore* casi tres horas.

—¡Cómo que alguien como nosotros! —por primera vez asomaba la indignación en las palabras de María—. ¿Quién se cree usted para ofendernos de esa forma?

El mayordomo hizo un gesto con la cabeza y sin decir palabra se dio la vuelta y cerró tras de sí la puerta.

—¡Será hijo de puta! —gritó Lucio, mientras golpeaba con los puños las pesadas hojas de madera. Luego pulsó varias veces el interfono con una fuerza que parecía que su deseo era taladrar la pared.

—¡Déjalo, Lucio! ¡No merece la pena! —le gritó María—. Ahora es mucho más importante que actuemos con tranquilidad.

—¿Con tranquilidad, dices?

—Sí, con tranquilidad. Si tú llevas razón y estas gentes, que han de ser peces muy gordos, teniendo en cuenta que entre ellos se encontraba la Strozzi, nos han provocado para alejarnos de ellos, es porque la partitura encierra algo que todavía hoy tiene una gran importancia.

—¿Adónde quieres llegar? —preguntó Lucio un poco más calmado.

—Escúchame atentamente. Si queremos ganarle la partida tenemos que hacerlo con habilidad. Ellos son poderosos y tienen muchos más medios. Además, Michelotto desentrañará el secreto que encierra la partitura, si es que no lo ha hecho ya.

—¿En ese caso?

—Aun en ese caso, creo que tendríamos una carta a nuestro favor.

—Lo que yo creo es que este embrollo no puede depararnos nada bueno. Aunque después de ver la actitud de esos tíos, me gustaría darles en los morros.

—Pues si ése es tu deseo escúchame atentamente y no me interrumpas, porque la posibilidad que tenemos de darles en los morros, como tú dices, depende de la velocidad con que actuemos.

16

Sólo el deseo de hacer algo que le situase por encima de aquella *gentuza de guante blanco*, según sus propias palabras y el deseo de complacer a María, llevaron a Lucio, una vez más, al archivo de la *Pietà*. María le había acompañado hasta la puerta del antiguo *Ospedale* y le había indicado buscar el que ya era un codiciado objeto de deseo, en un lugar concreto.

Lucio pensaba que no tenía mucho sentido lo que María la había propuesto, únicamente había estado de acuerdo en que había que hacerlo sin perder un instante. Michelotto y aquella gente empezarían a moverse, si es que no lo habían hecho ya.

—Lo que te pido no va a llevarte más de quince minutos y, como te he dicho, no sería la primera vez que alguien ha actuado de esta manera. No perdemos nada por intentarlo. Sé que la posibilidad es remota, pero será mucho más fácil que continuar esa búsqueda que tan penosa se te hace. Además, no creo que dispongamos de muchas más oportunidades para bucear en los fondos documentales que ahí están guardados. Michelotto, si aciertas en tu hipótesis, moverá los hilos de su influencia para ser él quien pueda acceder al secreto que se esconde entre esos papeles. Te esperaré paseando por aquí.

Cuando Lucio Torres subía por las marmóreas escaleras que le conducían a la buhardilla donde se ubicaba el archivo —no había tenido ningún problema con el portero, que ya era uno de sus temores— notó cómo el corazón le latía cada vez con más fuerza. La sensación empezaba a convertirse en desagradable y aumentaba su desazón cada segundo que transcurría. Por su cabeza pasaron las angustias que vivió la tarde en que salía del archivo, llevándose aquella maldita partitura. Se dio cuenta de que la causa de su inquietud estaba en las últimas palabras que María le había recalcado: «En todo caso no te olvides de la partitura».

Otra vez tendría que salir de allí en las mismas condiciones que lo había hecho anteriormente. No quería ni pensarlo, sentía cómo su cuerpo ardía y había comenzado a sudar. Se sentía francamente mal.

Estaba subiendo los últimos peldaños cuando pensó marcharse y en por qué no había utilizado el ascensor. Aspiró aire hasta llenar los pulmones y metió la llave en la cerradura de la puerta. Se mantenía intacta la confianza que le tenía el portero. Pensó en ello como una forma de darse ánimos. Una vez dentro del archivo logró tranquilizarse. Estuvo un rato sentado, sin hacer nada y tratando de poner la mente en blanco.

Buscó el libro de cuentas donde había encontrado la partitura y se lo llevó hasta la mesa, lo abrió y pasó las páginas que le llevaron a lo que buscaba. Allí estaba la partitura. La apartó con cuidado y se puso a leer el texto de aquellas cuentas, sin encontrar nada que le diese alguna pista. La intuición de María de que Tomasso Bellini hubiese dejado allí algún tipo de mensaje que permitiese acceder a la clave se desvanecía conforme pasaba las páginas. Sólo había dos columnas con anotaciones de contabilidad.

Dos piezas de lienzo blanco para sábanas: 4 ducados y medio.

Una arroba de sal: medio ducado.

Cuatro fundas de lona rallada para colchones: 2 ducados y cuartillo.

Cuarenta libras de galleta: 8 ducados.

Seis cuarterones de madera de pino para diversas reparaciones: 3 ducados.

El salario del porquero correspondiente al mes pasado: 4 ducados y medio.

Allí no había nada que hacer, Bellini no había dejado ninguna pista. Con el ánimo decaído, cogió la partitura, cerró el legajo y se levantó para colocarlo en su estante. Algo pasó por su mente que le llevó a detenerse y volver a su asiento. Abrió el libro por la página donde había leído los apuntes y comenzó a pasar hojas. En todas ellas las invariables columnas de asientos contables. Llegó a la página donde estaban las anotaciones que cerraban el mes y la firma de Tomasso Bellini. Allí había unas líneas en las que se señalaba que se cerraba los asientos correspondientes al mes de la fecha y se recogía el resumen de gastos e ingresos habidos. Presentaba un saldo negativo y se invocaba a Nuestra Señora de la *Pietà* para que cubriese con su manto protector a la benéfica institución. Lucio se fijó en la fecha, *a 30 días del mes de septiembre del año del nacimiento de Nuestro Señor de 1741.*

Entrecerró los ojos, como si aquel gesto le ayudase a pensar. El 30 de septiembre era posible que Bellini ya hubiese desaparecido. La muerte de Vivaldi había acaecido el 28 de julio. Se fijó en la firma que cerraba las cuentas de aquel mes y ¡no era la de Bellini!

Buscó en su memoria para recordar cómo había visto la partitura por primera vez y se dio cuenta de que la vio salir del libro.

¡Por lo tanto no podría determinar entre qué páginas se encontraba! Pero si Bellini desapareció poco después de la muerte de Vivaldi, probablemente eso había ocurrido durante agosto, porque el maestro había muerto el 28 de julio.

Pasó un mazo de hojas hacia atrás y buscó el final de agosto. Se encontró con que aquellas cuentas tampoco habían sido firmadas por Bellini. Buscó el mes anterior y allí estaba la firma del hombre a quien Vivaldi había confiado su terrible secreto. Sin embargo, contra el pronóstico de María allí no había ningún dato que revelase algún indicio en relación con la clave de la partitura del *prete rosso*. Leyó el remate de las cuentas mensuales. El saldo era positivo, se invocaba la protección de la *Madonna della Pietà* y se cerraba con la fecha de final de mes *a 30 días del mes de julio del año del nacimiento de Nuestro Señor de 1741*.

No había nada que hacer. María había tenido una intuición, pero había quedado sólo en eso. Había pensado que Bellini, siguiendo los dictados de la *Fraternitas Charitatis*, habría dejado alguna pista para que se pudiese buscar la clave. Pero no había sido así. Lucio cerró, desilusionado, el voluminoso libro de cuentas, cogió el legajo y lo colocó en el estante correspondiente. Echó una mirada a los legajos con un fondo de nostalgia. Tenía consciencia de que era difícil que volviese por aquel lugar, donde había vivido momentos de fascinación y otros muchos de tedio. Tomó la partitura en sus manos y se la guardó en el bolsillo. Con ella en su poder, tal vez, podrían meter baza en la partida que, sin duda, estaba jugando Michelotto. Pensó también en el trago que iba a pasar hasta que se viese en la calle; sólo el amor que sentía por María le daba fuerzas para repetir tal cosa.

Cerró la puerta del archivo y comenzó a bajar las escaleras lentamente, como si temiese llegar al final de las mismas. Otra vez le invadió ese acaloramiento que le indicaba el aumento de una tensión difícil de controlar, notó cómo comenzaba a sudar y un temblorcillo en las manos. Si el temblor aumentaba, cuando llegara al vestíbulo parecería un azogado. Decidió sentarse en uno de los escalones. Trató, una vez más, de poner la mente en blanco, hacía poco rato resultó un bálsamo para su agitado espíritu, pero no podía. Pensó en la última firma de Tomasso Bellini como patrono mayor de la *Pietà*. Tuvo una sacudida, su cerebro le estaba avisando de algo. Dio un tirón y se puso de pie. ¡Cómo no se había dado cuenta! ¡Cómo una mente tan analítica como la suya no se había percatado de algo tan importante como aquello! Subió los peldaños de dos en dos. ¡Era posible que María llevase razón!

Entró en el archivo, cogió el libro de cuentas de 1741 y buscó ávidamente la página donde se cerraban las correspondientes al mes de julio.

A 30 días del mes de julio del año del nacimiento de Nuestro Señor de 1741.

¡Allí estaba la clave!

Buscó las páginas en que concluía cada mes: 31 de diciembre, 31 de enero, 28 de febrero, 31 de marzo, 30 de abril, 31 de mayo, 30 de junio, 30 de julio...

¡Julio tiene 31 días! ¿Por qué Tomasso Bellini había cerrado las cuentas un día antes de acabar el mes? ¡Allí estaba la clave que Bellini, a su vez, había dejado para llegar a la clave que permitiría desentrañar el enigma del cura rojo! ¡Malditos venecianos! ¡Allí nada era lo que parecía ser y nada estaba nunca claro, sino que se hacía necesario interpretarlo!

¿Pero qué indicaba aquel 30? ¿Adónde tenía que buscar?

Reparó en que los folios del libro de cuentas estaban paginados. ¿Tal vez la página 30? Buscó presurosamente, pero allí no había nada. En la página de la izquierda apuntes de gastos y en la derecha apuntes de ingresos. El color de las anotaciones era marrón, pero de intensidad muy diferente, en función de la cantidad de tinta que en cada momento tuvo el cálamo, y los trazos muy fuertes. Como en tantas otras páginas las anotaciones correspondientes a los ingresos eran mucho menores y más de la mitad de la página estaba en blanco.

¡Bellini estaba indicando otra cosa que no era la página 30 con aquel número! Pero, si no era la página, ¿qué podía ser?

—¡Maldito Bellini! —Lucio se dio cuenta de que había maldecido en voz alta.

Mientras, intentaba buscar la explicación al número 30. Le llamó la atención que la parte de página sobrante estuviese en blanco porque había observado que las partes que quedaban en blanco por el desfase del número de asientos contables eran inutilizadas con unas líneas ondulantes de arriba abajo, como forma de evitar que se anotasen cosas posteriormente. Pero aquélla había quedado en blanco. Acarició distraídamente el papel y notó en las yemas de sus dedos el grosor de la tinta. Sus dedos recorrieron también el papel en blanco. Notó algo extraño. Miró el folio y lo volvió a acariciar, ahora con una clara intención: Comprobar que la sensación percibida por su tacto no había sido una ilusión. Pasó los dedos varias veces, con mucha suavidad, por el papel y confirmó que en la parte que estaba en blanco presentaba al tacto la existencia de unos trazos. ¡Pero allí no había escrito nada!

¿No había escrito nada?

Recordó haber leído en alguna parte o ¿tal vez se lo había oído decir a María? ¡No, se lo había escuchado a Michelotto que para ocultar mensajes se utilizaba una tinta invisible! Una tinta que tenía un nombre especial que ahora no recordaba. Pero sí recordaba que para hacerla visible era necesario pasar por la escritura zumo de limón.

A Lucio se le iba a salir el corazón por la boca. ¡María estaba en lo cierto! ¡Bellini había dejado una pista que, sin duda, conduciría hasta la clave! ¡Había descubierto la pista, pero no podía acceder a ella en aquellos momentos en que el tiempo corría en su contra!

¡Zumo de limón! ¿Dónde podría encontrar zumo de limón?

No sabía de cuánto tiempo dispondría porque tenía la convicción de que Michelotto estaba dando los pasos necesarios para acceder al archivo, pero no le quedaba más remedio que conseguir un limón. Necesitaba un vulgar limón. Sacó la partitura que guardaba en su bolsillo y la metió en el libro por página diferente a la 30 —todas las precauciones en las circunstancias en que se encontraba la parecerían pocas—. Marcó el número del móvil de María y le dijo, sin mayores explicaciones:

—María soy yo, necesito un limón.

—¿¡Qué dices!?

—¡Que necesito un limón! ¡No pierdas tiempo! ¡Trata de conseguirme uno mientras bajo! ¡Por ahí cerca habrá una frutería, digo yo!

—Pero ¿para qué quieres...? —Se quedó con la palabra en la boca porque se había cortado la comunicación.

María aguardaba paseando calle arriba y calle abajo, curioseando en los escaparates para matar el tiempo y disimular la espera. Buscó con la vista una frutería, pero no veía ninguna. Entró en la tienda cuyo escaparate curioseaba y preguntó a la dependienta.

Había una, dos bocacalles más arriba, a la izquierda. María caminó lo más deprisa que pudo. La estrecha falda que llevaba, por debajo de las rodillas —elegancia a tono con Michelotto—, no le permitía correr. Llegó a la frutería y compró dos limones, que pagó a un precio exorbitante, porque no se esperó a recoger el cambio. Sabía que la búsqueda que estaban realizando era contra el reloj. Pensó en la razón por la que Lucio le había pedido un limón y llegó a la conclusión, mientras regresaba a la puerta del viejo *Ospedale della Pietà*, que aquello era una buena señal. Cuando divisó a Lucio que la esperaba impaciente, cayó en la cuenta de por qué necesitaba un limón. Había descubierto algo que estaba escrito con tinta simpática.

—¿Qué has encontrado? —le preguntó con ansiedad.

—Creo que hemos atrapado al maldito Bellini, pero no puedo perder un instante. ¡Dame el limón! ¡Creo que tardaré poco!

—¿No puedes decirme nada? —María estaba ansiosa.

—¡Lo que no puedo es perder tiempo!

Cuando se volvía para entrar en el edificio, María no pudo contenerse:

—¡Ten cuidado! ¡No dejes ninguna pista!

Sin volverse, Lucio asintió con varios movimientos de cabeza, indicando así que había recibido el mensaje.

Cuando llegó a la buhardilla que albergaba el archivo se dio cuenta de que con los nervios y las prisas no se había procurado ningún instrumento cortante. Partió el limón utilizando la hebilla del cinturón. Fue suficiente porque el jugo de la fruta empezó a gotear sobre el papel. Valiéndose de una cuartilla, lo extendió por la superficie blanca de la página y como por arte de magia las palabras fueron tomando cuerpo. En muy poco tiempo había aparecido un texto en el que podía leerse lo siguiente:

La clave para descifrar el mensaje del frater Vivaldi, contenido en la partitura que podrá hallarse entre las páginas de este libro, se encuentra bajo la protección de los santos Giovanni e Paolo, bajo los pies de san Sebastiano y oculto por san Vincenzo Ferreri, gracias a mi antepasado. Que Dios Nuestro Señor perdone mis pecados y tenga piedad de mi alma.

—¡Vaya galimatías! ¡Maldito Bellini!

Lucio copió en un papel aquel texto. Antes de cerrar el libro recordó las últimas palabras de María «¡No dejes ninguna pista!». Aunque no era fácil llegar a aquel texto, si él lo había conseguido podía hacerlo cualquier otro y Michelotto no era cualquier otro. Además, él había facilitado la labor a otros buscadores al poner al descubierto lo que Bellini había dejado oculto.

No sabía qué hacer para llevar a la práctica el consejo de María. En aquel momento sonó el móvil. El sonido le indicó que era María quien le llamaba. No pudo contener una exclamación:

—¡Será impaciente!

Pulsó la tecla y le soltó un:

—¡No seas impaciente, amor mío! ¡Bajaré en cuestión de minutos!

—¡Escúchame, Lucio! ¡Michelotto y otros tres tipos a quienes no conozco acaban de entrar en la *Pietà*! Por lo que puedo ver están hablando con el portero. ¡Tienes el tiempo justo para marcharte! ¡Corre!

—¡Escúchame con atención! ¡No cierres el teléfono y dime cuándo cogen el ascensor!

Sin pensárselo mucho, Lucio tachó con bolígrafo, hasta hacerlo ilegible, el texto escrito con la tinta simpática. Luego, guardó en su bolsillo la partitura y el papel donde había copiado el texto de Bellini. Cerró el legajo y lo colocó en su sitio, con mucha dificultad al hacerlo con una sola mano; con la otra sostenía el teléfono pegado a la oreja. Justo cuando terminaba, escuchó la voz de María:

—¡Lucio, están entrando en el ascensor! ¿Qué es lo que haces? —preguntó angustiada.

—¡Espérame abajo! —gritó al teléfono y lo cerró.

Salió rápidamente y vio que el ascensor venía por la cuarta

planta. Cerró la puerta y se lanzó, procurando no hacer ruido escaleras abajo. Había bajado el primer tramo, cuando oyó el chasquido del ascensor al detenerse. Siguió bajando peldaños, que le alejaban del peligro, mientras oyó abrirse la puerta y palabras sueltas de la conversación de Michelotto y sus acompañantes. Cuando sintió golpear en la puerta del archivo, había bajado dos tramos más de escalera. Un grito maldiciéndole llegó a sus oídos cuando estaba llegando a la planta baja. El portero no estaba allí, eso significaba que había subido acompañando a Michelotto. Eso se llamaba tener suerte. Dejó la llave sobre la mesa de portería y salió a toda prisa. En la calle, María le aguardaba en la acera de enfrente, cruzó sin mirar y la cogió de la mano. Se perdieron por la primera bocacalle. Habían logrado escapar por segundos, pero eran conscientes de que en Venecia había pocos rincones seguros para ellos. Se alejaban con toda la rapidez que les permitía la falda de María y con la discreción de que debían hacer gala ¡No dejar pistas! ¡No llamar la atención!

Decidieron acudir al Bucintoro para coger lo preciso y buscar un lugar seguro. Mientras caminaban, cogidos de la mano, María preguntó:

—¡Dime qué has encontrado, por favor, no aguanto más la incertidumbre!

—Tenemos la partitura original y he localizado un mensaje de Bellini, donde indica el lugar donde está la clave.

A María se le iluminó la cara y dio un apretón en la mano de Lucio.

—¡Lo hemos conseguido! ¡Vamos a conocer el secreto de Vivaldi! Llevaba razón cuando estaba segura de que Bellini había recibido la clave de Vivaldi y por alguna razón no quiso compartir con sus compañeros de la *Fraternitas Charitatis* aquel secreto. ¿No crees que tiene que ser algo extraordinario para que actuase de ese modo?

—Supongo que sí. Pero vete a saber qué era algo extraordinario para un individuo del siglo XVIII. Tal vez, ahora nos parezca un juego de niños.

Siguieron caminando y Lucio, sin detenerse, giró la cara y la miró. Estaba radiante, transformada. Aunque no quería desilusionarla, Lucio creyó que debía decírselo todo.

—No cantes victoria tan pronto. Sois una gente enigmática y complicada.

—¿Por qué me dices eso?

—Porque Bellini nos ha dejado, a su vez, otra clave para llegar a la de Vivaldi.

—¡No me lo puedo creer!

—¡Pues créetelo, porque es la pura verdad!

—¿Qué dice esa clave?

—María, amor mío, bastante he hecho con copiarla y tacharla para que quien la busque no pueda encontrarla.

—¿Qué es lo que has tachado?

—La clave de Bellini. El muy zorro la había escrito con tinta invisible...

—¡Para eso querías el limón!

—Para eso precisamente.

—¿Y lo de tacharla?

—He seguido tu consejo: ¡No dejar ninguna pista! ¿Lo recuerdas?

—Sí, ¡pero tacharlo!

—¡María, por favor! ¡Qué quieres que hiciera con Michelotto pisándome los talones!

—¿Cómo descubriste dónde estaba el texto de Bellini, si era invisible?

—Porque dejó una pista cuando firmó el cierre de las cuentas correspondientes al mes de julio, que son las últimas que firmó. Es increíble, las firmó el 30 de julio.

—¿El 30 de julio? ¿Y qué tiene de particular?

—Que no es el último día del mes. Julio tiene 31 días. Todos los demás meses estaban firmados el último día de cada uno de ellos.

—¿Cómo te diste cuenta? —los ojos de María tenían un brillo especial.

—No lo sé, me llamó la atención al observar el final de todos los meses y las firmas.

María, sin perder el paso, le besó en el cuello:

—Cariño, terminarás siendo un magnífico detective. Pero ¿adónde te condujo esa fecha?

—Me fui a la página 30 de aquel libro. Allí, como en muchas otras, porque los asientos de ingresos son menores que los correspondientes a los gastos y para evitar que el libro quedase desequilibrado, dejaban espacios en blanco, pero a diferencia de otras páginas no habían inutilizado el espacio no escrito para evitar anotaciones posteriores. Me chocó.

—¿Y cómo te diste cuenta de que allí había un texto escrito?

—Por el tacto. Las yemas de mis dedos percibieron el tacto de la escritura oculta. También he descubierto que los asientos en el libro de cuentas se hacían con cierto retraso.

—¿Por qué dices eso?

—Porque la pagina 30 tiene asientos de febrero y Bellini no pudo escribir aquello antes de julio. Si los asientos se hubiesen hecho en su fecha habría inutilizado el papel con líneas ondulantes de arriba abajo. Tal vez, puso al día la contabilidad cuando fue consciente del peligro que corría, tras recibir el mensaje de Vivaldi.

Habían llegado al Bucintoro. Allí les aguardaba una desagradable sorpresa.

17

Lucio se encontraba a medio camino entre el estupor y el miedo. Su habitación en el Bucintoro había sido registrada sin ningún tipo de miramientos. Todo estaba revuelto. Sus prendas de vestir, tiradas por el suelo, el colchón fuera de su sitio, al igual que la ropa de cama. Lo más doloroso de todo era que habían hecho añicos su violín.

¡Menos mal que no se trataba de su amado Tononi!

Lo único que echó de menos, después de comprobar aquel desaguisado, fueron los papeles en los que había anotado todos los datos de interés sacados del archivo de la *Pietà* y las tres fotocopias que guardaba de la partitura de Vivaldi. Aquélla era la única, pero importante, pista que los ladrones habían dejado. Era como una tarjeta de visita en la que señalaban que su interés estaba relacionado con la extraña partitura que Lucio había encontrado entre los papeles del archivo.

—Lo que no alcanzo a comprender —comentaba María, mientras ayudaba a Lucio a recoger su ropa y ponerla en la maleta— es cómo sabían cuál era tu habitación. Mi madre está preguntando al personal del hostal para buscar alguna explicación.

—Tal vez alguien se haya ido de la lengua —le comentó Lucio, que no paraba de guardar ropa—. Lo que no ofrece dudas es que se trata de alguien al servicio de Michelotto y sus amigos. Nadie más sabe de la existencia de la partitura. Porque, tampoco hay duda, de que eso es lo que andan buscando.

—Es posible. Pero en ese caso no encaja Michelotto —afirmó María.

—¿No encaja? —Lucio frunció el ceño.

—¡Para qué quiere Michelotto una partitura que ya tiene!

Lucio se detuvo un instante y la miró fijamente.

—Tal vez desee poseer el documento original —y añadió con tono burlón—: ¡En una persona tan exquisita las fotocopias deben ser desecho!

—No seas tonto, pero es posible que lleves razón. El *dottore* es un paleógrafo y por lo tanto un enamorado de los documentos. Una fotocopia no deja de ser un mal sucedáneo. Es posible que eso explique su presencia en la *Pietà*. Lo que me recuerda que no debemos perder un instante.

En aquel momento unos golpes de nudillos en la puerta anunciaron la presencia de alguien.

—¿Sí? —preguntó Lucio.

—Soy Giulietta, ¿puedo pasar?

Lucio acudió solícito a abrir la puerta a la madre de María.

Giulietta, aunque se acercaba a los cincuenta años, conservaba una esplendorosa belleza. Su elevada estatura hacía que sus opulentas formas le diesen un aire atractivo. A ello unía una elegancia natural, la misma que había heredado su hija María.

—¿Ocurre algo, mamá? —preguntó la joven.

—Después de hablar con todo el personal de la casa, a algunos los he llamado por teléfono a sus domicilios, sabemos algo de quienes han realizado esta... esta —miró alrededor—, esta visita.

—¿Qué es lo que has averiguado? —María había dejado de doblar prendas de vestir.

—Esta mañana, hacia mediodía, mientras yo había salido a comprar, dos hombres que dijeron ser compañeros de las Jornadas Musicales a las que asistía Lucio, preguntaron por él. Lorena, que atendía la recepción, llamó a la habitación sin obtener respuesta. Por ese procedimiento, dado que el teléfono está sobre el mostrador, pudieron saber de qué habitación se trataba. Luego llegar hasta ella ha podido resultar fácil, hoy ha sido un día de mucho trajín y en un momento de descuido alguien ha podido subir.

María miró de forma reprobadora a su madre y ésta acusó el golpe. Giulietta puso cara compungida y susurró a modo de excusa:

—Prometo que de ésta no pasa el que modernicemos nuestras cerraduras.

—Mamá, ya lo has dicho demasiadas veces para que me lo crea. No podemos seguir con llaves del siglo XIX —la voz de María sonó acansinada.

—Bueno, bueno, creo que eso no es ahora lo más importante —Giulietta no tenía muchas ganas de hablar de una cosa así—. La cuestión fundamental está en saber quiénes han sido los autores y sobre todo, por qué lo han hecho. Creo que lo procedente es avisar a la policía.

—¡De ninguna manera, mamá! ¡Ni se te ocurra!

Giulietta hizo un gesto de sorpresa, pero lo que iba a decir se le atragantó porque en aquel momento el mozo que prestaba sus servicios en el hostal pidió permiso para entrar en la habitación y le susurró algo al oído.

—¿Qué les has dicho?

—Nada, señora. Que iba a buscarla.

Clavó sus grandes ojos en Lucio y María:

—¿Alguno de vosotros ha llamado a los *carabinieri*?

Los dos negaron con movimientos enérgicos de cabeza.

—¿Qué es lo que ocurre? —preguntó María.

—La policía pregunta por Lucio.

—¿La policía pregunta por Lucio?

—Sí, en efecto; y me vais a explicar qué es lo que está ocurriendo aquí. —Giulietta tocó varias veces con la punta de su dedo índice en el pecho de su hija.

—Ahora no tenemos tiempo, mamá —la voz de María era poco más que un susurro—, tienes que despedirles como sea.

—¿¡Que tengo que despedir a la policía, en lugar de denunciar el asalto que ha sufrido mi casa!? —Giulietta estaba encorajinada.

—¡Mamá, hazme caso y dales alguna explicación para que se marchen! ¡Por favor, hazlo por mí! —María juntó las manos en un gesto de súplica con el que reforzaba su petición.

—No, si antes no me explicáis qué es todo este embrollo —Giulietta cruzó los brazos, dando a entender que su decisión era firme.

—Señora, ¿qué les digo a los *carabinieri*? —el mozo, apenas dejó oír su voz.

—¡Qué sé yo, Antonello! ¡Diles que ahora bajo!

Cuando el mozo hubo dejado la habitación, Giulietta insistió:

—¡Si no me contáis lo que aquí ocurre, no bajo! Y entonces es posible que ellos suban. No sé si tienen un mandamiento judicial, ni por qué razón preguntan por Lucio.

—Está bien, mamá —María hizo un gesto de resignación—. Todo este embrollo está relacionado con una valiosa partitura que Lucio ha descubierto.

—¿Una partitura?

—Sí, por eso fui a ver a Michelotto. La partitura tiene mucho valor y son muchos los que desean conocer su contenido.

—¿Todo esto por una partitura? —Giulietta le hizo un mohín.

—Sí, mamá, por una partitura. Por una partitura de Vivaldi. Su valor puede ser incalculable. Por eso quienes esta mañana preguntaban por Lucio eran músicos.

—Está bien —Giulietta asintió con la cabeza y apretó los labios—, aunque no me convences del todo; ¡aquí hay gato encerrado!, bajaré a hablar con los de la policía. Aguardad y no hagáis ruido.

Una vez que su madre salió María le dijo:

—Termina de recoger tus cosas, mientras yo voy a mi habitación a coger la ropa que voy a llevarme, sólo tardo unos minutos. Tenemos que marcharnos rápidamente —lo besó suavemente en los labios.

Unos minutos después, Giulietta entraba en la desordenada habitación del músico español con la alteración dibujada en sus facciones. Sin ningún preámbulo espetó:

—¡Han formulado una denuncia contra Lucio! ¡Los *carabinieri* querían saber dónde estabas! Les he dicho que no lo sabía y que lo más probable es que no vinieras hasta la noche. Creo que he ganado algunas horas, pero me he comprometido a avisarles cuando llegues y a comunicarte que debes aguardarles aquí. Vendrán a interrogarte.

Lucio miró a María y preguntó:

—¿A interrogarme por qué?

Giulietta se encogió de hombros.

—No me han dicho nada. Pero creo que estará relacionado con todo este asunto que María y tú os traéis entre manos. ¡Eso no puede traer nada bueno! ¡A los muertos lo mejor es dejarlos descansar en paz y no andar removiéndolos!

María echó el brazo por encima del hombro de su madre y le dio un beso en la frente. Se mostró melosa.

—Mamá, tienes que ayudarnos. Necesitamos tiempo.

—¿Necesitáis? ¡La policía no ha preguntado por ti!

—Pero me voy a marchar con él —el tono de María era contundente.

—¿Adónde vais a marcharos?

María volvió a besarla:

—¿No lo adivinas?

—No sé si es una buena idea. Creo que lo mejor, si no tenéis nada que ocultar, es que habléis con los *carabinieri*. Ellos os ayudarán. Yo podría... ¿O acaso tenéis algo que ocultar?

—Mamá, ya te lo he dicho. Lucio ha encontrado una partitura de gran valor, eso ha desencadenado la ambición de mucha gente.

—¡Vosotros dos os enfrentaréis a esa gente! ¡Estás loca María, loca de remate!

Lucio asistía en silencio a la discusión entre madre e hija, quienes durante un buen rato siguieron con aquel forcejeo dialéctico. En aquellas circunstancias lo mejor era ser convidado de piedra. Después de varios minutos, María decidió dar por acabada la discusión.

—Está bien, mamá, ¿vas a ayudarnos o no? Tenemos prisa y no podemos perder un minuto más. Si me das las llaves de la casa de Torcello, nos instalaremos allí el tiempo necesario para aclararlo todo. Si no, me lo dices y nos buscaremos la vida.

Lo último que María guardó en el improvisado equipaje fue su ordenador portátil, una de sus pertenencias más valiosas; regalo de su madre en el último cumpleaños. No ocupaba espacio y siempre sería útil para mantenerse conectado al mundo a través de internet.

Stefano Michelotto a duras penas podía contener la ira. Sólo su exquisita educación, que formaba parte de su personalidad, le permitía mantener las formas. Aquel músico español se le había escapado por pies. No perdió tiempo en buscar en el archivo. Ya lo haría más tarde. Aunque no tenía pruebas fehacientes para sostener una acusación, se había dirigido, sin perder un instante, a la primera comisaría que encontró; estaba a muy pocos metros de la *Pietà*, y presentó una denuncia.

Había hablado con el comisario y sólo su influencia hizo posible que, sin una base sustancial, en muy pocos minutos dos inspectores se hubiesen presentado en el Bucintoro preguntando por Lucio Torres.

Lo que el *dottore* Michelotto había declarado era poco consistente, pero había sido suficiente para que el comisario agarrase por los pelos aquella denuncia. En síntesis era que un músico español llamado Lucio Torres, de paso por Venecia, había descubierto una partitura en el archivo del *Ospedale de la Pietà* —Michelotto había afirmado que la partitura era de Vivaldi con el objetivo de dar fuerza a su denuncia— y se había apropiado de ella. Aunque no podía presentar pruebas, la acusación —apropiación de un objeto de gran valor histórico y artístico— y su persona eran lo suficientemente importantes como para que se actuase. La urgencia venía dada por el carácter de extranjero del denunciado que en cualquier momento podía abandonar Italia.

—¿Alguna prueba, *dottore*? —había preguntado el comisario.

—¡Le parece poco mi palabra y las consecuencias que podrían derivarse de una posible negligencia en la acción policial! ¡Imagínese que el asunto sale a los medios de comunicación!

Cuando Michelotto señaló al comisario que deseaba presentar la denuncia por escrito, para que quedase constancia de ello, las pocas dudas del policía para iniciar una actuación que le cubriese las espaldas, se disiparon. Aunque recomendó a los dos hombres que mandó al Bucintoro, tras comprobar los datos de alojados en la ciudad, que en ese hostal se encontraba un español llamado Lucio Torres, que fuesen prudentes porque todo aquello podía ser sólo un infundio.

* * *

—¡Aquí no hay nada de interés! —los ojillos miopes de Romano Licci eran mucho más pequeños sin las gafas tras las que se refugiaban—. Sólo se trata de apuntes sobre la actividad de Vivaldi como maestro de música en el *Ospedale della Pietà*. ¡Aquí no hay el más mínimo indicio de esa partitura que has tenido en tus manos, Cataldo! ¡El riesgo que hemos corrido en el Bucintoro no ha servido para nada!

En las últimas palabras de Licci se adivinaba un fondo de reproche. En ese momento Giorgio Cataldo sacó de su bolsillo las tres fotocopias de la partitura de Vivaldi:

—Aquí tienes. No una, sino tres copias de la partitura que andábamos buscando. ¿Es suficiente? Busca un buen músico para que te la interprete.

La mirada que Licci le dirigió estaba cargada de ira. Le había ridiculizado de forma humillante.

—¿Y la clave? ¿Dónde está la clave? —le preguntó agriamente, como una forma de defenderse. Licci, que se había puesto las gafas, volvió a quitárselas, para mirar a Cataldo fijamente a los ojos. Suavizando todo lo que pudo el tono de voz, comentó:

»Creo que deberíamos acudir al archivo de la *Pietà*. Tal vez, allí encontremos lo que estamos buscando. Conozco dos hermanos que son archiveros, se les podría encomendar la búsqueda. Mientras que los localizo y los pongo al tanto de su labor, monta una discreta vigilancia sobre esa pareja de tortolitos, es posible que nos lleven a algún lugar interesante.

Sin contestar, Giorgio se levantó y abandonó la estancia donde Licci había montado el centro de operaciones, un discreto piso que la organización poseía en la zona de Mestre, en una urbanización dormitorio de la Gran Venecia, donde las entradas y salidas pasaban más desapercibidas a posibles ojos indiscretos. Estaba claro que entre Cataldo y Licci no había la mejor de las sintonías para acometer el trabajo que les habían encomendado.

* * *

María y Lucio se habían instalado en el refugio que suponía para ellos la casa que su madre poseía en Torcello. Era de dos plantas y Giulietta había mantenido en ella, cuando la restauró, todo el encanto de la arquitectura rural. La isla, que en tiempos lejanos había tenido una población cercana a las 20.000 personas, era ahora un lugar paradisíaco donde algunas familias tenían casas de campo, en medio del verdor del paisaje y bajo la sombra de las monumentales construcciones de la plaza principal. El problema más importante era la escasez de servicios. Apenas había comercios y sólo destacaban los puntos de venta de recuerdos para turistas, además de un excelente restaurante, el Locanda Cipriani.

En la planta de abajo estaban todas las dependencias, cocina, comedor, un amplio salón en uno de cuyos rincones destacaba una soberbia chimenea, cuarto de baño, un patio con algunos árboles y un cobertizo para guardar leña y los inevitables trastos inservibles de toda vivienda. Sobre el patio volaba una terraza desde la que se disfrutaba de una espléndida vista sobre la laguna y el verde paisaje de la isla. En la planta de arriba había cuatro dormitorios en torno a una antesala y dos cuartos de baño. La casa estaba amueblada con notable gusto y dotada de todos los elementos para una vida confortable. Lo mejor, sin embargo, era el silencio y la paz que allí se respiraba junto al calor de los vecinos, algunos de ellos conocidos de María. A nadie le extrañó su presencia. A lo sumo habría algunos comentarios acerca del joven que la acompañaba.

Habían elegido como dormitorio uno que tenía una enorme cama de matrimonio tallada en madera de nogal, y después de colocar en el armario y en una cómoda la ropa que habían metido de cualquier forma en las maletas, decidieron hacer el amor y estudiar más tarde la clave de Bellini. En aquella hermosa cama retozaron a gusto durante una hora. Sudorosos y jadeantes, pero con una placentera satisfacción reflejada en sus rostros, permanecieron entrelazados largo rato. Fue Lucio quien rompió el silencio.

—¿Estás de acuerdo en la razón que te di para explicar por qué Michelotto ha registrado mi habitación?

—Puede que sea así. No se conforma con una fotocopia de la partitura. Quiere el original —respondió María.

—Pero registrar en mi habitación significa que presupone que me he quedado con la partitura. Entonces la pregunta es ¿por qué ha ido a la *Pietà*?

Tras un breve silencio, María comentó:

—Es posible que fuese a la *Pietà,* después de no encontrar nada en el registro de tu cuarto.

Lucio acarició el pecho de María y ella respondió besándole en el cuello. Se apretaron el uno contra el otro, como si quisieran fundirse en uno solo.

—Hay algo que no encaja —comentó Lucio.

—¿Qué es lo que no encaja?

—¿Por qué se llevaron mis apuntes y las tres fotocopias de la partitura? ¡Puede tener todas las que quiera!

María permaneció unos instantes en silencio, buscaba una respuesta.

—Es posible que quienes entraron en la habitación tuviesen instrucciones de llevarse todos los papeles que encontrasen. ¡Vete a saber qué tipo de gente es la que ha estado allí!

—Eso es posible —asintió Lucio.

María se incorporó y él la miró arrobado. En aquel momento sonó de forma estridente el móvil de María. Se levantó desnuda exhibiendo su hermoso cuerpo, y buscó en el bolso su teléfono.

—*Prego?*

Respondió una voz gangosa con un tono amenazador:

—No creas que te será fácil escapar de nosotros, tienes algo que queremos y lo vamos a conseguir. Será mejor que te muestres dispuesta a colaborar y nosotros nos mostraremos generosos. Pero si te resistes, tendrás problemas tan graves que ni siquiera puedes imaginar.

A María se le había demudado el rostro. Lucio se percató de que algo muy serio estaba ocurriéndole.

—¡Oiga! ¿Quién es usted? ¿Cómo se atreve...?

—Escúcheme con atención y hágame caso. Dénnos lo que tiene usted y ese músico que la acompaña. Ya sabe a qué me refiero. Sólo así los dejaremos paz.

—¡Usted es un canalla! ¡Lo que voy a hacer es denunciarlo a la policía! —gritó María.

—¿A quién va usted a denunciar? ¿A una voz? ¡Déjese de tonterías y hágame caso! ¡Quien está denunciado es ese músico, por robar un documento de alto valor histórico! ¡Eso es un delito!

—¡El mismo documento del que ustedes quieren apoderarse! —volvió a gritar María.

—Es cierto, pero contra nosotros no se puede presentar ninguna acusación. ¡Quien ha curioseado en el archivo de la *Pietà* ha sido ese Lucio Torres que tan ligado está a usted!

—¡Es usted un canalla!

—Eso es cierto, para desgracia suya. Mañana volveré a llamarla. Tiene veinticuatro horas para reflexionar y ser una buena chica. Si es una cuestión de dinero es posible que podamos llegar a un arreglo siempre que sea usted razonable.

—¿¡Oiga!? ¿¡Oiga!?

Ya no hubo respuesta.

María tiró el móvil sobre la cama. Tenía los ojos lacrimosos.

—¿Quién era?

—¡Un desalmado!

—¿Qué te ha dicho? —Lucio trataba de mantener la calma. La abrazó con fuerza y ternura a la vez. María rompió a llorar y él trató de tranquilizarla acariciándole suavemente la cara y el cabello. Hubo de esperar varios minutos hasta que empezó a hablar y le contó las amenazas que había recibido, si no entregaban la partitura. También que estaban dispuestos a ofrecerle una cantidad de dinero.

—Nos han dado veinticuatro horas de plazo —gimió.

Tomaron una ducha y se vistieron. María parecía un poco más tranquila, pero la tristeza que velaba sus ojos dejaba claro cuál era su estado de ánimo. Lucio le propuso salir a tomar algo.

—Supongo que habrá algún sitio donde nos den de cenar.

—No, aquí en Torcello no hay ningún sitio salvo en el restaurante del Locanda Cipriani, un hostal para potentados. Pero tenemos algo de comida en la nevera y lo que nos ha puesto mi madre. Prefiero quedarme aquí.

—¿Tienes miedo a salir? ¿Piensas que pueden saber dónde estamos?

—No, no creo que lo sepan, por lo menos todavía. Aunque estoy convencida de que lo averiguarán. Y el miedo lo tengo metido en el cuerpo. No te puedes imaginar cómo es el tono de voz de ese individuo. Es algo pavoroso.

Aprovisionaron la nevera con lo que les había preparado la madre de María, dos bolsas con comida, más que suficiente para alimentarse varios días. Improvisaron una cena —ensalada, tortilla francesa y fruta— y comieron en silencio en la mesa de la cocina. La tristeza de María se estaba contagiando a Lucio. Nunca podría haber sospechado que su viaje a Venecia tomara aquellos derroteros, sentía nostalgia de Córdoba, de sus amigos y pensaba en sus padres.

Se metió la mano en el bolsillo y palpó el papel. Allí tenía la partitura, la clave de Bellini y, posiblemente, un bálsamo para el alicaído ánimo de María.

—¿Quieres conocer la clave de Bellini?

Un destello de ilusión brilló en los ojos de María, quien asintió con un movimiento de cabeza. Lucio desdobló el papel, dando a sus gestos un aire misterioso, quería arrancarle una sonrisa. Ella se percató de sus esfuerzos, le lanzó un beso y le regaló una sonrisa.

La clave para descifrar el mensaje del frater Vivaldi, contenido en la partitura que podrá hallarse entre las páginas de este libro, se encuentra bajo la protección de los santos Giovanni e Paolo, bajo los pies de san Sebastiano y oculto por san Vincenzo Ferreri, gracias a mi antepasado. Que Dios Nuestro Señor perdone mis pecados y tenga piedad de mi alma.

—¿Quieres repetírmelo otra vez?

Lucio lo hizo lentamente, para que pudiera empaparse del contenido de cada una de las palabras del texto.

—Lo primero que tenemos claro es que, a pesar de lo que la historia nos cuenta acerca de que Bellini negó haber recibido la clave, la verdad es que la recibió y la ocultó. ¿Estamos de acuerdo?

Lucio asintió con la cabeza.

—También sabemos que, al tener la clave, pudo acceder al secreto descubierto por Vivaldi.

—Así es —corroboró Lucio.

—Creo que podemos no sólo suponer, sino afirmar —continuó María— que lo descubierto por Vivaldi debía ser algo peligroso para que Bellini actuase de la forma que lo hizo.

—Podemos afirmarlo con mucho fundamento. Aunque el concepto de peligroso haya podido cambiar con el tiempo —matizó Lucio.

Ahora fue María quien asintió.

—Lo que nos dice a continuación es el lugar donde guardó la clave hace más de dos siglos y medio.

Lucio leyó, una vez más, la segunda parte del texto: ... *bajo la protección de los santos Giovanni e Paolo, bajo los pies de san Sebastiano y oculto por san Vincenzo Ferreri, gracias a mi antepasado.*

—¿Qué querría decirnos con eso? ¿Qué pueden tener en común san Juan, san Pablo, san Sebastián y san Vicente Ferrer?

—Me llama mucho la atención —comentó Lucio— la frase final. Suena trágica. —Volvió a leerla: *Que Dios Nuestro Señor perdone mis pecados y tenga piedad de mi alma.*

¿Cómo habría de sentirse Bellini para hacer una declaración como ésta?

—No olvides que era un hombre del siglo XVIII. Entonces la religiosidad se vivía de forma muy diferente, para muchas personas era el eje de sus vidas y aquélla era una sociedad menos materialista que la nuestra. Es posible, como tú piensas, que conocer el misterioso descubrimiento de Vivaldi le afectase mucho, hasta el punto de ocultarlo. Tal vez, está pidiendo perdón por lo que había hecho, no olvides que engañó a los demás miembros de la *Fraternitas Charitatis.*

—En fin —el tono de Lucio era resignado—, lo más importante para nosotros no es el estado de ánimo de Bellini, ni sus problemas de conciencia, sino dónde dejó escondida la clave.

Durante varias horas trabajaron sin descanso con el ordenador portátil de María, buscaron a través de internet toda la información que pobían alcanzar por esta vía, aunque aquello era navegar en un laberinto de datos no demasiado fiables. Con todo lo que obtuvieron barajaron posibilidades y formularon hipótesis. Pero no lograron sacar nada en claro.

Aquella combinación de santos no les proporcionaba ninguna pista. San Juan era el discípulo amado de Jesús, además de uno de los cuatro evangelistas, los últimos años de su vida estaban envueltos en cierto halo de misterio, retirado del mundo en la isla de Patmos para escribir una obra tan extraña como el *Apocalipsis*. San Pablo era feroz enemigo de los cristianos, pero una repentina conversión cuando iba camino de Damasco cambió su vida por completo. Dedicado al apostolado, puso tanta pasión en difundir las ideas que antes había perseguido, que para muchos era uno de los pilares básicos en la universalización del cristianismo. También dejó una importante obra escrita, en forma de epístolas. San Sebastián por su parte era un militar romano que, convertido al cristianismo, se negó a prestar adoración al emperador, por lo que fue martirizado: le asaetearon hasta morir. Considerado como un abogado contra las enfermedades, su culto tuvo mucho relieve durante la Edad Media. Por último, san Vicente Ferrer era un fraile de la orden dominica, versado en teología; hombre apasionado, puso todo celo en defender la ortodoxia de Roma y en quemar herejes.

En sus rostros, tras las tensiones de un día como el que habían vivido, se reflejaba el cansancio acumulado. Tal vez, lo mejor que podían hacer era descansar y abordar el texto al día siguiente con la mente más despejada. Había sido una jornada terrible. Se habían peleado con Michelotto y su camarilla. Se habían llevado la partitura del archivo, es decir, la habían robado. Los habían perseguido. Tenían presentada una denuncia contra Lucio en la comisaría y la policía andaba buscándolos. Habían huido y se habían escondido. Les habían amenazado por teléfono. Y se habían devanado los sesos hasta la extenuación por culpa del *prete rosso* y de un *frater*, llamado Bellini.

—Creo que lo mejor que podemos hacer es irnos a dormir

—señaló Lucio. ¿Quieres un vaso de leche antes de acostarte? Te lo puedo calentar en el microondas.

—Sí, por favor. Creo que me vendrá bien.

Mientras manipulaba los mandos del microondas para calentar la leche, Lucio comentó, sin darle mayor importancia:

—¿Por qué le dará Bellini las gracias a su antepasado? ¿Qué pintará ese otro Bellini en todo esto?

María sintió cómo en su cabeza surgía una idea. Era como si el cansancio hubiese puesto a bajas revoluciones todas sus funciones, incluidas las asociadas al pensamiento. Se levantó, rodeó a Lucio con sus brazos y le dio un beso apasionado.

—¡Eres excepcional, amor mío! ¡Es posible que hayas desvelado la clave de Bellini! ¡Conéctate a internet!

—¿Yo? —Lucio se autoseñaló con su dedo índice a la vez que en su rostro aparecía una expresión de incredulidad.

—¡Sí, tú! —rearfimó María a un Lucio, que, como estaba cada vez más desconcertado, no acababa de hacer lo que ella le indicaba—. ¡Vamos, no seas pasmarote! ¡Rápido, conecta el ordenador, es posible que encontremos un dato de gran importancia en internet! ¡Es posible que tengamos el secreto del *prete rosso* más cerca de lo que siquiera podríamos imaginarnos!

—¿Me puedes explicar en qué estas pensando?

—¡No pierdas un instante y haz lo que te digo!

Lucio puso en marcha el ordenador y accionó la conexión a internet sin saber qué era lo que estaba pasando por la cabeza de María y qué había hecho para abrir aquella ventana a la solución del misterioso enigma.

18

El portero de la *Pietà* había sucumbido a la generosa propina que le había hecho llegar Stefano Michelotto. ¡Mil euros! Era casi tanto como su sueldo de un mes. A cambio debía permitirle el acceso al archivo. No necesitaría más de dos días y posiblemente sólo unas horas, si encontraban lo que estaba buscando.

Lo único que extrañaba al portero era el hecho de que repentinamente aquel polvoriento almacén de papeles viejos, donde hacía años que nadie había puesto los pies, cobrase tanta importancia. Pensó que, si surgía algún problema, se podría cubrir las espaldas diciendo que el *dottore* Michelotto era un reputado catedrático de la universidad.

A las nueve de la mañana Michelotto había llegado a la *Pietà*, subió al archivo y se puso a buscar entre sus estanterías el libro de cuentas correspondiente a 1741. No tuvo problemas para encontrarlo. Se movía en su terreno, aunque no hubiese pisado en su vida aquella buhardilla.

Michelotto buscó la partitura sin encontrarla. Lo que era sólo una posibilidad, utilizada en su denuncia contra Lucio, cobraba forma. Ahora tenía la certeza de que la partitura original estaba en poder de aquella pareja de jovencitos, que ignoraban el verdadero valor de lo que tenían en sus manos. No encontrar la partitura no le produjo mayor frustración que la que le provocaba el haber dejado escapar a aquellos dos ilusos. Pero sólo era una cuestión de tiempo. Antes o después daría con ellos, aunque tuviera que seguirles hasta el lugar más recóndito de la Tierra. ¡No habían aguardado tantos años para que, ahora que el destino ponía a su alcance el objeto de tantos desvelos, lo dejasen escapar!

Según la información que la propia María le había facilitado aquel volumen había servido para ocultar la partitura en la que Vivaldi había escondido su descubrimiento. Y en la *Fraternitas Charitatis* se mantenía la creencia de que el secreto descubierto por Vivaldi era el mismo que tan sigilosamente habían mantenido oculto durante siglos los templarios. Había tocado con la punta de los dedos un éxito que, de todas formas, no iba a escapársele. En medio de la frustación le reconfortaba el hecho de que la otra rama de la hermandad, los que se habían escindido en 1870 por no comprender que la unidad de Italia estaba por encima de los intereses del Vaticano como estado terrenal, no tenían ni la más remota idea del curso que habían tomado los acontecimientos.

Michelotto se regodeó en aquel pensamiento. Si se apuntaban aquel tanto, darían un golpe mortal a los otros *fratres*. Ignoraba qué otra casualidad del destino, comparable a la suya, también les había puesto sobre la pista del secreto del cura rojo.

Lo que no alcanzaba a explicarse era cómo a generaciones de compañeros no se les había ocurrido buscar en los archivos de la *Pietà* el texto que Vivaldi había enviado a sus compañeros de la *Fraternitas Charitatis*. Aunque era consciente de que las cosas parecen fáciles y lógicas cuando alguien ha dado el paso decisivo para que aparezcan diáfanas ante los ojos de los demás, no acababa de explicárselo.

Hojeó el libro, sin saber muy bien lo que buscaba, una vez que había comprobado que la famosa partitura no estaba allí. Probablemente miraba porque, como le había confesado María del Sarto, Tomasso Bellini también debió ocultar por allí la clave que permitía su desciframiento.

No hubo de pasar muchas páginas porque al llegar a la número 30 se encontró con algo sorprendente. Alguien había tachado varias de las líneas que allí estaban escritas. Aquellas tachaduras se habían hecho con un bolígrafo y la tinta era fresca, le bastó apretar con el dedo para que se corriese en algún lugar. Se había utilizado tinta vulgar, corriente, posiblemente de un *bic* convencional. Quien había tachado aquello, lo había hecho a conciencia. No era posible leer nada del contenido del texto ocultado a simple vista por tan burdo procedimiento, pero no habría dificultades si se utilizaban rayos X. Ellos permitirían leer lo que había debajo de las tachaduras.

El mayor problema era de tiempo. No tanto el que tardaría en aplicar los rayos X a aquel legajo, cuanto la ventaja que le llevaba quien lo había hecho.

Trató de hacer la deducción más lógica. Según le había informado el portero, en aquel archivo nadie había entrado en muchos meses, salvo el músico español. Luego, necesariamente, él había sido el autor y sólo lo habría tachado porque contenía una valiosa información que no podía dejarse al alcance de cualquiera. Por lo tanto, Lucio Torres era quien tenía aquella información. Era posible que la encontrara la tarde anterior, cuando estuvo a punto de sorprenderle allí mismo y eso significaba que le llevaban algunas horas de ventaja; podía ser muy poco o podía ser mucho, todo dependía de lo que revelase el texto tachado que tenía ante sí. No podía permitirse perder un segundo más de tiempo, aplicarían los rayos X a aquel legajo. Conocía a varios restauradores que contaban con el instrumental adecuado para hacerlo sin problemas.

Otra buena propina hizo que el portero no viese que sacaba un legajo, con la promesa de reintegrarlo posteriormente a su sitio.

—Sólo será cuestión de unas horas —la prometió Michelotto, mientras deslizaba en su mano cinco billetes de cien euros. El *dottore* estaba seguro de que por ese dinero aquel individuo hasta le habría permitido que se quedase con el legajo.

Lucio le había dado la idea para desentrañar el mensaje que Tomasso Bellini había dejado consignado por escrito cuando distraídamente dijo: «¿Qué pintará ese otro Bellini en todo esto?». María recordó en aquel momento la familia de pintores que crearon la escuela veneciana de pintura. Gentile Bellini había trabajado en la segunda mitad del siglo XV. También estaban Jacobo y Giovanni Bellini. Muchas de sus obras, de asunto religioso, estaban dedicadas a santos. ¿Habría alguna relación entre dichos santos tan dispares y la obra de alguno de los pintores?

Sobreponiéndose al cansancio, habían navegado largo rato por internet, buscando información sobre los Bellini. Descubrieron que algunas obras de Gentile Bellini estaban en la iglesia de *San Giovanni e San Paolo*. ¡Aquellos dos santos eran los dos primeros a los que hacía referencia la clave de Bellini! Buscaron datos sobre aquel templo. Se trataba de una iglesia de estilo gótico, que se comenzó a construir en 1246, pero no había sido consagrada hasta 1430. Desde muy pronto se convirtió en el panteón de los grandes personajes de Venecia. Allí estaban enterrados, entre otros, varios dogos de la Baja Edad Media como Iacopo y Lorenzo Tiépolo o Marco Micheli; allí se levantaban los tres grandes monumentos funerarios de los Mocenigo y el del dogo Alvise y su mujer. También se conservaba una de las mayores glorias de Venecia; en el monumento funerario de Antonio Bragadín, el heroico defensor de Famagusta, se encontraba la urna que guardaba su piel, la misma que los turcos le arrancaron al despellejarlo vivo.

Cuando María comprobó que uno de los altares de la iglesia estaba dedicado a san Vicente Ferrer y que era obra de Gentile Bellini, no pudo contener una exclamación de júbilo:

—¡Te hemos cazado, Tomasso Bellini!

Se acostaron muy tarde y apenas pudieron pegar ojo. Tres horas después se levantaron, y tomaron juntos una ducha reconfortante. Después de vestirse bajaron a desayunar.

Mientras sorbían café y mordisqueaban unas tostadas de pan de molde untadas con mantequilla, antes de salir para coger el *vaporetto*, trazaron su plan de acción. Irían hasta la iglesia. Allí no les buscaría nadie y se comportarían como dos turistas anónimos que admiraban la belleza del monumento y su rico contenido. Tendrían que examinar de forma exhaustiva aquel altar dedicado a san Vicente Ferrer.

Cogieron el primero de los *vaporetti* que cubrían la línea 12, la que llevaba de Torcello a la *piazza* de San Marcos y cruzaron la laguna. El fresco de la mañana les tonificó como si recibiesen un salutífero masaje. Eran las diez menos diez cuando dejaron la embarcación y se encaminaron hacia su objetivo. Cruzaron la *piazza* y el canal del *Palazzo*, luego se metieron por el laberinto de callejuelas y canales que les conducía hasta el campo de *San Giovanni e San Paolo*. Dejaron a su izquierda la graciosa iglesia, toda revestida de mármol blanco, dedicada a santa María Formosa. En la plaza del mismo nombre reinaba ya una gran animación en los bulliciosos cafés que la rodean y sobre todo en la actividad del mercado de verduras que allí se instala cada mañana, los gritos de los vendedores se dejaban oír por encima del rumor y del movimiento de la gente. Siguieron hacia el campo de Santa Marina y tomaron a la derecha, cruzaron un pequeño canal y se dirigieron a la calle Gallina que les condujo hasta la imponente iglesia de los dominicos, dedicada a los santos *Giovanni e Paolo* a la que los venecianos conocen popularmente con el nombre de *Zanipolo*. En la plaza que se abre entre su fachada y un canal se levantaba la escultura ecuestre de Bartolomeo Colleoni.

Se acercaron a la puerta de la iglesia y comprobaron que el horario de visita al público comenzaba a las diez y media. Todavía faltaban diez minutos.

—¿Sabes quién es el de la estatua? —preguntó Lucio.

—Es *il Colleoni*.

—¿*Il Colleoni*? ¿Y quién era ése?

—Fue un *condottieri* , llamado Bartolomeo Colleone, que luchó al servicio de Venecia en el siglo XV y ganó una inmensa fortuna con sus victorias. Los venecianos no estábamos dispuestos a luchar, pero sí a pagar bien a quien lo hiciese por nosotros. Cuando murió legó su fortuna a la ciudad con una condición.

—¿Cuál era esa condición? —preguntó Lucio.

—Que se levantara una estatua en su honor «en la plaza ante san Marcos». El mercenario deseaba su monumento en el lugar más emblemático de Venecia.

Lucio miró a María.

—Se quedaron con los ducados y no cumplieron su palabra.

—Te equivocas.

—¡Cómo que me equivoco! ¡Levantaron la estatua, pero no está en la plaza de San Marcos, como deseaba Colleone!

—Los gobernantes de Venecia cumplieron con su compromiso porque el mercenario había puesto en su testamento «en la plaza ante san Marcos». La escultura, por cierto excelente, es de Verrochio, está en la plaza y frente a la Escuela de

San Marcos, una institución de caridad, que también llevaba el nombre del patrón de la ciudad.

—¡Qué complicada esta ciudad! —exclamó Lucio.

—¿Muy complicada? —la picardía brillaba en los hermosos ojos de María.

—¡Tanto como para que me hayas enredado con ella de la forma que lo has hecho! ¡Te quiero con toda mi alma!

—¿No te has enredado tú solito? —María se abrazó a su cuello y le besó en la cara repetidamente.

Sacaron las entradas —los seis euros pagados por cada una mostraban que seguía vivo el espíritu comercial de los habitantes de la ciudad— y entraron en aquel panteón de las glorias venecianas, donde de momento eran los únicos visitantes. Se movieron con calma, dando la sensación de personas interesadas en tan monumental obra. María señaló varios de los impresionantes sepulcros donde se habían podrido los restos de algunos de los grandes hombres. Circularon por las tres naves de la iglesia, hasta que se detuvieron en el segundo altar de la derecha, ante un retablo cuyo centro estaba ocupado por la figura de un fraile dominico —hábito blanco y capa negra— que con la mirada perdida en el infinito sostenía un libro abierto en su mano izquierda y una maqueta de iglesia en la derecha. Estaba flanqueado por un gigante, que cruzaba las aguas de un río portando sobre su hombro a un niño, y un santo en el momento de sufrir el martirio: desnudo, atado a un árbol y con nueve flechas clavadas en su hermoso cuerpo.

—Aquí los tenemos —susurró María.

—¿Estás segura?

—Segura. El de la derecha es san Sebastián, lo condenaron a morir asaeteado por negarse a adorar al emperador. He de suponer que el fraile del centro es san Vicente Ferrer.

—Lo es —afirmó Lucio con rotundidad.

—¿Cómo lo sabes? —la pregunta denotaba suspicacia.

—Porque allí, en aquel letrero pone «Políptico de san Vincenzo Ferreri. Obra de G. Bellini (1464-1468)» —lo señaló con el dedo.

Los dos se sentaron en el primero de los bancos que había ante el altar, parecían contemplar extasiados aquella obra del primer renacimiento veneciano.

—El texto decía: ... *se encuentra bajo la protección de los santos Giovanni e Paolo, bajo los pies de san Sebastiano y oculto por san Vincenzo Ferreri, gracias a mi antepasado. Que Dios Nuestro Señor perdone mis pecados y tenga piedad de mi alma.* Vayamos por partes —María trataba de no perder la tranquilidad, como forma de mantener la mente despejada—, creo que estamos en el sitio correcto: san Juan y san Pablo, tenemos delante una obra de Gentile Bellini, que podemos considerar un antepasado, aunque eso no lo sabemos con certeza, de Tomasso Bellini. En esa obra está san Sebastián, ¿qué hay bajo sus pies?

—Podemos interpretar que hay varias cosas —comentó Lucio—: la tierra donde se asientan los pies; también podemos tomar en consideración la ciudad que se ve al fondo. Debajo de sus pies está el marco que separa esa pintura de la que hay más abajo.

Aquello no aportaba nada.

—... *oculto por san Vincenzo Ferreri.* Pero san Vicente está al lado de san Sebastián. Aquí hay algo que no encaja.

Los minutos pasaban lentamente y Lucio y María no avanzaban en lo que consideraban que era el último paso para llagar a su objetivo. ¿Se habría equivocado Bellini y querría haber dicho al lado de san Sebastián? Y, aunque fuera así, el lado, pero ¿dónde?

Aquello eran las pinturas de un retablo. ¿Dónde podría estar la clave oculta?

—El de la izquierda es san Cristóbal —comentó María.

—¿Y eso nos aporta algo? —preguntó Lucio.

—No, nada, lo decía por decir algo. Esto es más difícil de lo que habíamos pensado, Lucio.

—Creo que llevamos demasiado rato aquí sentados, es posible que llamemos la atención de alguien. Sería mejor salirnos, eso ayudará a despejarnos un poco.

—¿Y luego entramos otra vez?

—Sí.

—¿Eso no resultaría extraño?

En aquel momento una voz cadenciosa, meliflua, sonó a sus espaldas; a pesar de su tono, les sobresaltó:

—Les veo muy interesados en esta obra del genial Bellini.

No hubo ningún problema para que los rayos X desvelasen el texto que Lucio había tachado.

La imagen que se proyectaba en la pantalla fue copiada cuidadosamente por Michelotto. Luego la fotografió repetidas veces.

—¿De qué se trata, *dottore*? —preguntó uno de los técnicos.

Michelotto se sintió incómodo por la pregunta.

—Me han encargado un trabajo y me ha llamado la atención el que en este libro apareciese tachado el texto que habéis sacado a la luz. Como podéis observar aparece el nombre de Vivaldi.

Con aquella explicación dio por zanjada la pregunta. Agradeció el trabajo realizado y se marchó sin mayores entretenimientos. Ordenó a su chófer, un serbio que también le servía de guardaespaldas, que le llevase a la *Pietà*. Cuando llegó, el portero le dijo que estaban ocurriendo cosas muy extrañas.

—¿Qué está pasando? —Michelotto tenía bajo su brazo el libro de cuentas.

—Primero permítame el libro. Lo mejor es guardarlo.

Lo tomó entre sus manos y miró el lomo.

—Un libro de 1741.

—El año en que murió Vivaldi —comentó distraídamente Michelotto.

El portero abrió un cajón de su mesa de portería y lo colocó allí, bajo llave.

—No se preocupe por nada, yo lo pondré en su sitio cuando no haya ojos indiscretos.

—¿Ojos indiscretos? —Micheloto estaba sorprendido

—Verá señor, mientras usted ha estado fuera han venido dos tipos, archiveros del Estado que quieren comprobar una información en el archivo.

Michelotto hizo un gesto de contrariedad, apenas perceptible. «¿Qué harían dos archiveros del Estado metiendo allí las narices?», rumiaba aquel pensamiento, mientras preguntaba:

—¿Qué tiene eso de particular?

—Verá, señor, como ya le he dicho han pasado muchos meses, incluso años, sin que apenas alguien se haya interesado por los papeles que se guardan en ese archivo, ha estado olvidado de todos. Ahora, de repente, todo el mundo busca información ahí arriba —señaló con el dedo hacia el techo—. Aquí está ocurriendo algo muy raro, se lo digo yo, que de esto sé un rato.

—¿Han dejado sus nombres esos señores?

—Me han enseñado la documentación que les acredita, pero no recuerdo cómo se llaman... El nombre de uno es Nicola... seguro... Nicola creo que Martini, pero no se lo puedo asegurar.

—Ahora tengo que marcharme, pero me interesaría saber quiénes son esos dos archiveros. Ya sabe... cosas de la competencia entre investigadores. No me gustaría que se me adelantasen.

—Lo comprendo, señor, lo comprendo. Veo que el asunto, como yo sospechaba, es importante y usted desea más información —se encogió de hombros y abrió la manos—. ¡Quien tiene información tiene poder!

Aquel sujeto le estaba cargando y, además, estaba dispuesto a explotar las posibilidades que tenía a su alcance.

—Usted se encargará de colocar discretamente el libro en su sitio y me dará los nombres de esos dos archiveros esta misma tarde. Mandaré a una persona para que se los diga —sacó la cartera, cogió dos billetes de cien euros y se los entregó con discreción—. Esto es para que compre un regalo a su esposa.

El portero asintió con la cabeza al recoger el dinero. Michelotto salía por la puerta, cuando le gritó:

—Señor, no olvide que me marcho a las seis... por lo de la persona que ha de venir.

19

Aquel individuo tendría poco más de treinta años. Su aspecto resultaba agradable, era alto y delgado, sus facciones un tanto angulosas eran casi perfectas y su pelo negro estaba cuidadosamente cortado. Lo más llamativo eran los ojos, por el contraste que marcaban con el color del pelo y su bronceada tez; eran de un azul intenso. Vestía muy informal: pantalón vaquero color hueso y una camisa de cuadros, azul y blanca, los mocasines que calzaba eran de piel flexible y no llevaba calcetines.

—Lamento que se hayan sobresaltado. No era ésa mi intención. Pero les he visto tan embelesados en la contemplación de estas pinturas que no he resistido la tentación de acercarme hasta ustedes. Permítanme que me presente. Mi nombre es Guido Ranucci y soy el párroco de *San Giovanni e San Paolo*. ¿Puedo serles útil en algo?

María y Lucio habían pasado del sobresalto a la sorpresa. ¿Quién diría que aquel individuo era cura? Parecía, más bien, un actor de cine. Se pusieron de pie y le saludaron.

—¿Les interesa Bellini o esta obra en particular?

—Nos ha llamado la atención esta obra —respondió María—. Ese san Sebastián es tan hermoso que uno no se cansa de contemplarlo. Supongo que el santo que hay a la izquierda de san Vicente es san Cristóbal.

—En efecto, es san Cristóbal transportando al Niño Jesús —la voz de Guido sonaba envolvente, cálida. María pensó que sería un placer escucharle en una homilía.

»Las figuras de arriba —continuó el sacerdote— representan a Cristo muerto, al arcángel san Gabriel y a la *Madonna* en el momento de la Anunciación.

—¿Y estas pinturas de abajo a qué corresponden? —Lucio señaló tres escenas, a escala mucho menor, que había en la parte baja del retablo.

—Son tres momentos de la vida de san Vicente. La más importante es la que hay a los pies del san Sebastián, que tanto ha impresionado a la señora.

Al oír aquellas palabras María y Lucio intercambiaron una significativa mirada. Acababan de escuchar las mismas palabras que Tomasso Bellini había dejado consignadas por escrito.

«¿Verdaderamente será quien dice ser?» A María la duda le había llegado de repente. «¿Se tratará de una trampa?» Sabía por experiencia que la incertidumbre era una de las cosas que peor soportaba. Prefería mil veces saber a qué atenerse para bien o para mal. Por eso le había afectado tanto la llamada de la noche anterior.

Una voz de mujer le sacó de aquellas momentáneas elucubraciones.

—¡Padre Ranucci! ¡Padre Ranucci! ¡Le llaman al teléfono! ¡En la sacristía! ¡Creo que es del colegio de las madres dominicas!

El sacerdote hizo un gesto de excusa, que acompañó con palabras:

—Lo siento mucho, pero la obligación es la obligación. Si desean algo de mi humilde persona, ya saben dónde encontrarme. ¡Que disfruten su visita!

Se marchó hacia la sacristía con un andar que rezumaba

elegancia. María pensó, una vez más, que sería un magnífico galán cinematográfico.

Lucio se acercó a la pintura que había bajo el san Sebastián. Era una escena en la que san Vicente Ferrer aparecía sobrevolando milagrosamente por encima de un grupo de personas que acudían a una celebración. Observó la pintura con detenimiento y concentró su atención en los bordes. También María tenía fijada su atención en aquella escena.

—¿Cómo no nos hemos dado cuenta antes?

—Lo importante es que estamos llegando al final, o al menos eso es lo que quiero creer —María escudriñaba en el lateral del retablo, tratando de calibrar su grosor—. Su llegada ha sido como una aparición. ¡Menudo susto me he llevado! ¿Verdad que no parece un cura?

—Yo diría que no da el perfil. Pero ya ves, el hábito no hace al monje y, sobre todo, en Venecia nada es lo que parece.

María tocó con la punta de los dedos la pintura. Se trataba de una tabla.

—¿Qué estás pensando? —le preguntó Lucio.

—... *oculto por san Vincenzo Ferreri*. Si Tomasso Bellini no nos tomaba el pelo y creo que no lo hacía, la clave de Vivaldi está detrás de esta pintura. Quien la oculta es ese san Vicente Ferrer.

En aquel momento salió un ruido del bolso de María. Era su teléfono móvil que sonaba con estridencia en medio de la paz y el silencio que reinaba bajo las bóvedas de la iglesia. Se le contrajo el rostro. Cogió el teléfono con miedo. Ni lo miró.

—No sé si contestar, Lucio. ¡Me da miedo!

—Dámelo a mí.

El músico no esperó a la autorización de María, que se había quedado casi paralizada.

—Dígame.

—Sí, soy yo, Lucio.

—María está a mi lado.

—¿Quieres hablar con ella?

—Sí, sí, desde luego.

Miró a María, le alargó el teléfono y le dio un beso.

—No hay problema. Es tu madre.

Una sonrisa apareció en sus labios.

—Sí, mamá, ¿qué ocurre?

Hubo un largo silencio en el que María escuchaba, conforme pasaba el tiempo su rostro se ensombrecía poco a poco. Lucio no podía percatarse de ello porque había concentrado su atención en la tabla que parecía ser el último obstáculo entre ellos y la clave de Vivaldi. Miró alrededor y comprobó que en el templo sólo había otra pareja de turistas que miraban embelesados la cubierta de la nave central. Del cura no había ni rastro, ni tampoco de la mujer que le había llamado y que, por las trazas, debía de ser la encargada de la limpieza de la iglesia. Introdujo la mano por el borde del retablo, aprovechando un espacio que quedaba entre la columna que delimitaba la capilla y el marco dorado que rodeaba el conjunto, palpó cuidadosamente buscando con los dedos. Con la punta tocó algo que sobresalía de la superficie lisa que hasta entonces había encontrado —María seguía con el teléfono pegado al oído—, no podía saber qué era y además tenía dificultades para llegar. Hizo un esfuerzo y estiró su mano todo lo que pudo; el brazo empezaba a dolerle, pero no lograba su objetivo. Sacó la mano y comprobó que la tenía llena de un polvo negruzco. Aquello era el paso de los siglos.

María seguía escuchando a su madre, entonces se dio cuenta de la crispación que se reflejaba en su rostro.

—¿Ocurre algo?

María le hizo un gesto con la mano, indicándole que aguardase. Durante un par de minutos más comprobó cómo ella asentía con la cabeza y respondía con monosílabos y alguna exclamación de contrariedad.

—Sí, mamá, estoy con Lucio en la iglesia de *Zanipolo*.

»¿Que qué hago aquí? Ya te lo contaré.

»Ya te lo contaré.

»Yo a ti también te quiero. Un beso.

Empezaba a ponerse nervioso, cuando María, con gesto abatido cerró la comunicación.

—¡Por el amor de dios! ¡Cuéntame! ¿Qué es lo que ocurre?

—Hace un rato una llamada telefónica ha amenazado a mi madre —la preocupación se reflejaba en los ojos de María.

—¿Quién? ¿Qué le han dicho?

—No sabe quién es, pero la ha amenazado, si nosotros no le entregamos la partitura de Vivaldi.

—¿Qué le ha dicho tu madre?

—Mi madre está aterrorizada, no sabe qué hacer. También me ha dicho que la policía volvió anoche preguntando por ti y que ahora andan buscándonos.

—¡Maldito Michelotto! ¡Ese canalla es quien tiene la culpa de todo esto! —Sin darse cuenta Lucio había elevado el tono de voz. Los dos turistas que contemplaban la bóveda miraron hacia donde ellos se encontraban, pero no prestaron mucha atención.

—En el fondo la culpa es mía, por haber acudido a él —los ojos de María estaban velados por la tristeza.

Lucio la tomó por la cintura, la apretó contra su cuerpo y le susurró al oído:

—No puedo consentir que te tortures de ese modo, amor mío. ¿Quieres que le entreguemos la partitura y pongamos fin a todo esto?

Ante aquel planteamiento María pareció recuperar algo de su ánimo:

—¡De ninguna de las maneras! ¡Esa gentuza se saldría con la suya! ¿Qué era lo que estabas hurgando mientras hablaba por teléfono?

—He buscado detrás del retablo por donde está esa escena de san Vicente. Pero mi brazo es demasiado grueso para llegar hasta una especie de reborde que he podido palpar con la punta de los dedos, sin lograr agarrarlo. ¿Tal vez, tu brazo, que es más fino...? Podría ponerme de forma que ocultase tu cuerpo.

María asintió con la cabeza e introdujo su brazo entre la columna y el borde el retablo. Estiró el cuerpo todo lo que pudo, mientras Lucio, que a los ojos de cualquiera que mirase parecía contemplar el retablo desde un ángulo esquinado, la cubría por completo.

Tras no pocos esfuerzos María exclamó muy bajo:

—¡Santo Dios! ¡Lo que aquí hay es una anilla! ¿Qué crees que ocurrirá si tiro de ella?

—No lo sé. Pero debemos tener cuidado. ¡Déjalo y lo pensamos!

María retiró el brazo y contempló de cerca la escena de la vida del santo que daba nombre al políptico.

—Fíjate, Lucio, aunque hay mucho polvo incrustado, yo diría que los bordes de la pintura encajan en el marco como si fuese una puerta.

—Sí, eso parece.

María se llevó la mano a la boca como si quisiese evitar que las palabras que expresaban lo que estaba pensando se saliesen.

—¡Lucio, la manilla! Si tiro de ella seguro que pasa algo en el retablo.

—¿Y si hace ruido?

Ambos recorrieron la iglesia con la mirada. Los dos que contemplaban la bóveda ahora curioseaban en el presbiterio.

No había nadie más, salvo el cura que estaba en la sacristía y la mujer que le había llamado.

—¿Crees que tendremos otra oportunidad como ésta? —preguntó María.

—Mi opinión es que pocas veces esto estará tan solitario como ahora mismo y lo más seguro que no dispongamos de otra ocasión así. Además, volver otro día podría despertar sospechas en el párroco; ya sabes, los robos de obras de arte en iglesias son frecuentes. Pero ¿y si nos equivocamos?

Giorgio Cataldo estaba desesperado, hacía casi veinticuatro horas que había montado un sistema de vigilancia y los resultados eran nulos. A Lucio Torres y María del Sarto parecía habérselos tragado la Tierra. Ni una pista, ni una señal, no habían entrado ni salido del Bucintoro. Y ello no era normal en un plazo de tiempo como aquél. Lucio tenía las Jornadas Musicales, el archivo de la *Pietà*, conocer Venecia, muchas cosas que hacer, pero tenía que dormir. Después de pensar en todas las posibilidades que se le ocurrieron, una de ellas tomaba más cuerpo en su mente cada minuto que pasaba: se habían marchado a otro lugar, pero no tenía la más remota idea ni de adónde ni por qué. Ésa era la pregunta que se formulaba desde hacía varias horas, ¿por qué se habían marchado? Algo raro estaba ocurriendo porque poco después de que hubiese montado un discreto dispositivo de vigilancia, a la caída de la tarde del día anterior, había recibido información de que un coche de la policía había llegado al hostal y dos inspectores de paisano habían entrado en el Bucintoro. La confirmación de que allí ocurría algo fuera de lo normal la tuvo cuando le comunicaron que aquella mañana, temprano, antes de las ocho, los mismos inspectores habían vuelto a hacer una visita.

Un par de veces había estado tentado de llamar a María

para preguntarle por la partitura que le había mostrado en el Vino Vino. Pero aquello significaba correr un riesgo que podía poner toda la operación en peligro. Lo que más le fastidiaba y constituía la causa principal de su desesperación era tener que reunirse con el repelente de Licci —había quedado con él a las dos— y confesarle que no podía aportarle nada nuevo. La única baza que tenía es que también él preguntaría por las pesquisas de sus archiveros en la *Pietà*.

Michelotto, con el texto de la clave de Bellini en su poder, había regresado a su casa. Comunicó por teléfono a sus compañeros de la *Fraternitas Charitatis* —a los que en la reunión que habían mantenido tras la marcha de María y Lucio de su casa, les había pedido que permaneciesen cuarenta y ocho horas en Venecia— que los acontecimientos iban a precipitarse. Los citó a todos para almorzar en su casa. Drexler estaba alojado en el Excelsior, mientras que MacFarlaine y Clermont-Lafargue lo habían hecho en el Danielli. También les comunicó que era muy probable que hubiese otra gente tras la pista de la partitura.

Sin perder un instante se encerró en su despacho y descargó en el ordenador las fotografías que había hecho del texto y leyó con detenimiento su contenido:

La clave para descifrar el mensaje del frater Vivaldi, contenido en la partitura que podrá hallarse entre las páginas de este libro, se encuentra bajo la protección de los santos Giovanni e Paolo, bajo los pies de san Sebastiano y oculto por san Vincenzo Ferreri gracias a mi antepasado. Que Dios Nuestro Señor perdone mis pecados y tenga piedad de mi alma.

Después de leerlo varias veces, Michelotto hizo un análisis de la situación con los datos que poseía hasta aquellos momentos. Pudo certificar que la partitura cuya copia le había mostrado María del Sarto era la partitura que contenía el misterio del *prete rosso*. Ya no había ninguna duda. Igualmente concluyó que, independientemente de alcanzar el objetivo de tener en poder de la *Fraternitas* la partitura original por razones de prestigio, las copias que tenía eran aptas para desvelar aquel misterio. El único problema en este terreno era que se había estrellado contra las notas en las que Vivaldi se refugió; pese a las horas dedicadas no había podido dar un solo paso en firme. También había comprobado la veracidad de la afirmación, mantenida durante siglos, de que Tomasso Bellini había recibido aquella clave. Tenía la prueba ante sus ojos, y por alguna circunstancia la había ocultado, igual que había hecho con la partitura. Por último, también estaba en condiciones de afirmar que la partitura original estaba en poder de Lucio Torres y de María del Sarto y que los dos poseían también la clave dejada por Bellini y que le llevaban algunas horas de ventaja en el conocimiento del texto de dicha clave. No era poco aquel bagaje obtenido en poco más de setenta y dos horas cuando llevaban dos siglos y medio detrás de aquel objetivo. Sin embargo, no estaba satisfecho. Tenía esa sensación que se produce cuando una ilusión, acariciada largo tiempo, está a punto de convertirse en realidad, se está tocando con la punta de los dedos. En ese momento los días se hacen eternos, las horas insoportables y el tiempo corre con una lentitud desesperante.

Sabía cuál era el motivo de su insatisfacción. Pese a todo lo alcanzado en tan pocas horas, era consciente de que había cometido el grave error de hacer levantar el vuelo a las palomitas que le habían servido en bandeja todo lo que había logrado en aquellos tres días. También le molestaba que la pareja le llevara una ventaja de varias horas. Pero eso no le preocupaba, eran unos indocumentados y él era Stefano Michelotto, el gran Stefano Michelotto.

Ahora, sentado en la mesa de su despacho, se dispuso a atacar el texto de Bellini. Entrecruzó los dedos y apretó las manos, sus huesos crujieron. Se puso a trabajar y la primera conclusión fue que la solución estaba en cinco palabras que subrayó: *Giovanni, Paolo, Sebastiano* y *Vincenzo Ferreri.* Decidió subrayar también la palabra antepasado. Lo que tenía allí eran cuatro nombres de santos y una alusión a un antepasado. Un antepasado de Tomasso Bellini.

¿Qué tendría que agradecerle a un antepasado en aquellas circunstancias?, pensó Michelotto. Un antepasado no sería ni su padre ni su abuelo; en ese caso los habría denominado como padre o como abuelo. Tenía que ser más antiguo. Si cuando Tomasso murió ya era patrono mayor de la *Pietà* y esto ocurrió en 1741, quiere decir que en esta fecha era un hombre maduro. Un joven no desempeñaría un cargo como aquél; así mismo era *frater* de Vivaldi, quien había nacido en 1678. Tomasso podría haber nacido en torno a esa fecha. Si nos vamos a una fecha anterior a su padre y su abuelo quiere decir que nos remontamos casi al siglo XVI.

Cogió un afilado lápiz de los muchos que contenía el lapicero que había sobre su mesa. Se lo llevó a la boca y lo mordió con fuerza. Después anotó en un papel:

«Siglo XVI, Bellini, Venecia».

Sus ojos se iluminaron.

—¡Los Bellini! ¡Los pintores renacentistas! ¡Jacopo, Gentile, Giovanni Bellini! ¡Los Bellini! ¡Los santos! ¡La clave tiene que referirse a pinturas realizadas por algunos de los Bellini dedicadas a estas advocaciones! ¡Tienen que ser cuadros dedicados a estos santos! ¡Un antepasado puede remontarse más allá del siglo XVI!

Michelotto giró el sillón y se encaró a la pantalla de su ordenador, tecleó y abrió la conexión con internet. Pensó que hay más cuadros de san Juan y de san Pablo, que de san Sebastián y san Vicente Ferrer. Se decidió por este último.

Buscó en *Google*: *Bellini y san Vincenzo Ferreri.*

En pocos segundos la información estaba en su pantalla. Había varias entradas. Pulsó la primera.

Una de las obras de juventud de Gentile Bellini, hijo de Jacopo Bellini, a quien muchos consideran como el creador de la escuela renacentista de la pintura veneciana, es el políptico de san Vincenzo Ferreri. Fue pintado probablemente entre 1464 y 1468. Está considerada una de las obras más importantes del llamado primer renacimiento en Venecia. En ella es perceptible la influencia de Mantegna y destaca la importancia del color, que será una de las características de la obra de Gentile a lo largo de toda su trayectoria artística. El políptico, que nos ofrece en su centro la imagen de san Vincenzo, flanqueado por san Cristóforo y san Sebastiano, se encuentra en la iglesia dominica de San Giovanni e San Paolo, conocida popularmente como iglesia de Zanipolo...

No leyó más.

—¡La iglesia de *Zanipolo*!

Comprobó en el texto:

—¡Bajo la protección de los santos Giovanni e Paolo!

Miró su reloj de pulsera —un elegante Patek Philippe—. Eran las doce y media. Todavía tenía tiempo de ir a *Zanipolo* antes de que llegaran sus compañeros para el almuerzo. ¡Si todo iba bien menuda sorpresa iban a llevarse!

Pulsó el interfono de su mesa y al instante respondió la voz del mayordomo.

—¿Qué desea el señor?

—¡El coche, Angelo! ¡He de salir inmediatamente!

*   *   *

Había numerosas personas concentradas a la puerta de la iglesia de *Zanipolo*. Dos coches de los *carabinieri* con las luces de las sirenas encendidas y una cinta para impedir el paso al interior del templo señalaban que algo extraordinario había ocurrido.

Michelotto indicó al chófer que aparcase discretamente y que acudiese a enterarse de lo que había sucedido. Él aguardaría allí.

El chófer de Michelotto indagó entre varios corrillos de los vecinos que se apiñaban alrededor de la puerta. Los comentarios coincidían en que se había producido el robo de una de las pinturas que se guardaban en la iglesia. Las versiones sobre cuál era el cuadro y los posibles autores del robo eran diversas.

—¡Una *Madonna con il bambino*! —exclamaba una mujer que había salido a hacer la compra. Aquella afirmación era negada por un operario, malencarado, de la compañía del gas que decía haber escuchado de la boca del propio párroco que lo robado era una pintura que representaba a un fraile dominico.

En uno de los corrillos se daba como seguro que el robo perpetrado se había producido en la capilla del Rosario, donde algunas pinturas aludían a la derrota sufrida por los turcos en Lepanto y donde la escuadra veneciana, que luchó a las órdenes del español Juan de Austria, había desempeñado un importante papel. Quien esto sostenía era una mujer de unos sesenta años entrada en carnes, quien, al parecer, era feligresa de la parroquia y aportaba, en defensa de su afirmación, el dato de que la tarde anterior cuando acudió a la misa de las ocho y media había visto merodear por la mencionada capilla a tres individuos que por su aspecto le hicieron pensar mal.

—¡Ay! ¡Si hubiese puesto sobre aviso a don Guido! ¡Tenía mala catadura aquella gente! ¡Tuve como un pálpito!

Un *carabiniere* que escuchó aquellos lamentos, le preguntó el nombre.

—¡Rosario! ¡Rosario Valente para servirle a usted!

—¿Qué aspecto tenían esos individuos? —preguntó el policía.

—Aunque iban bien trajeados, no eran elegantes. Dos tenían el pelo largo, demasiado largo y un tercero la cabeza afeitada.

—Rosario, ¿sería tan amable de acompañarme al interior?

—¡Cómo no, agente! ¡Lo que haga falta con tal de descubrir a los ladrones! —hizo un gesto que tenía algo de reto a los que la habían escuchado, dando a entender la importancia de su testimonio. El *carabiniere* la tomó por el brazo y la ayudó a cruzar la cinta de plástico amarillo en la que podía leerse *INGRESSO VIETATO. CARABINIERI*.

Lo más extraordinario que escuchó fue que lo robado era la piel del defensor de Famagusta, Marco Antonio Bragadín. Algo considerado por los venecianos como una verdadera reliquia.

El comisario Tarquinio había improvisado en la sacristía de la iglesia un pequeño operativo. Por enésima vez preguntaba al párroco Ranucci que tratase de reconstruir la escena que había vivido con aquella pareja que tan interesada estaba por el políptico de san Vicente. Por enésima vez también le insistía en que no obviase ningún detalle por muy nimio que le pareciese.

Tarquinio insistía en exprimir los recuerdos del párroco porque apenas había obtenido información de una pareja de turistas daneses, Biorn y Mónika Nielsen, y de la encargada de la limpieza del templo y sus dependencias, la señora Meganta.

Sus declaraciones no iban más allá de que se trataba de una pareja de jóvenes, que los dos iban vestidos de manera informal, pero con buen gusto, nada de camisetas de tirantes, ni pantalones cortos tipo bañador o rajados por las rodillas, ni chancletas.

Los dos tenían el pelo negro y no eran «ni altos ni bajos» en palabras de la limpiadora. El padre Ranucci había añadido que ella tenía unos hermosos ojos verdes y que la mirada del joven era penetrante. Aportó, además, un dato de sumo interés:

—El joven es violinista profesional.

—¿Violinista profesional? ¿Por qué lo sabe? ¿Se lo dijo él?

—No, él no dijo nada. Pero sé que es violinista por la marca que hay en su cuello. Es inconfundible. La produce las horas y horas de trabajo.

—Padre, me ha dicho antes —Tarquinio era un auténtico sabueso— que parecieron asustarse cuando les habló por primera vez... ¿asustarse es la palabra correcta?

—Creo que sí. Desde luego se turbaron. Era como si les hubiese sorprendido.

—¿Cómo reaccionaron ante su presencia?

—Ahora que lo dice, creo que algo incómodos. Pero es posible que sólo sean figuraciones mías, como consecuencia de lo que ha ocurrido.

—¿Por qué cree que se asustaron o turbaron?

—Es posible que fuese por la forma en que los abordé. Estaban sentados en el primero de los bancos que hay en la capilla, arrobados en la contemplación y yo llegué por detrás, no me habían visto. Al empezar a hablar se sobresaltaron porque estaban en tensión.

—La tensión no parece que sea el estado de ánimo más adecuado para la contemplación de una obra de arte —apuntó el comisario.

—No, no lo parece —refrendó el párroco.

—¿No cree que hayan podido ser otras personas los autores del robo? —el comisario había insistido varias veces en formular aquella pregunta.

—Creo que no. Mire usted, cuando hemos descubierto que faltaba la pintura sólo se habían vendido cuatro entradas. Las de la pareja de daneses y las de ellos.

Tarquinio asintió varias veces con la cabeza. Hizo un gesto con los hombros y comentó:

—Sólo tenemos cuatro personas siempre que no haya entrado alguien por algún otro sitio.

—Comisario, no hemos encontrado signos de haber sido forzada ninguna ventana, ni puerta —comentó uno de los inspectores que le acompañaban.

—¿Cree que hay alguna razón para que hayan robado ese cuadro y no otro? ¿Tiene algún valor especial el que han robado? —Tarquinio no quería dejar ningún resquicio.

—Me extraña que hayan robado precisamente ése. Se trata de una de las pinturas de menor interés del retablo —contestó el padre Ranucci.

—¿Por qué cree entonces que han robado precisamente ésa?

—No lo sé. No le encuentro una explicación... Salvo...

—¿Salvo qué...?

—Salvo que ésa les resultase más fácil.

—Hablando de facilidades... hay algo que no me encaja.

—¿El qué, comisario? —preguntó Ranucci.

—Me ha dicho usted que la pintura robada es una tabla, ¿correcto?

—En efecto, se trata de una tabla.

—¡Una tabla que tiene más de un metro de largo y la mitad de ancho! —exclamó, sorprendido, el comisario.

—Así es, siendo una tabla no puede doblarse o enrollarse

como podría hacerse con un lienzo. Y, sin embargo, la persona que en el cancel de la iglesia controla las entradas, afirma, sin ningún género de dudas, que esa pareja en la que se fijó al salir, no llevaba la tabla. ¡Y es de un tamaño que no puede ocultarse fácilmente!

El comisario se acarició varias veces el mentón.

—Si hacemos caso de la lógica, la tabla no ha salido de la iglesia. ¡Han tenido que dejarla oculta en algún lugar para volver a por ella!

—¡Pero eso comporta un riesgo muy grande! ¡Descubierto el robo, lo primero será buscar por todos los rincones de la iglesia! —exclamó el párroco.

—Eso es precisamente lo que estamos haciendo. Estamos peinando su iglesia palmo a palmo, padre. Además, llegados a este punto, aunque no la encontrásemos, cosa que dudo, si es que está todavía en la iglesia, tendrían que volver a por ella y ya estamos sobre aviso —el comisario hizo varios gestos de negación con la cabeza—. ¡Aquí hay algo que no encaja, padre! ¡Vamos a echar otra mirada a ese retablo!

—¡Comisario, con su permiso —quien llamaba la atención de Tarquinio era un *carabiniere* que hacía un desganado saludo militar—, en la puerta hay un señor que dice tener un dato de sumo interés para la investigación!

—¡Coño, que os lo dé! —a Tarquinio le molestaban las interrupciones.

—Lo siento, señor. Dice que sólo se lo dará a usted.

—¡Conque sólo a mí! ¡Amenácele con cualquier cosa! ¡Falta de colaboración con agentes de la autoridad! ¡Qué sé yo!

—No creo que eso resultase muy eficaz, señor.

—¿Por qué? —Tarquinio miró al *carabiniere* a los ojos.

El agente se acercó al comisario y le susurró algo al oído.

—¡Por qué no me lo ha dicho antes! —gritó Tarquinio poniéndose de pie.

—Señor... yo... usted no...

—¡Lléveme a donde está el *dottore*!

Michelotto, acompañado por otro *carabiniere* observaba atentamente el políptico de san Vicente.

—¡*Dottore*! —el comisario extendía la mano a Michelotto, quien se la estrechó, acompañándola de una cortés inclinación de cabeza—. ¡Qué sorpresa! ¿Cómo es posible...?

—Es muy fácil, querido Tarquinio —la relación de Michelotto con Tarquinio derivaba de la colaboración que el profesor había prestado, en su calidad de experto en criptografía y escritura, a la policía veneciana en varios casos donde textos escritos eran piezas importantes en la investigación—, cuando iba en mi coche, muy cerca de aquí, me he enterado por la radio del robo cometido y de que la investigación estaba en sus manos.

—¡Cuánto agradezco su interés, *dottore*!

Michelotto hizo un gesto con la mano dando a entender que quitaba valor a su presencia.

—No tiene importancia, querido amigo. Lo verdaderamente importante es que, por una circunstancia puramente confidencial, puedo proporcionarle una información que, sin duda, le ayudará a resolver este... este —miró hacia el vacío dejado por la pintura que faltaba en el retablo— este robo.

—En ese caso para mí es un doble placer saludarle.

Michelotto tomó del brazo al comisario con un gesto familiar y lo apartó del corrillo de gente que se había formado en torno a los dos. Cuando se hubieron separado una discreta distancia, le comentó.

—Verás, Tarquinio —ahora que estaban solos le tuteaba—, al hilo de unas investigaciones que estamos realizando, y en la que se cruza mucha información, tuve hace sólo unos días noticia de que una alumna mía, su nombre es María del Sarto. —El comisario contrajo el rostro, pero Michelotto no se percató—. Anótalo, estaba interesada vivamente por este políptico. Su interés está ligado a la relación que ha iniciado con un individuo, español por más señas, que dice ser músico, aunque yo tengo mis dudas. Ese sujeto —Michelotto utilizaba las palabras con estudiada precisión— no me causó buena impresión cuando le conocí. No me preguntes por qué, pero es una sensación, una premonición. Creo que se llama Lucio Torres. No sé si esto podrá servirte, pero me parece que puede ser de tu interés.

—¿Le da mala espina ese... ese Lucio Torres?

—Sí —la respuesta de Michelotto fue seca.

—¿Podría hacerme una descripción física de María del Sarto y de ese español?

—Ella tiene unos veinticinco años. Es muy guapa, como de un metro setenta, morena con el pelo negro y lacio. Tiene, o al menos tenía hace dos días, una media melena. Sus ojos son preciosos, de color —Michelotto titubeó un instante apenas perceptible— verde. Puede seducir a cualquiera.

—¿Y el español?

—Es alto, delgado, bien parecido. También tiene la piel tostada y el pelo negro, lacio y largo. Tiene unos penetrantes ojos negros.

—¿Algo más que pueda sernos de interés? ¿Algún detalle de la cara? ¿Algún lunar o una cicatriz?

Michelotto hizo un gesto negativo.

—No, no recuerdo ahora mismo, nada en particular.

Tarquinio asintió con la cabeza.

—*Dottore*, quiero agradecerle muy sinceramente su colaboración. Nos va a ser de mucha utilidad. Con la descripción que me ha dado no tengo dudas de que las personas de las que me ha hablado son las mismas que esta mañana han estado aquí. Su descripción coincide con la del padre Ranucci. Ahora tenemos sus nombres.

—Como siempre, ha sido un placer, comisario —se acercaban al corrillo que habían dejado hacía un momento—. Si me necesita para algo más, estoy a su entera disposición, señor comisario. —Michelotto estrechó la mano del policía y con un gesto se despidió de los presentes. El propio comisario le acompañó hasta la salida el templo.

El comisario Tarquinio regresó a donde estaba el concurso de gente —policías y testigos— que habían salido de la sacristía cuando llegó el *dottore* Michelotto y se concentró, buscando alguna pista, algún detalle de interés, en el políptico de san Vicente Ferrer.

El chófer encendió el motor del coche y lo puso en marcha lentamente, con suavidad.

—Volvemos a casa.

Retrepado en el asiento de atrás Michelotto le preguntó si había escuchado alguna versión nueva de las que circulaban entre la gente que había en la plaza.

—Las versiones son muy diferentes, pero, como le dije antes de que entrase en la iglesia, la mayoría se inclina por que lo robado era un pintura de san Vicente Ferrer.

—¿Has oído algo acerca de quienes han efectuado el robo?

—Alguno de los curiosos comentaba que habían sido una pareja de jóvenes con los que el propio párroco había estado conversando poco antes de que desapareciese la pintura. Parecían gente corriente, su aspecto no llamaba la atención.

20

Giulietta del Sarto estaba horrorizada. La noticia que acababa de dar el boletín informativo de la RAI señalaba que había sido robada una obra de Gentile Bellini. Se trataba de una valiosa pintura del primer renacimiento veneciano, de la segunda mitad del siglo XV, que se conservaba, formando parte de un retablo, en la iglesia de *San Giovanni e San Paolo*. Las sospechas recaían en una joven pareja que aquella misma mañana había visitado el templo, como si se tratase de simples turistas. Incluso habían hablado con el párroco. La policía realizaba indagaciones y estaba confeccionando el retrato robot de los sospechosos.

—*Santa Madonna* —fue lo único que pudo exclamar, mientras que con evidente nerviosismo rebuscaba entre los numerosos objetos que tenía en su bolso, el teléfono móvil.

Tenía la respiración agitada y opresión en el pecho. Apenas podía contenerse mientras sonaban en su oído los tonos de aviso. Uno, dos, tres... seis... después del séptimo la voz de una señorita en off le comunicaba:

—El número que usted ha marcado no se encuentra operativo en este momento, si quiere puede dejar un mensaje después de oír la señal... *bip*.

—María, soy tu madre. ¡Llámame, por favor! ¡Es muy urgente!

Inmediatamente después marcó otro número.

—¿Aldo?

—Dime, Giulietta.

—¿Sabes que han robado un cuadro en la iglesia de *Zanipolo*?

—Soy el comisario encargado del caso.

—¿Que estás en el caso?

—Lo estoy y por eso sé que María está implicada.

—¿Cómo es que sabes eso?

—Porque alguien me ha susurrado su nombre al oído. ¿Tú has hablado con ella?

—¡No, no he podido! ¡Debe de tener el teléfono apagado!

—No te alteres y trata de mantener la calma. Prométeme que no harás nada e intenta hablar con ella.

—¡No, no haré nada! ¡Seguiré intentándolo!

—En el momento que pueda estaré contigo.

—¡Por favor, no tardes! ¡No tardes!

La reunión de Giorgio Cataldo y Romano Licci, en su condición de miembros de la *Fraternitas Charitatis*, había sido tormentosa. En las últimas veinticuatro horas no habían logrado dar un solo paso valioso hacia su objetivo.

Cataldo había perdido la pista a María y Lucio y no tenía la más remota idea de dónde podían encontrarse. Lo mismo estaban refocilándose en algún soleado punto de la playa del Adriático, que buscando información acerca de la partitura. Por su parte Licci desconocía lo relativo a los resultados de los dos hombres que estaban escudriñando en los fondos de la *Pietà*.

Los reproches mutuos que estaban dedicándose, con poco sentido de hermandad, habrían desaparecido si hubiesen tenido noticia de lo que hacía un par horas había ocurrido en el mencionado archivo.

—Tal vez yo pueda serles de alguna utilidad —la voz de aquel individuo sonaba untuosa.

Los dos hombres cesaron en la tarea que acometían. La presencia del portero les había sorprendido. Había aparecido de forma sigilosa, como una sombra; sin el más mínimo ruido.

—¿Sí? —contestó uno de ellos.

—Si me dicen lo que están buscando... tal vez... yo pueda...

—Estamos buscando información sobre la *Pietà*, datos que nos permitan conocer mejor esta institución. Estamos evaluando el valor de los fondos aquí guardados de cara a ese estudio.

El portero pasó un dedo por uno de los estantes y se lo manchó con una capa de polvo negro. Sacó un pañuelo de papel y se lo limpió.

—Es curioso, llevo trabajando aquí dieciocho años y en ese tiempo apenas si alguien ha mostrado el más mínimo interés por los papeles de esta buhardilla.

Los dos archiveros le miraban sorprendidos.

—Eso no debe extrañarle. Nuestro tiempo se caracteriza por interesarse en asuntos que no están relacionados con los viejos papeles que se guarden en los archivos. ¿Sabe usted que el estudio de la Historia es el que menos atrae a los jóvenes de nuestras universidades?

—Por eso, precisamente, he dicho que es curioso —comentó el portero.

—¿Qué es eso tan curioso?

Aquel sujeto había estado esperando la pregunta.

—Que de unos días a esta parte tantas personas se hayan

mostrado interesadas en conocer algo que se guarda entre estos legajos.

Se hizo un silencio, que el archivero rompió.

—¿Tiene usted alguna información sobre lo que pueda ser eso que tanto interés despierta?

El portero se había apoyado con su hombro en una de las estanterías, su posición tenía algo de indolente y mucho de desafiante.

—Es posible.

Ahora el silencio que se hizo fue más largo, más intenso. Después de un rato el archivero trató de sorprender al descarado portero.

—¡Cuánto vale esa posibilidad!

Una sonrisilla maliciosa apareció en el rostro de aquel desvergonzado, que había encontrado una fórmula para redondear sus magros ingresos, si sabía aprovecharse de las circunstancias.

—Creo que ustedes y yo vamos a entendernos —la voz había vuelto al tono untuoso del principio.

—¡Cuánto! —exclamó el archivero.

—Verá, señor. Usted lo sabe bien, la información es poder.

—Cierto. Siempre y cuando esa información tenga valor.

—Creo que estoy en condiciones de facilitarle mucho su búsqueda.

—¡Cómo sabe usted lo que yo busco! —El tono era agrio.

—Porque estoy seguro de que usted está buscando lo mismo que los otros.

—¿Quiénes son los otros? —le preguntó interesado el archivero.

—Señor, eso también es información.

—Entiendo. Cada palabra tiene un precio.

—Así es, señor.

—¿Y bien? —el archivero estaba francamente irritado.

—Yo sé dónde está lo que los otros han buscado y han encontrado, que creo que es lo mismo que busca usted. No dudo de que con su capacidad usted lo encontrará, pero tendrá que armarse de paciencia, de mucha paciencia. Y es posible que necesite mucho tiempo y tengo la sensación de que todos ustedes tienen demasiada prisa.

—¿Cuál es la información que me ofrece?

—Primero tenemos que hablar de precio.

—¡Cuánto quiere!

El portero entornó los ojos; aparentaba estar haciendo cálculos, aunque el archivero sabía que aquello era una pose. Aquel rufián tenía establecida su tarifa desde que había entrado por la puerta. Después de un rato señaló la cantidad.

—Dos mil euros.

—¡Usted está loco!

—El loco es usted si no acepta mi oferta. El tiempo es oro. Usted no tiene tiempo y los otros le llevan una ventaja que puede hacer inútiles todos sus esfuerzos, aun en el caso de que consiga encontrar lo que busca. ¡Usted busca algo relacionado con la muerte de Vivaldi!

El archivero no pudo contener una exclamación de sorpresa que tuvo el efecto de provocar una amplia sonrisa en el portero.

—¿Qué es lo que me puede ofrecer?

—Acepta mi oferta de dos mil euros.

—Según el interés de lo que me ofrezca.

—Estoy seguro de que una persona como usted sabrá apreciarlo. Aguarde aquí un momento, ahora vuelvo. No se arrepentirá de llegar a un acuerdo conmigo.

El portero salió del archivo tan sigilosamente como había llegado. Los dos archiveros estaban tan perplejos, que apenas cruzaron unas frases mientras aguardaban el regreso de aquel hombrecillo.

* * *

Tres timbrazos seguidos y uno separado indicaron a Cataldo y a Licci que llegaba alguno de sus hombres. El propio Giorgio preguntó por el interfono.

—¿Quién es?

—Abre, por favor, somos Adriano y Nicola, los archiveros.

Giorgio miró el reloj, iban a dar las tres y media. Se fue a la puerta del piso a esperarles, aunque todavía el ascensor tardaría en llegar.

Los dos hombres estaban sudorosos y excitados.

—¿Dónde está Romano? —preguntó Nicola, que era quien llevaba la voz cantante. El mismo que había sostenido la conversación con el portero.

—En la habitación del fondo, ¿hay noticias?

—¡Creo que son excelentes noticias!

María y Lucio habían llegado a Torcello. Estaban agotados como consecuencia de la presión que habían soportado y de la emoción vivida. Lucio llevaba una bolsa con fruta y algunas verduras que habían comprado en el mercado de la plaza de Santa María Formosa. Habían hecho aquella compra, más como una terapia para sus destrozados nervios que porque tuviesen necesidad de comprar alimentos.

Marchaban presurosos por el camino que conducía desde la parada del *vaporetto* hasta su refugio, con el corazón en la garganta. ¡Tenían en su poder la clave de Vivaldi! ¡Iban a arrancarle al *preste rosso* su terrible secreto!

La tranquilidad más absoluta reinaba en aquel remanso de paz que era la isla. El móvil de María emitió dos *bips*, había recuperado la cobertura que habitualmente perdían los teléfonos cuando cruzaban la laguna. Alguien le había dejado un mensaje. Pensó no hacerle caso y dejarlo para más tarde. Pero se acordó de su madre, de la llamada de aquella mañana y del lastimoso estado en que se encontraba.

Escuchó el mensaje:

«María, soy tu madre. ¡Llámame, por favor! ¡Es muy urgente!».

Buscó la hora en que su madre le había dejado el mensaje y comprobó que hacía poco rato. Estaba marcado a las dos menos cuarto. Miró el reloj, había transcurrido casi una hora. El tiempo en que habían estado montados en el *vaporetto*.

Se le cogió un pellizco en el estómago y con mano temblorosa marcó el número de su madre. Con los nervios tuvo que corregir dos veces. Los cinco tonos que contó hasta que escuchó la voz de su madre se le hicieron eternos.

—¡Mamá, soy yo! ¿Qué es lo que ocurre? —la voz le salía temblona.

»¿Que si he escuchado las noticias de la RAI?

»¡Pues no, no las he escuchado! ¿Qué tiene eso que ver con la urgencia de tu llamada?

»¿¡Que han robado un cuadro en la iglesia de *Zanipolo*!?

Tapó el micrófono del móvil y le dijo a Lucio:

—¡Están diciendo por la televisión que esta mañana han robado un cuadro en la iglesia de *Zanipolo*!

»¡Mamá, cómo puedes pensar una cosa así!

»¿Que están diciendo que los presuntos autores del robo son una pareja de jóvenes? Pues habrá habido otras parejas de jóvenes visitando la iglesia esta mañana. Aunque a decir verdad a la hora en que nosotros estábamos allí, no había mucha gente.

»¿Han dicho algo sobre el cuadro robado?

»¿Dices que un santo? ¿Que crees que san Vicente?

María estaba impresionada con la noticia, pero trataba de disimular lo que podía. Todo aquello era muy preocupante. Intentó tranquilizar a su madre.

—Tú tranquila, porque nosotros no hemos sido.

»Bueno, es cierto que hemos estado esta mañana allí, pero no hemos robado ningún cuadro.

»¿Que la policía sigue preguntando por nosotros? Pues dile que estamos de viaje. ¡Y no te preocupes! ¡Tu hija puede estar loca, pero no es una ladrona!

»¿Y para qué has llamado a Aldo?

»Está bien, está bien. Siempre es bueno tener las espaldas bien protegidas.

»No te preocupes... Tranquila... no te preocupes. Un beso muy fuerte. Otro de parte de Lucio. Adiós, mamá.

Cuando María cerró el teléfono estaba muy preocupada.

—¿Qué ocurre? —preguntó Lucio, quien sentía cómo se le ponían los nervios de punta cada vez que sonaba el teléfono de María.

—La televisión dice que han robado el cuadro de san Vicente Ferrer de la iglesia de *Zanipolo*.

—¿Que han robado el cuadro? —Lucio casi gritó.

—Eso dice la radio y la televisión.

—¡Pero, bueno! ¡Esto es como para volverse locos! ¡Supongo que nos echan la culpa a nosotros!

—Todavía no, pero así será dentro de poco rato. En este momento la policía estará elaborando nuestros retratos-robot con los datos que le estará facilitando el párroco. —Con cara de angustia María se quedó a medio camino entre la pregunta y la queja resignada—. ¡En qué lío nos hemos metido, amor mío! —y añadió en tono compungido—: ¡Y todo por culpa mía!

Lucio se acercó a ella, le echó el brazo por el hombro y le susurró al oído:

—Cada minuto que pasa estoy más enamorado de ti. ¡Te quiero, veneciana! —y le dio un mordisco en la oreja. María se abrazó a él, buscando refugio para su decaído ánimo.

—No perdamos un instante, vamos a ver qué dice la radio y la televisión —comentó María.

—¡Escuchar la radio y ver la televisión! Lo que creo que tenemos que hacer cuando lleguemos es abrir esa caja y ver qué contiene. ¡Me has dicho tantas veces vamos a arrebatarle al cura rojo su secreto! ¡Estamos a un paso de conseguirlo!

—Chist —María se llevó el dedo índice a los labios—. No hables de eso, no seas indiscreto.

—¡Por el amor de Dios, María! ¡Aquí no hay nadie!

—No olvides que Torcello es Venecia. Y en Venecia, tú lo has dicho, nada es lo que parece ser.

El comisario Tarquinio, que observaba atentamente el retablo, preguntó a Ranucci:

—Padre, ¿qué hay ahí detrás?

—¿Detrás del retablo?

—Sí, detrás del retablo.

Guido Ranucci se encogió de hombros:

—La verdad, comisario, no tengo ni idea.

—¿Se podría mover el retablo? —preguntó el policía recorriendo con la vista el contorno del retablo.

—Supongo que sí. Pero creo que sería necesario el concurso de un carpintero.

—¿Alguien tiene una linterna? —preguntó Tarquinio.

—Aquí tiene una, señor, no es muy buena pero tal vez le sirva —el *carabiniere* le alargó una pequeña linterna de petaca.

Tarquinio iluminó el hueco oscuro que había abierto en el lugar donde faltaba la pintura de san Vicente. Pudo comprobar cómo se prolongaba el ara hacia el interior del retablo sobre el que se levantaba el políptico. Se había llenado los dedos del polvo acumulado por el paso de los siglos. Hasta allí donde se lo permitía el haz de luz que salía de su mano pudo vislumbrar los bordes del interior del marco del retablo. Comprobó que la suciedad allí acumulada también le había manchado la manga de la chaqueta de lino, color crema, que llevaba. Instintivamente retiró el brazo para no mancharse más.

—Padre, voy a subirme en el altar.

Más que una petición era la comunicación de una decisión. Se quitó la chaqueta, la dobló cuidadosamente con el forro hacia fuera y se la alargó a uno de los inspectores. Tomó impulso con las manos y se sentó en el altar, con cuidado introdujo la cabeza y el brazo de la linterna por el agujero y escudriñó en la oscuridad. El altar se prolongaba en el interior por lo menos cincuenta centímetros. En realidad el retablo descansaba sobre el centro del altar y no sobre su borde posterior. Tosió a causa del polvo que había levantado aquella violación de un espacio cerrado durante tanto tiempo. Sacó la cabeza y ordenó al más próximo de sus hombres:

—Sujetadme por las piernas, voy a meterme ahí —se quitó la corbata, se desabrochó el cuello de la camisa y se remangó los puños.

—Señor, puedo hacerlo yo —solicitó el inspector, que sostenía la chaqueta y que ahora también tenía la corbata.

—¡Sujetadme bien, no vaya a partirme la crisma! ¡Y que alguien vaya a buscar una linterna mejor que ésta!

Poco a poco, con movimientos que tenían algo de contorsionismo, aunque el hueco permitía introducirse sin grandes dificultades, el cuerpo del comisario fue desapareciendo. Se estaba poniendo la ropa —ahora le tocó a la camisa y los pantalones— hecha un asco.

Cuando palpó con las manos el suelo, avanzó con las palmas deslizándose por una capa de polvo. La linterna apenas le servía porque no podía manejarla en aquella posición. Pero atenuaba una parte de la oscuridad reinante, transformándola en penumbra. Una penumbra que también había en los bordes del retablo porque éste no encaja en las pilastras de mármol blanco, muy labradas, que lo flanqueaban. Apretó las manos contra el suelo y gritó a los de fuera:

—¡Soltadme los pies!

Tanteando con cuidado los colocó sobre el borde inferior del hueco dejado por la pintura que faltaba. Apretó las manos en el suelo y de un salto quedó a cuatro patas en el interior del retablo. Se le había escapado de la mano la linterna, que proyectaba a ras del suelo una línea luminosa, en la que podían verse en suspensión numerosas partículas que no eran sino una pequeña parte de la polvareda que la entrada del comisario había producido en aquel espacio.

Tarquinio se levantó con cuidado, percibiendo en su cuerpo la desagradable sensación del polvo que lo llenaba todo. La atmósfera en aquel hueco era densa, casi irrespirable. Metió una mano en el bolsillo y sacó un pañuelo, que desdobló agitándolo y se lo llevó a la nariz; a falta de otra cosa, le serviría de mascarilla. Los ojos le escocían, los cerró y sintió un alivio momentáneo. Se dijo a sí mismo que seguía siendo el gilipollas de siempre. Allí había media docena de hombres a los que podía encomendar el trabajo que él estaba haciendo, con sólo hacer una indicación. Pero así era y así se moriría.

Había una tenue penumbra en la zona próxima al hueco por donde se había introducido. Aunque sus ojos se estaban haciendo a la oscuridad, todavía no tenía una visión precisa de cómo era aquel espacio, ni de lo que había exactamente.

—¡Comisario, aquí tiene la linterna que ha pedido!

Se movió con cuidado hacia el hueco y alargó el brazo.

—¡Dámela encendida!

Era una potente linterna de asa, cuyo haz luminoso se abría ampliamente. En el espacio donde estaba Tarquinio se hizo la luz. Ahora percibía mucho mejor la intensidad del polvo en suspensión y rápidamente se hizo una composición del lugar. La distancia que había entre la parte posterior del retablo y la pared era de más de un metro, casi metro y medio; por arriba estaba cerrado por la bóveda que se veía en el exterior. La pared del fondo era lisa. El retablo, por detrás, repetía la misma estructura de su cara principal. Las líneas de los marcos que separaban las distintas pinturas podían verse —en forma de madera simplemente desbastada— formando las calles.

Apuntó la linterna hacia el suelo y apenas vislumbró la losería de baldosas rojas y blancas alternadas por causa de la capa de suciedad depositada; en diferentes lugares dicha capa estaba rota con formas caprichosas, consecuencia de su entrada en aquel cubículo.

—¿Podemos ayudarle en algo, señor? ¿Ha encontrado algo interesante? —le llegó una voz desde fuera.

—Estoy bien, gracias —se limitó a responder.

Tarquinio empezó a recorrer con el potente foco de la linterna la estructura del retablo. Muy pronto reparó en una anilla empotrada en la madera del marco que había sostenido la tabla desaparecida.

Concentró allí la luz. Apuntó al otro extremo del retablo y comprobó que no había anilla.

—¡He encontrado una anilla que no tengo ni idea para qué puede servir! —gritó a los de fuera—. ¡Creo que voy a tirar de ella!

—¡Tenga cuidado, comisario! ¡Los antiguos eran aficionados a tender trampas a los que curioseaban en sus cosas!

—¡Estad atentos!

Tarquinio agarró la anilla y tiró suavemente de ella. Ya lo haría con más fuerza si era necesario.

Pero no hizo falta.

Un sonido fue la respuesta a su acción y comprobó con no poca sorpresa cómo el hueco que le comunicaba con el exterior empezaba a cerrarse.

¡La pintura que había desaparecido estaba deslizándose, por la acción de aquella anilla, sobre su propio marco! El deslizamiento era suave, aunque hacía algún ruido, tal vez por el polvo acumulado en los carriles por donde se desplazaba la tabla pintada por Bellini, o tal vez por la oxidación del mecanismo que permitía el movimiento. En pocos segundos todo concluyó. Hasta los oídos de Tarquinio llegaban las exclamaciones de sorpresa de los que estaban fuera. Aunque él no podía verlo, era consciente de que aquel mecanismo había hecho aparecer la pintura supuestamente robada y que ahora podía ser contemplada por todos ellos.

Pasados unos segundos, volvió a tirar de la anilla y el movimiento de desplazamiento se produjo en sentido inverso. Ahora la tabla desaparecía y se superponía a la que formaba la parte central del banco del retablo.

Dos de sus hombres ayudaron a Tarquinio a salir. Su aspecto, de no ser por la indumentaria, era más propio de un minero que de un comisario de policía. Se había ensuciado el pantalón y la camisa. Tenía las manos ennegrecidas y manchas en la cara.

—Supongo —dijo tranquilamente uno de los inspectores presentes— que lo que le ocurrió a esa pareja fue que, curioseando en el marco del retablo, tiraron de la anilla y al ver lo que ocurría se marcharon apresuradamente por temor a las consecuencias de un acto irresponsable.

Tarquinio, que al intentar recomponer su figura sólo consiguió mancharse más, metió la mano por el lateral del retablo y comprobó que se podía llegar hasta la anilla, pero había que hacer un gran esfuerzo. Al tirar, una vez más, la pintura volvió a su sitio. Miró al inspector que había hecho el comentario sobre lo ocurrido, apretó los labios e hizo varios movimientos afirmativos con la cabeza. Pero en su interior bullían las ideas.

«Que han tirado de la anilla no me cabe la menor duda, pero la pregunta es ¿por qué escudriñaron en el retablo? La anilla no está ni a la vista, ni es fácil acceder a ella desde aquí. Es posible que haya más fondo del que nos pensamos en este asunto. Pero, en fin, lo importante es que el cuadro está en su sitio y que la *desaparición* del Bellini está resuelta. Ahora habrá que dar muchas explicaciones porque —miró hacia la puerta principal de la iglesia— ahí fuera habrá un buen jaleo.»

21

En las cadenas de televisión y las emisoras de radio el robo del Bellini se había convertido en centro de atención preferente. Se habían desempolvado de los archivos historias de robos de importantes obras de arte. Se habían abierto varios debates sobre la falta de seguridad que había en el rico patrimonio histórico de Italia en general y de Venecia en particular. Expertos en arte señalaban, con grandes diferencias, el valor de la obra robada, la importancia de Bellini en la creación de la escuela renacentista de pintura veneciana o calculaban la pérdida que suponía el robo de una obra de arte como ésa. Se hacían cábalas sobre los autores y la actividad de bandas organizadas dedicadas al tráfico ilegal de obras de arte.

Mientras se tronaba, se especulaba, se discutía, se acusaba o se disparataba sobre el robo, en la sacristía de la iglesia de *Zanipolo* el comisario Tarquinio y el padre Ranucci improvisaron una comparecencia ante los medios de comunicación. Los *carabinieri* tuvieron que emplearse a fondo para contener a la masa de curiosos que se agolpaba en la plaza, cuando por un megáfono se anunció que se habían producido importantes novedades en el caso del cuadro de san *Vincenzo Ferreri* y que se iba a permitir el acceso al interior del templo a los medios de comunicación que hubiese allí. Los rumores se dispararon en cuestión de segundos y entre la gente y los propios periodistas empezaron a circular versiones muy dispares acerca del contenido de dichas novedades, desde aquellas que sostenían que el robo era mucho más grave de lo que se había dicho hasta aquel momento y que lo que la policía pretendía era dosificar el impacto del mismo, hasta las que señalaban que había sido descubierto el ladrón. Algunos incluso aportaban el nombre, indicando que había sido el propio párroco el autor de la fechoría, ante una acuciante necesidad de dinero. Unos señalaban que había declarado por presión de la policía, que desde el primer momento había sospechado de él, mientras que otros sostenían que su confesión había sido voluntaria, arrepentido de su mal acto.

En Torcello, Lucio y María estaban muy excitados. Por una parte, la noticia del robo de una obra de Bellini, que los medios de comunicación habían convertido en centro de sus programas, les había dejado perplejos en un primer momento, pero una vez que habían analizado la situación habían comprendido lo ocurrido. Lo que el comisario Tarquinio acababa de descubrir había sido deducido por la pareja. La tabla se había desplazado por la acción de un mecanismo oculto. Eran conscientes de que antes o después las investigaciones acabarían por sacar a la luz lo que verdaderamente había sucedido.

Lucio, no obstante, había planteado la posibilidad de que alguien hubiese robado la tabla. María, presa de los nervios, no pudo contenerse y le gritó:

—¡Es prácticamente imposible! ¡Que alguien haya planificado el robo de esa pintura precisamente para hoy!

—Estoy de acuerdo en que las probabilidades son escasas, pero no me negarás que existen.

—¡En pura teoría, pero en la práctica es imposible!

—¡Si existe la posibilidad no es imposible! —gritó Lucio.

—Eso es verdad —comentó María en un tono que pretendía ser conciliador—. Aunque lo que pienso es que también ha podido ocurrir otra cosa.

—¿El qué?

—Que alguien haya difundido, de forma interesada, la noticia del robo para cobrar otra pieza.

Lucio puso cara de extrañeza y se encogió de hombros en un gesto que tenía mucho de interrogación.

—A estas horas Michelotto debe de tener en su poder el texto que Bellini dejó escrito en el libro de cuentas. Eso significa que puede saber que la clave de Bellini ha estado guardada en el políptico de San Vicente. Es más, estoy segura de que ya lo sabe. La tachadura que hiciste sobre el texto es una pista demasiado fácil.

—Pero la tachadura dificultará mucho la lectura.

—La hace ilegible a simple vista, pero no lo es si se aplican rayos X.

Lucio puso cara compungida.

—No te culpes por ello, amor mío —María le regaló una sonrisa y un cálido apretón de mano—. Es también probable que haya ido a *Zanipolo* y se haya encontrado con el hueco. Podría decirle a la policía y, te aseguro que a una persona como él le dan todo el crédito del mundo, que no se precipiten. Pero supongo que lo que quiere es meternos presión para ver si nos entregamos a él. Si nos sentimos acosados, él puede ser nuestra tabla de salvación. Estará esperando a que pasen las veinticuatro horas que nos dio de plazo —María sintió cómo un escalofrío le recorría la espalda al recordar la voz del teléfono— y que por cierto expiran dentro de cuatro.

—¿Por qué crees que Michelotto está actuando de esta forma? —preguntó Lucio.

—He pensado en eso. En un primer momento estaba convencida de que por afán de protagonismo. ¡No te puedes hacer una idea de cómo se lucha y cuánta ambición hay en los medios académicos por alcanzar la gloria de un descubrimiento!

—¡No lo sabes tú muy bien! —apostilló Lucio.

—Pero no creo que sea eso. Pensándolo mejor, la gloria de haber descubierto el secreto de Vivaldi hubiese sido para él.

—¡Tendría que haberlo compartido con nosotros, que hemos sido los verdaderos descubridores!

—María lo besó con ternura.

—No seas ingenuo, vida mía. ¿Con nosotros? ¿Quiénes somos nosotros? No, no te equivoques, recuerda el impresionante tribunal que nos había preparado. ¡Nada más y nada menos que la Strozzi, Camila Strozzi! ¡No puedes imaginarte lo que eso significa! ¿Y esos tipos? ¡Gente gorda, muy gorda! ¡Aquí hay en juego mucho más que la gloria académica de un descubrimiento! ¡Lo que Vivaldi descubrió y Bellini ocultó ha de ser algo tremendo!

—¡Todo me parece increíble! A veces pienso que nada de esto está ocurriendo, que todo es un sueño del que voy a despertarme en cualquier momento.

—¿También yo soy un sueño?

Lucio la estrechó con fuerza contra su cuerpo y la besó repetidamente en los ojos, la boca y el cuello. María percibió que Lucio deseaba más y mordisqueándole la oreja le susurró:

—Ahora no, amor mío. Eso lo dejamos para más tarde y prometo que no te arrepentirás. Si nos dejan, vamos a enterarnos por fin de lo que el *prete rosso* descubrió en Viena poco antes de morir.

* * *

El comisario Tarquinio dio su autorización para que uno de los inspectores que le acompañaban leyese a los medios de comunicación que se concentraban en la puerta de la iglesia una nota que habían redactado sobre la marcha, según la cual en diez minutos se daría una rueda de prensa en la sacristía de la iglesia —el padre Ranucci no había visto inconveniente en ello— en la que «Se harían públicos los importantes avances producidos en la investigación, como consecuencia de los cuales el caso Bellini había dado un giro de ciento ochenta grados».

La expectación levantada por aquellas líneas fue extraordinaria. Tarquinio disfrutaba echando carnaza a la *canalla*, que era como llamaba familiarmente a los periodistas.

Mientras en la sacristía los técnicos preparaban las cámaras de las distintas televisiones, los fotógrafos comprobaban sus máquinas y los reporteros hacían lo propio con sus grabadoras, el comisario y el párroco charlaban animadamente, pero en voz baja en uno de los rincones. En la sacristía dos policías habían dispuesto una mesa y dos sillas para la comparecencia que ambos iban a tener. Cuando Tarquinio y Ranucci se sentaron, se hizo un relativo silencio que interrumpían los ruidos de las cámaras y los flashes al dispararse.

El párroco se limitó a dar la bienvenida a todos y a agradecer a los medios de comunicación la labor que realizaban. A continuación habló el comisario, quien sin preámbulos, entró directamente en el asunto.

—Como ustedes saben, se ha difundido la noticia de que había sido robada una valiosa pintura de las muchas que se guardan en este templo. En concreto una de las tablas pertenecientes al políptico de san Vicente Ferrer.

—¿Han descubierto ya al autor del robo? —la pregunta había llegado desde el fondo de la sacristía. La voz era de mujer.

Tarquinio guardó silencio durante unos segundos y puso cara de pocos amigos.

—Si ustedes son tan amables —recalcó esta palabra— de permitirme contarles lo que quiero decirles, tendrán toda la información que desean... Como les estaba diciendo, se ha difundido la noticia de que una tabla del políptico de san Vicente Ferrer había sido robada esta mañana. Sin embargo, como a continuación el padre Ranucci tendrá ocasión de mostrarles, tal robo no ha existido.

Un murmullo primero y un coro de voces después, se levantó en la sala.

—¡Que no ha habido robo!

—¿Cómo es eso posible?

—¡Eso no es cierto! ¡Yo vi el hueco en el retablo, antes de que nos echaran los *carabinieri*!

—¡Ustedes mismos han dicho que se había producido el robo y que era una pintura de Bellini!

El padre Ranucci hacía con las manos gestos de apaciguamiento y pedía calma, mientras que Tarquinio miraba impasible la reacción que habían provocado sus palabras. Ya lo había previsto.

Poco a poco la dura expresión que había producido en su semblante la interrupción anterior, daba paso a una sonrisa que tenía mucho de burlona. Parecía estar disfrutando con la situación.

Cuando se hizo un relativo silencio, el comisario continuó:

—Esta mañana una pareja de visitantes concentró su atención en el mencionado políptico. El padre Ranucci tuvo ocasión, incluso, de intercambiar unas palabras con ellos. No sabemos quiénes son esa pareja de jóvenes. Pero sí sabemos que no han robado la pintura que supuestamente faltaba en el retablo.

—¿Por qué dice supuestamente, comisario?

Tarquinio hizo un esfuerzo para contenerse y continuó como si no hubiese oído la pregunta.

—Todo se ha debido a una lamentable confusión. El retablo de san Vicente tiene oculto en la parte de atrás un mecanismo que al accionarlo hace que la tabla derecha de la parte inferior del banco se desplace lateralmente y quede oculta detrás de la de enmedio. Por alguna razón que desconocemos alguien, posiblemente esa pareja que tanto interés mostraba por la obra, aunque esto no podemos confirmarlo, haya puesto en marcha ese mecanismo y, alarmada ante las consecuencias de su acción, se marcharon sin volver a tocarlo para que la tabla volviese a su posición inicial. Cuando la encargada de la limpieza, que fue quien descubrió la supuesta falta de la pintura, advirtió al señor párroco, éste pensó que se había producido un robo, dadas las circunstancias que concurrían, y presentó una denuncia. Eso ha sido todo.

El comisario hizo un gesto con el que ratificaba que había concluido la explicación que tenía que dar.

Un coro de preguntas fueron formuladas a la vez. Ninguna fue inteligible.

—Si les parece podemos seguir un orden. Comience usted —Tarquinio señaló a una rubia de formas rotundas, acentuadas por el vestido que llevaba.

—¿Es fácil acceder al mecanismo que ha mencionado? Y al párroco, ¿conocía usted su existencia?

Las respuestas fueron muy escuetas.

—Como podrán comprobar después no es fácil pero tampoco difícil acceder a él —contestó el policía.

—No, no sabía de su existencia. Ha sido toda una sorpresa —fue la respuesta del sacerdote.

—¿Si no es fácil acceder al mecanismo cómo explica que, supuestamente, esa pareja lo accionase? ¿Podrían ellos conocer su existencia?

—No tengo respuesta para ninguna de las dos preguntas. Lo único que puedo decirle es que el mecanismo ha sido accionado esta mañana y que ha dado lugar a un error. No ha habido robo y hemos descubierto la causa de la lamentable confusión que se ha producido.

—¿Servía ese mecanismo para ocultar algo?

Tarquinio sopesó la respuesta:

—En principio no ocultaba nada. Por lo menos nosotros no hemos encontrado nada. Si lo ocultó en otro tiempo es algo que desconozco. Creo que el retablo es de la segunda mitad del siglo xv. Desde entonces hasta hoy han pasado más de cuatro siglos y yo sólo tengo cincuenta y dos años.

Hubo una carcajada general.

—¿Quién ha descubierto ese mecanismo?

—He sido yo, ¿no ve cómo estoy? —Tarquinio se miró a sí mismo. Aunque le habían ayudado a mejorar la imagen y con la chaqueta puesta disimulaba mucho, las manchas de polvo eran perceptibles en su camisa.

—¿Cómo se dio cuenta de su existencia?

—Entré por el hueco dejado por el desplazamiento de la pintura a la parte de la capilla oculta tras el retablo.

—¿Podría buscar esa pareja algo oculto tras el retablo?

Tarquinio miró a la periodista de Tele 5 que había formulado la pregunta.

—No tengo respuesta para esa pregunta. Pero esa suposición carece de fundamento. Nada indica que hubiese algo oculto.

Aquélla era la pregunta más inteligente que le habían hecho. La única verdaderamente inteligente. La única que explicaba el interés de aquella pareja y el que hubiesen buscado la anilla que accionaba el mecanismo, que ni estaba a la vista ni era fácil dar con ella.

Lo más probable era que aquella pareja estuviese buscando algo. Algo importante según denotaba el interés de un personaje como Michelotto.

Comoquiera que Tarquinio no deseaba que se profundizase en aquella dirección, desvió la atención de la manera más efectiva.

—Muy bien, gracias a todos. Creo que ha llegado el momento de enseñarles a ustedes ese mecanismo que ha sido la causa de tanto revuelo.

—Señor comisario... Señor comisario —era la misma periodista que había formulado la última pregunta.

Tarquinio no le dio opción. Ya se había levantado.

—Si tienen la bondad de acompañarnos al padre Ranucci y a mí, les mostraremos cómo funciona ese mecanismo.

Todos salieron en tropel hacia el lugar donde estaba la pintura de Bellini.

Cuando Tarquinio apareció en el umbral de la puerta de la iglesia, acompañado por el párroco y los dos inspectores, en la plaza apenas si quedaba gente, la expectación levantada por el supuesto robo se había desvanecido. Los curiosos que allí se habían dado cita al calor de una noticia con morbo se habían marchado. Quedaban algunos periodistas y técnicos que recogían los trípodes y colocaban las cámaras en la parte posterior de sus vehículos. Caía el telón, el espectáculo había concluido.

Salió de *Zanipolo*. Aparentemente el caso del robo del cuadro de Bellini estaba resuelto, pero sabía de sobra que había mucho más. Lo que allí había aparecido era sólo el borde de la manta de un asunto de mayor envergadura. ¿Qué hacía un tipo como Michelotto allí, susurrándole nombres al oído? ¡Y qué nombre le había dicho! ¡El de la hija de Giulietta! No sabía muy bien qué debía hacer, si tirar de la manta u olvidarse de todo y mirar para otro lado. Pensó que los acontecimientos terminarían por señalarle el camino. Observó a *Il Coleoni*, que se mostraba desafiante desde lo alto de su pedestal, montado sobre el espléndido caballo que había fundido Verrochio, y se encogió de hombros.

Los dos inspectores aguardaban a que dijese algo.

—Creo que por hoy está bien. Si tenéis algo urgente, atendedlo; si no, mañana será otro día.

Los dos inspectores respondieron negativamente y se despidieron.

Miró el reloj y vio que ya habían dado las cuatro, se dirigió a la esquina de la plaza donde estaba discretamente aparcado su coche. Sacó del bolsillo de la chaqueta su teléfono móvil y marcó un número. Al segundo tono obtuvo respuesta.

—Soy yo, Aldo. Voy a cambiarme de ropa y tomar algo. Estoy ahí en menos de una hora.

—Sí, que te tranquilices, Giulietta. ¡Que no ha habido ningún robo! ¡Por la tele han podido decir lo que quieran! ¡Todo ha sido un mal entendido! ¡Una lamentable confusión! Hazme caso, que te lo digo yo. Una hora, cariño, no más. Nos vemos en el apartamento.

Aldo Tarquinio se mantenía en forma a sus cincuenta y dos años. Conservaba el pelo, que peinaba hacia atrás. Desde hacía más de un año mantenía una relación bastante estable con Giulietta del Sarto. Cada uno vivía en su casa, pero se acostaban juntos con una frecuencia regular en un nido de amor que tenían en un precioso apartamento que Giulietta poseía en el campo de San Rocco, detrás de la Scuola del mismo nombre, donde se guardaba una impresionante colección de pintura del Tintoretto.

22

La comida en casa de Stefano Michelotto había comenzado con un cierto retraso. Sus invitados habían llegado con la puntualidad a la que el *dottore* les tenía acostumbrados. Angelo les atendió, siguiendo las instrucciones de su señor, ofreciéndoles un aperitivo en la biblioteca. Cuando el anfitrión llegó se deshizo en excusas y aseguró a sus invitados que cuando les explicase la causa de su retraso le comprenderían. Dispuso que Camila les presidiese. Él se sentó a la derecha de la bella italiana y a su lado tomó asiento Clermont-Lafargue. A la izquierda de Camila se instaló MacFarlaine y a continuación Drexler.

—Querida Camila, queridos amigos, he de comunicaros una gran noticia. Antes de hacerlo propongo un brindis para celebrar que estamos ante un hecho que la verdadera *Fraternitas Charitatis* ha esperado durante dos siglos y medio para ver cómo se convertía en realidad. Su importancia es tal que si, una vez escuchada vuestra opinión, la misma es favorable, llamaré al gran maestre para que acuda a Venecia y sea él, en persona, quien determine la actuación a seguir. Hoy es un gran día para nosotros y para todos nuestros hermanos y hermanas distribuidos por el mundo.

Alister MacFarlaine, conocedor, como todos los presentes de los excesos verbales que en ocasiones hacían presa en el anfitrión de aquel almuerzo, levantó el vaso de whisky que tenía en su mano e interrumpió la alocución del *dottore*.

—Mi querido Stefano, propongo que efectuemos el brindis que nos has anunciado y que a continuación nos pongas al día de la situación en que se encuentra el asunto que nos ha congregado en tu bonita ciudad.

Camila levantó una estilizada copa de flauta en la que burbujeaba un champagne transparente y de diminutas burbujas. Clermont-Lafargue y Drexler hicieron lo propio.

Sonó el limpio tintineo del cristal cuando las copas chocaron y su sonido se extendió por el comedor.

—En este caso, he de comunicaros que la clave de Vivaldi, la que envió a Bellini desde Viena, ha aparecido.

—¡Ya era hora! —exclamó MacFarlaine y dio un generoso trago al contenido de su vaso.

—¿Sabemos quién la tiene y dónde está? —a Camila Strozzi le brillaban los ojos de una forma especial.

El aristócrata francés y el cirujano alemán se pusieron en tensión.

—Escuchadme con atención: tal y como habíamos supuesto, Tomasso Bellini, el *frater* responsable de nuestra hermandad veneciana en el momento de la muerte de Vivaldi, había escondido la clave que el hermano compositor le había enviado desde Viena. Cuando conoció el secreto que guardaba la partitura le pareció tan terrible que decidió no confiarlo a los otros *fratres*, incumpliendo así las reglas de su hermandad. Tomó entonces la decisión de guardar la partitura y también la clave, ocultándolos en lugares distintos. Pero dejó una pista para que quien encontrase la partitura —sacó de su bolsillo una copia de la misma y la colocó al lado de su plato— pudiese también acceder a la clave. Dejó escrito con tinta simpática en el mismo libro donde colocó la partitura el lugar donde había escondido la clave.

—¿Dónde? —preguntó Clermont-Lafargue.

La escondió en la iglesia dedicada a los santos *Giovanni e Paolo*, que da nombre a un barrio de Venecia. Utilizó un retablo dedicado a san *Vincenzo Ferreri* que había pintado Gentile Bellini entre 1464 y 1468, quien era un antepasado de la familia del *frater*.

—¡¿En ese caso a qué aguardamos!? —exclamó con vehemencia MacFarlaine—. ¡Vayamos a esa iglesia!

—Alister, déjame concluir, ten un poco de calma —señaló Michelotto haciendo un gesto de apaciguamiento con las manos—. Ya he estado en esa iglesia.

—¡Tienes la clave de Bellini! —exclamó Drexler.

Michelotto sonrió maliciosamente.

—Como os he dicho ya he estado en esa iglesia y, efectivamente, allí estaba la clave. Pero la pareja de tortolitos que ayer dejamos escapar se me había adelantado.

Tras aquellas palabras surgió un silencio absoluto. MacFarlaine dio un sorbo a su whisky y pudo escucharse el ruido que hacía al caer en su estomágo.

—¿Dónde están María y Lucio? —le preguntó Camila Strozzi.

—No puedo decírtelo porque no lo sé. La policía está tras ellos porque les culpa del robo de una de las pinturas del retablo. Precisamente de la tabla que ocultaba la clave.

—¿Han tenido que romper la pintura para acceder al escondite? —preguntó el francés.

—No lo sé, pero la pintura ha desaparecido. Cuando llegué a la iglesia había un revuelo fenomenal ya que por el barrio se había difundido la noticia del robo. También estaba allí la policía, avisada por el párroco, y todos los medios de comunicación de Venecia.

—Ésa es una mala noticia. Toda la policía de Venecia estará en estos momentos siguiendo la pista de esa pareja. Mal asunto para mantener nuestras acciones en un plano de discreción que considero imprescindible —señaló un Drexler cariacontecido.

—Eso es cierto, pero también lo es que esos jovencitos estarán en este momento asustados ante el turbión que han desencadenado sus acciones. Tan asustados que creo que es el momento de entrar en contacto con ellos y ofrecerles una negociación. Estarán agobiados y no podrán soportar la presión. Si les ofrecemos ayuda, un buen puñado de euros y una salida, vendrán a nuestras manos.

—¿Cómo entrarás en contacto con ellos? —MacFarlaine se retorcía una de las puntas de su rojo bigote.

Por toda respuesta Michelotto sacó de su bolsillo un pequeño teléfono móvil.

Ante el gesto del escocés, señaló:

—Tengo el número de María del Sarto.

En aquel momento el mayordomo se acercó al *dottore,* le dijo algo al oído y le entregó un papel cuidadosamente doblado.

—Gracias, Angelo.

Lo desdobló y echó una mirada. Tenía escritos dos nombres: Nicola Martini y Adriano Rossi.

—Este papel me recuerda que he de deciros que además de nosotros hay otra gente detrás del secreto del *prete rosso.* Se trata de la mal llamada otra rama de la *Fraternitas Charitatis.* Los descendientes de los *fratres* que se escindieron de nuestra hermandad aquí en Italia, cuando, por influencia del Vaticano, rechazaron que las tropas de Victor Manuel II se apoderasen de los Estados Pontificios y entrasen en Roma.

—¿Todavía existe esa gente? —preguntó MacFarlanie.

Michelotto dibujó una mueca compungida en su rostro.

—Así es, querido Alister, son gente menuda, comerciantes, empleados, funcionarios y algunos profesionales quienes reciben apoyo de ciertos círculos de poder donde la Curia romana tiene influencia. Puede que también haya en sus filas algún napolitano o siciliano con poder, ya me entendéis...

—¿Cómo sabes que son ellos? —preguntó Camila.

—Acaban de entregarme una nota con el nombre de dos archiveros que han metido las narices en el archivo de la *Pietà*. Uno de ellos, Adriano Rossi nos abandonó, por causas que no vienen al caso, y fue admitido por los disidentes.

—¿No podrían ser ellos los que hubiesen descubierto la clave? —preguntó Camila.

—No, no han sido ellos. Han sido María del Sarto y ese músico español. Los disidentes van detrás de nosotros.

—¿Estás seguro? —insistió la Strozzi.

—Completamente.

—Lo que no alcanzo a comprender —Michelotto parecía reflexionar en voz alta— es cómo se han enterado de la aparición de la partitura... No lo entiendo... a no ser...

—¿A no ser qué? ¡Santo cielo, Stefano! —Camila estaba tensa.

—A no ser que esa pareja esté jugando a dos barajas.

Angelo se acercó otra vez a su señor, su actitud denotaba claramente que tenía que comunicarle algo, pero aguardó respetuosamente a que el *dottore* le hiciese alguna indicación.

—¿Sí, Angelo?

El mayordomo se aproximó solícito.

—Perdone, señor, pero Stánkovic dice que es importante.

—¿Que es importante? —Michelotto había torcido el gesto.

—Señor, dice que ha escuchado en la radio algo que cree que es urgente que conozca.

—¿Y bien?

—Señor, no ha querido decírmelo.

Con gesto contrariado, Michelotto tiró de la servilleta y la colocó sobre la mesa, pidió excusas a sus invitados y salió del comedor. Al otro lado de la puerta aguardaba Bodan Stánkovic, el corpulento servio que le servía de chófer y guardaespaldas.

—¿Tan importante es lo que tienes que decirme?

—Señor, están desmintiendo lo del robo de la pintura.

—¡Qué es lo que dicen!

—Señor, dicen que todo ha sido un error y que la pintura estaba oculta en el retablo. Parece ser que alguien había accionado un mecanismo que la ocultaba y luego no la volvió a su sitio. La policía ha descubierto el mecanismo y al accionarlo nuevamente, la pintura ha vuelto a colocarse en su lugar.

—¿No será una broma? ¿O una confusión?

—Lo he escuchado en dos emisoras distintas, señor. Le están echando la culpa al párroco por haber actuado con demasiada ligereza. Dicen que en lugar de haber presentado la denuncia a la policía, lo que tenía era que conocer mejor su iglesia.

—¡Maldita sea!

Michelotto regresó al comedor, donde le aguardaban sus invitados. Sin ningún tipo de explicaciones previas les indicó que la situación había variado en la última hora.

—La pintura supuestamente robada ha aparecido. En realidad, parece ser que nunca salió del retablo. Sencillamente al accionar un mecanismo se había ocultado tras otra de idénticas medidas.

Hubo expresiones de desánimo.

—Pero no hay mal que por bien no venga —Michelotto volvió a la carga—. Simplemente hemos de cambiar la táctica a emplear y que os estaba explicando cuando nos han interrumpido. Escuchadme con atención. Pero antes habéis de disculpar mi falta de hospitalidad.

—¡Angelo —el *dottore* levantó la voz—, la comida, por favor!

—Al no tener la presión de la policía como autores del robo del cuadro —continuó Michelotto— tenemos menos elementos de presión sobre esa parejita. Por lo tanto nuestra acción ha de ser más directa.

—¿Qué quiere decir más directa? —preguntó el francés.

—Hemos de apoderarnos, sin mayores miramientos, de la clave. Simplemente, se la arrebataremos.

Michelotto dijo aquello con una seguridad tal que llevarlo a cabo parecía un juego de niños.

—Creo que hacernos con la clave en sí no tiene mucho problema. No creo que esa pareja pueda ofrecer mucha resistencia —señaló una imperturbable Camila Strozzi—. El problema está en localizarlos, antes de que esos malnacidos que usurpan y usan un nombre que no les pertenece se nos adelanten, o se produzca algún acontecimiento que vuelva a alterar el actual estado de las cosas.

Por toda respuesta Michelotto sacó otra vez el teléfono móvil de su bolsillo y lo exhibió, como si de un trofeo se tratase.

—La clave está nuevamente aquí.

—Stefano, no irás a decirme que con una simple llamada, esos dos van a decirte dónde se encuentran —MacFarlaine seguía bebiendo whisky.

—No, pero con una llamada y la ayuda correspondiente, podremos localizar dónde están. Todo es cuestión de tecnología.

—¿Tecnología?

—Sí, tecnología, amistades y un poco de tiempo. Tiempo de conversación telefónica que permita a un técnico cribar los datos.

—¡Es muy importante tener amigos en la Compañía Telefónica! —comentó Drexler.

—Amigos de mis tiempos de criptógrafo para la OTAN, allí está la tecnología que puede permitirnos la localización del receptor de la llamada que haga desde mi propio teléfono. Y como el tiempo apremia me vais a permitir —en aquel momento entraba el mayordomo con dos camareras para servir las entradas— que me ausente por unos instantes.

Michelotto se dirigió a la biblioteca y buscó en una agenda, que guardaba en un cajón bajo llave, un número de teléfono. Marcó y al primer tono pudo escuchar.

—Base de Tarento, Unidad de Transmisiones. Telefonista de guardia, ¿quién llama, por favor?

—¿El general Cavallieri, por favor?

—¿Quién llama, por favor?

—Soy el *dottore* Stefano Michelotto.

—Aguarde un momento, por favor.

Michelotto escuchó un clic y a continuación unas burdas notas de *Caballería rusticana*. Hubo de aguardar casi dos minutos, con aquella tortura en el oído, hasta que oyó nuevamente la voz del telefonista.

—*Dottore* Michelotto, le paso con el general.

—Muy amable. Muchas gracias.

—¡Stefano, viejo bribón! ¿Cómo estás? ¿A qué extraño honor debo el que me llames?

—Me alegro de oírte Domènico, yo estoy estupendamente, ¿cómo estás tú?

—¡Muy bien, muy bien! ¡Con ganas de verte! ¿A qué se debe tu llamada?

—Verás, Domènico, necesito que me hagas un pequeño favor.

—¡Cuenta con ello!

—Déjame que te lo explique.

—¡Pero cuenta con ello! ¿De qué se trata?

—Necesito localizar dónde se encuentra una persona, a través de una llamada de teléfono.

—¿Un particular?

—Sí, se trata de una antigua alumna mía. Puedo decirte su nombre, pero tienes que ser muy discreto. Tú ya me entiendes.

—¡Viejo bribón! No hace falta. Lo que necesito es el número de esa guapa alumna, porque será guapa, ¿no?

—Por supuesto, por supuesto.

—¡Ah, el bribón de Stefano! También necesito el número tuyo y la hora exacta de la llamada.

—¿Tienes a mano con qué escribir?

—Sí, dime.

—Mi número es 606230285 y el de María...

—¿Conque la palomita se llama María?

—En efecto, su número es... —miró el papel donde lo tenía anotado— 636952791.

—Voy a repetírtelos —gruño el general— 6-0-6-2-3-0-2-8-5 y el otro 6-3-6-9-5-2-7-9-1.

—Correcto, Doménico.

—¿Cuándo vas a efectuar la llamada?

—¿Cuánto tiempo necesitas para prepararlo todo?

—Dos o tres minutos, a partir de que cortemos la comunicación.

—¿Cuánto tiempo he de sostener la llamada para que la localicéis?

—¡Estás anticuado, viejo bribón! Con que descuelgue el teléfono la damos por follada.

—Nunca cambiarás, viejo amigo, nunca cambiarás. ¿Llamo dentro de tres minutos?

—Me parece bien. ¿Cronometramos?

—Cronometramos.

—Te llamo a tu móvil en el momento que tengamos la localización —comentó el militar.

—¿Cuánto puedes tardar?

—No más de cinco minutos. Hasta ahora. Empezamos a contar tres minutos.

Michelotto sintió en su oído el golpe de la desconexión. Los tres minutos siguientes los pasó pendiente del segundero de su reloj.

En el momento en que se cumplían los tres minutos marcó el número de María. Esperaba que tuviera cobertura y que respondiera.

Escuchó el primer tono, luego el segundo. Un tercero y un cuarto. Creía que no iba a tener respuesta, pero al sonar el quinto tono escuchó la voz cantarina de la joven veneciana, aunque percibió en ella un fondo de cautela, como si temiese algo.

—¿Dígame? ¿Dígame? ¿Oiga, dígame? ¡Quién llama! ¿Dígame?

Michelotto esperó, conteniendo la respiración, hasta que María cortó la comunicación. Miró la hora que marcaba el propio teléfono. Faltaban tres minutos para las cuatro de la tarde.

Exactamente ocho minutos después sonaba su móvil. Había aguardado la llamada en la biblioteca. Era el general Cavallieri.

—¡Toma nota, Stefano! 12º 15' y 23" longitud Este y 45º 21' y 18" de latitud Norte. Eso es la isla de Torcello. Se trata, según nuestros mapas, de una casa situada a la espalda de una basílica que tiene planta circular. ¡Ahí es donde está tu tortolita! ¡Espero que no te esté poniendo los cuernos! —el general soltó una carcajada.

Michelotto no pudo resistirse a comentarle, como una forma de respuesta a aquellas burdas manifestaciones, que se trataba de localizar a una persona que tenía en su poder una valiosa partitura de Vivaldi, cuyo interés era extraordinario porque permitiría descubrir aspectos desconocidos hasta entonces del famoso compositor.

—¡Sí, sí, Vivaldi! —fue el chusco comentario del militar.

Michelotto sintió cómo un golpe de calor brotaba de su cuerpo, provocado por un malestar creciente ante la actitud de Cavallieri. No pudo contenerse.

—¿Tu ignorancia, Domènico, te lleva a no haber oído nunca hablar del secreto del *prete rosso*?

—¡El *prete rosso*! ¿Y quién era ése?

—Mejor lo dejamos, Domènico.

Michelotto le agradeció su colaboración y se despidió de forma cortés y breve. No soportaba a aquellos militares que hacían de las expresiones soeces una forma de vida.

Cuando concluyó la conversación estaba enfadado. ¡Tenía lo que deseaba, que había resultado mucho más fácil de lo que había supuesto, pero estaba de un humor de perros! No sabía muy bien si por las formas de Cavallieri o porque al final había terminado por darle una explicación como forma de justificarse, cuando no tenía necesidad de hacerlo.

Pensó que los años no pasaban en balde y que había tenido una reacción impropia de él.

En el piso de Mestre, donde la *Fraternitas Charitatis* había instalado su cuartel general de operaciones, Giorgio Cataldo y Romano Licci escuchaban las explicaciones de Nicola y Adriano.

—Lo que pide son dos mil euros.

—¿No crees que es mucho dinero por algo que, según tú mismo afirmas, no sabemos exactamente cuál es el valor que tiene? —preguntó Giorgio.

—Si su objetivo no es estafarnos, posiblemente tenga el valor que dice. Lo malo es que se trate de un engaño —indicó un cauto Licci.

—Mi opinión personal —insistió Nicola— es que no nos miente en cuanto al interés de la información que puede proporcionarnos, aunque desde luego se trata de un individuo con pocos escrúpulos. Ha visto una oportunidad de conseguir un dinero fácil y está explotando el filón que se le ha presentado.

—En todo caso —señaló Adriano Rossi—, no disponemos de mucho tiempo. La decisión que se vaya a tomar ha de ser rápida —miró su reloj—, han dado ya las cuatro y dijo que estaría allí hasta las seis.

—Adriano tiene razón —Licci hablaba con voz profunda—, no ya sólo porque ese granuja termine de trabajar a las seis, sino porque el tiempo es un elemento fundamental en este asunto. No creo que dos mil euros sea un precio excesivo para una información por la que llevamos suspirando durante tanto tiempo.

Licci se levantó, cogió un portafolios de piel de cocodrilo, que presentaba un notable desgaste por los bordes. Abrió las cerraduras de combinación numérica y sacó un pequeño fajo de billetes. Contó dos mil euros, los introdujo en un sobre y se lo entregó a Nicola.

—¡No perdáis un momento! —gritó a los archiveros cuando salían por la puerta.

Giulietta del Sarto y Aldo Tarquinio se encontraron en el apartamento a la hora convenida. La tensión que la madre de María había vivido las últimas veinticuatro horas era perceptible en su cara. Sus ojos denotaban cansancio y las pequeñas arrugas que se abrían en las comisuras de los labios habían ganado en intensidad. Lo más llamativo era el pequeño herpes que, como un acceso por donde había de salir el sufrimiento, se le formaba invariablemente en su labio inferior cuando vivía momentos de angustia.

En el momento en que Giulietta, que había sido la primera en llegar, oyó el ruido de la cerradura, corrió al encuentro de Tarquinio, se abrazó a él y comenzó a llorar de forma inconsolable. Repetía una y otra vez la misma frase:

—¡Ha sido horrible! ¡Ha sido horrible!

Aldo trataba de tranquilizarla. Acariciaba su espalda, besaba su cuello y le susurraba al oído que ya todo había pasado. Así transcurrieron varios minutos hasta que las sacudidas de su cuerpo le indicaron que Giulietta empezaba a relajarse. Con cuidado, como quien teme romper algo muy valioso, deshizo el abrazo, la besó nuevamente, ahora en la boca, y tiró de ella hacia el salón del apartamento. Se dejaron caer en el sofá y le preguntó, sin soltarle la mano, si le apetecía tomar algo. La respuesta fue la misma de tantas ocasiones.

—Lo mismo que tú. Pero antes necesito un café.

Aldo, que se movía por territorio conocido, fue a la cocina —un lugar equipado hasta el último detalle— para hacer un poco de café en una cafetera de filtro. Muy pronto el rubio líquido, a ella le gustaba muy claro, empezó a gotear en el fondo de cristal. Mientras pasaba el café, preparó dos gin-tonics muy cortos de ginebra, una rodaja de limón y poco hielo y aguardó en la cocina hasta que estuvo el café. Lo hizo a propósito para que en aquellos minutos Giulietta se serenase lo más posible. Cuando regresaba al salón portando en una bandeja la humeante taza de café, que llenó el lugar de un aroma intenso, se paró en el mismo umbral de la puerta y le lanzó un beso:

—¡Me gusta como vas vestida!

—No digas tonterías —la voz de Giulietta sonaba melosa.

Aldo colocó la bandeja encima de una mesa de cristal que

había delante del sofá, volvió a la cocina a por los gin-tonics, regresó al salón y cogió las manos de Giulietta.

—Ha habido un terrible malentendido. ¿Lo sabes ya?

—Algo he escuchado por la radio —suspiró ella—. Ahora la están emprendiendo con el párroco.

—¿Con el padre Ranucci?

—Sí, así creo que se llama. Lo tachan de irresponsable, de actuar con ligereza, de levantar alarma social, qué sé yo.

—¡Pobre Ranucci! Me ha parecido una excelente persona.

—¿Qué es lo que ha ocurrido, entonces? —preguntó Giulietta.

—Todo se ha debido a un malentendido, nadie había robado nada. Simplemente alguien accionó un mecanismo en el retablo donde estaba la pintura supuestamente robada y ésta se ocultó detrás de otra de iguales dimensiones. —Aldo no quería decirle a Giulietta, por lo menos en aquel momento, que Michelotto había dejado caer en sus oídos el nombre de María y de Lucio. Aquello volvería a alterarla. Ya tendría tiempo de decírselo.

—¡Ha sido horrible, Aldo! —gimió Giulietta.

—Es posible que María y ese joven estuviesen en *Zanipolo* esta mañana.

—¡Es posible, no! ¡Es seguro! —lo dijo con genio, alzando la voz.

—Estaban allí esta mañana, pero eso no es un delito. Además, ya te he dicho que todo ha sido un malentendido.

—Sin embargo —en los ojos de Giulietta hubo una chispa—, María y Lucio no estaban allí por casualidad. Fueron ellos los que accionaron ese mecanismo.

Aldo compuso una expresión de sorpresa.

—¿Buscando algo?

Guilietta asintió.

—Buscaban algo que estaba oculto en ese retablo. Fueron

ellos los que accionaron el mecanismo y no fue fruto de la casualidad.

Aldo no dejaba de pensar en Michelotto y en su misteriosa aparición en la iglesia, para dejar caer unas gotas de insidia en su oído.

—¿Quieres que ayude a María?

—Por eso te he llamado.

—¿Sólo por eso? —había picardía en sus palabras.

—¿Tienes la noche libre? —también había picardía en la pregunta.

—Completamente libre.

—¡Ya no la tienes! ¡Y vas a enterarte!

—¡Huy, qué miedo! —Aldo adoptó, de manera cómica, una posición defensiva, como si tuviese que parar un golpe que se le venía encima. Le llegó en forma de un manotazo de Giulietta. Luego hubo un breve escarceo amoroso. Después Aldo le pidió que le contase todo lo que supiese de aquel asunto que tanto la preocupaba.

—Primero te contaré la historia, hasta donde yo conozco, sin entrar en detalles. Luego tú me preguntas lo que quieras.

Aldo, que sabía lo que para Giulietta significaba no entrar en detalles, manifestó su acuerdo y observó que el peor momento ya había pasado, la tensión contenida había explotado y que Giulietta empezaba a tranquilizarse. Contarle todo aquello iba a ayudarla a relajarse aún más.

Empezó por explicarle la relación que se había iniciado entre María y Lucio y cómo, al parecer, éste había descubierto una partitura de Vivaldi, cuya música era muy extraña. Le comentó la visita que María había hecho a una antiguo profesor suyo, experto en textos codificados.

—¿Recuerdas el nombre de ese profesor? —la interrumpió Aldo.

Giulietta frunció la boca y contestó negativamente.

Aldo insistió y recibió otra negativa.

—¿Te suena de algo el nombre de Michelotto, Stefano Michelotto? —No quería inducirla, pero era necesario atar cabos desde el primer momento.

—¡Ése es el nombre del profesor! —exclamó. Luego llegó la pregunta—. ¿Cómo lo sabes?

—Pura deducción. No abundan los descodificadores de textos y Michelotto, que es profesor de la universidad, es el mejor.

Giulietta continuó:

—Parece ser que ese tal Michelotto se tomó el asunto con mucho interés. María, esta vez acompañada de Lucio, volvió a reunirse con él. Después empezaron los problemas.

—¿Qué problemas?

—La policía vino preguntando por Lucio al Bucintoro.

—¿Qué es lo que querían?

—No lo sé, me dijeron que sólo hacerle unas preguntas a Lucio.

—¿Por qué no me avisaste?

—En aquel momento no pensé que fuese necesario.

—¡Giulietta! ¡La policía no va haciendo preguntas porque esté aburrida y no tenga mejores cosas que hacer!

La madre de María dio un largo sorbo a su café y luego, con aire contrariado, le dijo a Aldo:

—¿Me dejas terminar?

—Por supuesto, querida. Perdona a este policía fisgón —bebió un poco de su gin-tonic.

—Cuando subí a la habitación de Lucio para decirle que la policía preguntaba por él me llevé una desagradable sorpresa.

—¿Qué pasó?

—Alguien había entrado en su habitación y lo había puesto todo patas arriba. Alguien había estado buscando sin mucho cuidado. ¡Qué desorden, Aldo!

—¿Se sabe algo de ese alguien?

—Nada, hemos tenido unos días muy agitados en el hostal. Ha entrado y salido mucha gente. Ya sabes... septiembre.

—Pero el que entró en la habitación de Lucio, ¿sabía cuál era? Esa información tuvo que obtenerla de alguna forma.

—Aquella mañana dos hombres, que dijeron ser músicos, como Lucio, preguntaron por él. Es posible que obtuviesen algún dato para conocer la habitación al fijarse en el número que marcaba el teléfono de recepción para llamar a su habitación y avisarle de aquella visita.

—¿Habéis presentado una denuncia?

Giulietta negó con la cabeza.

—¿Se puede saber por qué?

—Lucio y María se negaron.

—¡Pero tú eres la responsable del Bucintoro!

—Me pidieron por favor que no lo hiciera.

—¿Y respecto a la policía?

—Me pidieron también que les dijera que no estaba.

—¡Giulietta!

—¡Se trata de mi hija y no tengo más que una!

Aldo asintió con la cabeza.

—¿Qué pasó después?

—Dije a la policía que no estaba y ellos me encargaron de informarle de que volverían más tarde. Luego Lucio y María se marcharon.

—¿Adónde?

—Después te lo diré. Ahora escúchame con atención. La policía volvió a última hora de la tarde y tuve que mentirles otra vez. Les dije que Lucio no había vuelto, que llevaba todo el día fuera. Todo eso ocurrió ayer. Esta mañana he recibido una llamada telefónica en la que una voz muy desagadable me ha amenazado con todo tipo de problemas, si María y Lucio no les entregan algo que ese individuo quiere a toda costa.

No te puedes hacer una idea del terror que infunde esa voz y las amenazas que profirió. Sentí mucho miedo. Fue entonces cuando te llamé.

—¿Cuándo recibiste esa llamada?

—Esta mañana.

—Ya, pero a qué hora.

—Fue un poco antes de las once.

—Tú me llamaste después de las dos, ¿qué hiciste en ese rato? —la mente de Aldo funcionaba como lo que era, un policía.

—Llamé primero a María para ver si estaba bien. Estaba horrorizada. Temía que le hubiese podido ocurrir algo.

—¿Hablaste con ella?

—Sí, en ese momento estaba en la iglesia de *Zanipolo*.

—¿Y después?

—No sé, traté de reponerme. Por mi cabeza pasaron muchas cosas. Otra vez llegó la policía preguntando por Lucio; creo que ya no me creyeron cuando les dije que no estaba.

—¿No le dijiste a la policía nada de las amenazas?

—Ni se me pasó por la cabeza. ¿Tú crees que con la policía preguntando por Lucio y la actitud que venía manteniendo era la ocasión para decirles que había recibido amenazas de muerte?

—¿Recuerdas lo que te dijo esa voz?

—¡Era horrible, Aldo! ¡Me amenazó con hacer daño a María! ¡Con matarme! ¡Qué se yo! ¡Con hacer daño a mi negocio! ¡Horrible, horrible!

—¿Te dijo lo que querían?

—Lo recuerdo perfectamente. Me dijo: «Queremos lo que tiene tu hija y nos pertenece».

—Lo que tiene tu hija y nos pertenece —repitió Aldo—. ¿No te dijo lo que era?

—Me dijo exactamente lo que te he dicho. Pero es fácil suponer qué es. Lo que quieren es esa maldita partitura que Lucio encontró en el archivo de la *Pietà*.

—¿Dónde dices que la encontró?

—En el archivo del *Ospedale della Pietà*.

—Creo que allí trabajaba Vivaldi, ¿no?

Giulietta asintió.

—Luego vino la noticia del robo de esa pintura. Me derrumbé, pensé que María andaba metida en algo muy feo. Fue entonces cuando te llamé. ¡Estaba ahogándome! ¡Sabía que había estado en la iglesia donde se cometió el robo! ¡La policía buscando a Lucio! ¡Gente que entra en mi hostal y asalta su habitación! ¡Una llamada con amenazas...!

Aldo se aproximó a Giulietta y la envolvió con sus brazos. Era un claro gesto de amor, pero sobre todo de protección para que se sintiese segura, después de aquellas horas terribles. Vio que había terminado con el café, cogió los dos gintonics y le dio el suyo. Después de un largo trago, sacó el teléfono móvil y llamó a la comisaría.

—¡Soy Tarquinio, ponme con el inspector de guardia!

El comisario conocía a los inspectores a sus órdenes por el timbre de la voz.

—¿Manfredi? Sí, soy yo, Tarquinio. Creo que hay una denuncia contra un tal Lucio Torres, creo que es un músico español. Dame toda la información recogida sobre el caso.

La espera, con el teléfono pegado a la oreja, duró poco más de un minuto.

—Sí, dime, dime...

»Que fue presentada en la comisaría del Arsenal, a las cuatro de la tarde de ayer por Stefano Michelotto... Sí, sí, continúa... Que acusaba a un español, llamado Lucio Torres, de haber robado del archivo del *Ospedale della Pietà* una partitura que había descubierto... Sí, sí... que el denunciante indicaba que se trataba de una partitura de gran valor, que era de

Vivaldi y que se corría el riesgo, tratándose de un extranjero, de que abandonase Italia, llevándosela consigo...

»¿Qué pruebas presentó? —preguntó el comisario, mirando a Giulietta, a quien no sorprendía aquella conversación, salvo el dato de que la denuncia había sido presentada por Michelotto.

»¿¡Que no presentó ninguna prueba!? —Aldo estaba entre sorprendido y furioso.

»Eso no es una explicación, Manfredi. Pide que me pasen con la comisaría del Arsenal... Sí, sí, aquí, al móvil.

Cerró el teléfono, permaneció unos instantes pensativo, y luego comentó:

—Algunas cosas empiezan a tomar forma y, desde luego, la clave de todo el asunto está en ese profesor de tu hija, que se llama Stefano Michelotto. ¿Sabes que esta mañana se presentó en la iglesia de *Zanipolo*?

—¿Quién?, ¿Michelotto?

Aldo iba a contestar, pero en ese preciso momento sonó su teléfono móvil y se limitó a hacer a Giulietta un gesto afirmativo.

—*Prego*.

»Sí... sí... soy yo. El comisario Tarquinio. ¿Está el comisario? Sí... sí... aguardo.

Sin retirar el teléfono de su oído tapó con la mano el micrófono y le dijo a Giulietta:

—Es muy inteligente. Dejó caer en mis oídos una información acorde con sus intereses, que me ofreció como la colaboración de un ciudadano ejemplar.

»¿Sí? Sí, sí... Antonio..., soy yo, Aldo.

»Sí, información de una denuncia presentada en tu comisaría. Sí, tengo mucho interés. Conozco los datos, pero me gustaría conocer las circunstancias. Sí, sí... Mira los datos... el denunciado es Lucio Torres, español. El denunciante, Stefano

Michelotto y fue presentada ayer a las cuatro... sí... sí... aguardo. Bueno, bueno, cuelgo, y tú me llamas... sí, sí al móvil.

Transcurrieron varios minutos en los que Aldo contó a Giulietta la visita de Michelotto a la iglesia. Luego le pidió que le contase todos los detalles, por muy insignificantes que le pareciesen, relacionados con aquel asunto, tales como la forma en que se conocieron María y Lucio, la causa de la presencia de éste en Venecia, la opinión que tenía de él, cuál era exactamente la relación que había entre ambos, si tenía algún dato acerca de la partitura que había encontrado y también las fechas, con la mayor precisión posible, de todo lo acontecido aquellos días.

Las respuestas de Giulietta fueron muy precisas y valiosas. Estaba tratando de establecer con la mayor exactitud posible la cronología de los hechos, cuando sonó el teléfono de Aldo.

—Te escucho, Antonio.

Fueron las únicas palabras que pronunció. Durante más de cinco minutos escuchó lo que su colega del Arsenal le contó. Aldo asentía con breves movimientos y, en un momento determinado, sacó un pequeño bloc y anotó varias cosas. Cuando la información que le daban hubo terminado, dio las gracias a su compañero y le pidió que le mantuviese informado de cualquier novedad que hubiese en el caso porque estaba muy interesado. Se despidió haciéndole una sugerencia.

—¡Ándate con pies de plomo, Antonio!

»¿Que por qué te digo esto? Porque, si bien no niego que hay en circulación una partitura que al parecer tiene un gran valor, yo ignoro si es o no de Vivaldi, aquí hay más intereses en juego de lo que a primera vista parece. ¡Ten cuidado con ese Michelotto! —Aldo cerró su teléfono.

»¿Dónde están ahora María y Lucio? —a la perspicacia y

la experiencia del policía no pasó desapercibido un leve gesto de resistencia—. No estás hablando con el policía. Estás hablando con el hombre con quien te acuestas desde hace un año y al que has llamado para que te ayude —había un fondo de recriminación en aquellas palabras.

Giulietta le echó los brazos por el cuello y le besó en los labios.

—Perdóname, Aldo, pero es que estoy tan cansada. Están en la casa de Torcello. Alguna vez hemos ido hasta allí.

—¿Podemos comunicarnos con ellos?

—Sí, podemos llamar al móvil de María.

En el salón de la casa de Torcello los dos jóvenes habían preparado la mesa. Quitaron de encima todos los objetos de adorno que ayudaban a acumular polvo. Habían recobrado buena parte de su ánimo cuando supieron por la radio que el supuesto robo de la pintura de Gentile Bellini no era tal y que todo se había debido a una confusión. La policía había resuelto el caso en pocas horas y la tabla se encontraba en su lugar.

María sacó de su bolso una caja de madera cuya superficie mostraba la pátina de siglos. Era de pequeñas dimensiones, tendría unos diez centímetros de lado y la mitad de altura. La puso, reverencialmente, sobre la mesa, bajo la atenta mirada de Lucio.

—Aguarda un momento, voy a la cocina a por un paño —Lucio regresó en un instante. Entregó a María el paño, brindándole el honor.

Con primor, la joven veneciana la limpió y quedó al descubierto su calidad. La superficie era lisa, estaba lacada y tenía un hermoso dibujo de taracea, que denotaba el origen morisco del trabajo. Era una muestra de que Venecia fue en el pasado un puerto donde confluían todos los bordes del Mediterráneo.

Abrió el cierre, un pequeño broche metálico, con mano temblorosa.

Cuando era niña se dormía todas las noches soñando con aventuras donde era una heroína valiente y bienhechora. Vivía las más extraordinarias situaciones. Nunca, sin embargo, había imaginado algo parecido a esta experiencia. Tal vez, porque cuando tuvo conocimiento del secreto del *preste rosso*, la época en que devoraba libros y más libros sobre la historia y los personajes más sobresalientes de su ciudad, ya no era tiempo de ilusiones infantiles en las que su imaginación la hacía convertirse en heroína que salvaba a Venecia de los ataques de los turcos o era una mujer corsaria que luchaba contra los piratas berberiscos en aguas del Mediterráneo. Nunca soñó que la vida la iba a conducir por los derroteros adonde le había llevado los últimos días.

Lucio tampoco había soñado jamás —era menos imaginativo que María— que la vida iba a sorprenderlo. Sabía, desde hacía muchos años, que su ídolo, Antonio Vivaldi, el violinista más genial de todos los tiempos, había tenido una vida azarosa y que había en ella pasajes extraños para los que no se habían encontrado explicaciones satisfactorias. No sabía nada acerca del descubrimiento que había realizado, ni que perteneciese a una extraña hermandad, llamada *Fraternitas Charitatis*. Él había soñado con venir a Venecia, pero no que su estancia en la ciudad iba a derivar en tal aventura. ¡Había descubierto una partitura inédita de Vivaldi! ¡El sueño de muchos investigadores! ¡Además, aquella partitura, ciertamente extraña, escondía su gran secreto, el secreto del cura rojo! Y lo más extraordinario de todo. ¡Se había enamorado hasta la médula de sus huesos de la veneciana que tenía ante él y que era la criatura más deliciosa del mundo!

María abrió la tapa de la caja y se oyó el crujir de las pequeñas bisagras, oxidadas por el paso de los años. Ante aquellos dos pares de ojos apareció un papel amarillento varias veces doblado.

En aquel instante un ruido estridente rompió la magia del momento. Sonó el móvil de María.

23

—*Prego.*

»Hola, mamá. Sí... sí, estamos bien. Sí, sí, ya lo hemos escuchado en la radio. Ya te dije que tu hija puede ser un poco locuela, pero no es una ladrona. ¿Tú cómo estás?

»Me alegro mucho.

»¿Que Aldo está contigo?

»Claro que no tengo inconveniente ninguno en hablar con él.

María escuchó atentamente a Aldo. Le llamó la atención la cantidad de datos y detalles que poseía acerca del asunto de la partitura. En un momento determinado tapó el micrófono y dijo a Lucio:

—Es Aldo, un comisario de policía que es... es algo más que un amigo de mi madre. Dice que quiere ayudarnos porque, aunque lo del robo del cuadro está solucionado, le preocupan las amenazas que hemos recibido tanto nosotros como mi madre.

María apartó la mano del micrófono y dijo al comisario:

—¿Puedes repetir lo último? No me he enterado muy bien, creo que es por culpa de la cobertura.

»¿Que si mamá y tu podéis venir aquí?

»Aguarda un momento.

Lucio no había dejado un instante de mirar a los ojos de

María, su expresividad era tan intensa que parecía escuchar la conversación en su integridad. María volvió a cubrir el teléfono con su mano.

—Dice Aldo que si hay algún inconveniente para que puedan venir mi madre y él. Quieren que hablemos de esto tranquilamente. ¿A ti qué te parece?

Lucio se encogió de hombros.

—Tú tienes muchos más elementos de juicio que yo. Se trata de tu madre. Haremos lo que digas.

—Pero quiero tu opinión —insistió María—. Para mí es lo más importante.

—En tu madre podemos confiar. No ha dejado de ayudarnos y creo que está pasando un mal trago. ¿Qué piensas de ese Aldo?

—Creo que nos echará una mano. Cuando recuerdo la llamada de ayer siento un escalofrío. Puede proporcionarnos una ayuda que necesitamos. Además, nosotros no tenemos nada que ocultar.

—¡María, me he llevado una partitura de Vivaldi de un archivo! ¡Eso es un delito!

La joven entrecerró los ojos.

—Nadie puede demostrar que te la hayas llevado. Ya hay más gente que ha estado en el archivo. Y, en última instancia, en esos pentagramas no pone que sea de Vivaldi. Creo que con Aldo a nuestro lado estaremos más protegidos.

»¿Aldo? Lucio y yo estaremos encantados de que vengáis a Torcello. Sólo os pedimos discreción. No vayas a venir con luces y sirenas encendidas.

»¿Que si hemos recibido alguna amenaza más?

A María le cogió de sorpresa aquella pregunta de Aldo. Dudó un momento antes de responder.

—La de ayer cuando nos dieron un plazo de veinticuatro horas para que les entregásemos la partitura.

»¿Que cuándo? —María miró su reloj, sobresaltada—. Se cumple dentro de tres horas.

»Al tanto de todo esto, que nosotros sepamos, sólo está Michelotto y sus amigos.

»¿Cuándo? Está bien os esperaremos... No te preocupes, no nos moveremos de aquí.

»Dice que llegarán en menos de una hora.

La llamada le produjo una fuerte sensación de incertidumbre, lo que le llevó a ocultar la caja que guardaba la clave de Bellini en un sitio que consideró seguro, al menos provisionalmente. Salió al patio y la puso entre los enseres que se amontonaban en el cobertizo.

El teléfono de Romano Licci sonó con una melodía que le permitía identificar a la persona que estaba haciendo la llamada. Se trataba de un modelo de última generación, dotado de todos los adelantos de las telecomunicaciones. Era Luigi Maretti, el responsable de la que Michelotto llamaba rama disidente de la *Fraternitas Charitatis* en Venecia.

—Es Maretti —comentó ufano, señalando con su actitud que era a él a quien el jefe se dirigía.

Sonrió a Cataldo de forma malévola. Pulsó la tecla de manos libres para que todos pudiesen escuchar.

—¿Sí, Luigi?

—¿Cómo van las cosas, Romano?

—Estamos a un paso de controlar todos los datos —Licci se mostraba seguro.

—¿Qué sabemos del paradero del músico español y de su pareja?

A Licci se le dibujó una expresión de duda en los ojos, se mordió el labio inferior y con voz que era poco más que un susurro, murmuró:

—Es como si se los hubiese tragado la tierra —esbozó una sonrisa maliciosa—. El sistema montado por Cataldo aún no ha dado ningún resultado. No han aparecido por el Bucintoro y no sé si han montado otros puntos de vigilancia, en todo caso no han dado resultado positivo hasta el momento.

Giorgio Cataldo asistía indignado e indefenso a la conversación. Aquel cabrón de ojillos miopes le estaba cargando a él con las culpas. En su cabeza seguía dándole vueltas al paradero de María del Sarto y del violinista español. «¿Dónde se habrán metido»? Deseaba más que nunca dar con su paradero, no sólo por lo que suponía para la *Fraternitas Charitatis*, sino por darle una lección a aquel impresentable que se estaba regodeando de su fracaso. Sin saber cómo, un aleteo se produjo en su cerebro. Un pensamiento fugaz, un fogonazo, una idea luminosa de esas que valen una fortuna. «¿Cómo había sido tan estúpido como para no haberse dado cuenta antes?» No se explicaba cómo no se había dado cuenta antes. La obcecación en la búsqueda le había jugado una mala pasada. No pudo reprimir un esbozo de sonrisa. ¡Si lo que acababa de alumbrarse en su mente era correcto, aquel cegato iba a enterarse de lo que era bueno!

—Sin embargo —continuaba Licci—, hemos hecho importantes progresos en lo referente a la búsqueda de documentación. Es posible que en un par de horas hayamos dado un paso de gigante.

—Aunque no dudo de que sea así —Maretti no parecía tan convencido—, el tiempo es, tal y como están las cosas, un factor de primerísima importancia. El mayor problema estriba en que los laicos nos hayan tomado la delantera y que por esa circunstancia todos nuestros esfuerzos resulten baldíos. Tenemos que saber dónde está esa parejita.

—¿Los laicos están en esto? —preguntó un sorprendido Licci.

—Sí, esos herejes materialistas se han enterado de la aparición de la partitura y andan tras ella.

Licci hizo un gesto de contrariedad. Sabía que eran muchos los recursos que, en un momento determinado, aquella gente podía movilizar y, por lo tanto, la única arma que tenían era anticipárseles. Estaba claro que lo que más interesaba a Maretti era dar con el paradero de María del Sarto y del violinista español que la acompañaba.

—Luigi, insisto en que esta misma tarde vamos a tener en nuestro poder todos los datos del archivo de la *Pietà*. Es probable que en pocas horas —Licci ya estaba a la defensiva— dispongamos de una información extraordinaria. Estamos trabajando en ello y a punto de llegar a puerto.

—No tengo que recordarte que nuestra misión no sólo consiste en acceder al misterioso descubrimiento que realizó Vivaldi, sino a controlar la difusión del mismo, según determine nuestra hermandad. Si el secreto cae en otras manos que no sean las nuestras, todo esfuerzo realizado habrá resultado inútil porque habremos perdido el control sobre este asunto. ¡Hay que localizar a esos dos! Debes saber que el *comendatore* ha dado luz verde a todos los gastos que sean necesarios; sin escatimar en nada, a cambio no permitirá el más mínimo error. No quiere fallos. ¡Ya sabes lo que eso significa! —Un chasquido sordo indicó a Licci que Maretti había colgado el teléfono.

La sonrisa de conejo que adornaba la cara de Licci habitualmente había desaparecido. Su aspecto era sombrío. Aquella imagen produjo en Giorgio una especie de placer morboso.

—¿Ocurre algo, Licci? —le preguntó con sorna.

—Ya lo has escuchado, el *comendatore* ha dicho que no reparemos en gastos. Tendremos todos los medios que necesitemos. Pero ya sabes, también, lo que eso significa... —Licci se aflojó el nudo de la corbata y se pasó el dedo por el interior del cuello de la camisa. Notó cómo había empezado a sudar—. En opinión de Maretti lo más importante de todo está en localizar a María del Sarto y su acompañante, y ésa es la tarea que tú tienes encomendada —colocó, malévolamente, la pelota en el tejado de Cataldo.

—¿Y acaso sabes tú hacia dónde hemos de encaminar nuestros pasos? —preguntó con retranca Giorgio.

Licci negó con la cabeza.

—Creo que lo mejor que podemos hacer es esperar a tener noticias del archivo de la *Pietà*. Estoy seguro de que ahí está la clave de todo —pronunció la última frase como una forma de convencerse a sí mismo.

Cataldo encaminó sus pasos hacia la puerta del despacho, lo abandonaba ya cuando le soltó a Licci:

—¡Yo sí sé dónde podemos encontrar a María del Sarto!

A Licci se le pusieron los ojos como platos.

—¿¡Dónde!?

Giorgio hizo un gesto negativo con la cabeza y se marchó dando un portazo.

—¡A la mierda! —le gritó desesperado—. ¡Tú qué vas a saber, ni vas a saber!

Apenas habían pasado un par de minutos cuando sonó el teléfono de Licci, era la melodía que le indicaba que la llamada era de Maretti. Con gesto de fastidio cogió el móvil y antes de abrirlo soltó una maldición. Cuando escuchó lo que Maretti le estaba diciendo su rostro se descompuso más de lo que ya estaba.

—¿Que Cataldo te ha dicho dónde están esos dos? ¡Eso será una broma! ¿Cómo va a saber una cosa así?

»¿A Torcello? ¿Para qué vamos a ir a Torcello? —Licci se había desabotonado el cuello de la camisa.

»Pero ¿en qué se fundamenta una cosa como ésa? ¡Igual podía haber dicho que en el lago Como!

»¿Dices que te ha dado razones que apoyan su planteamiento? —Licci golpeó con el puño cerrado en la mesa.

»¡Está bien, iremos a Torcello, pero yo no me hago responsable de ello! ¡Quien habrá de responder será Cataldo!

Al igual que la vez anterior Maretti le colgó el teléfono; a Licci le faltó tiempo para llamar a gritos a Cataldo, quien apareció tan pronto, que todo indicaba que debía de estar esperando al otro lado de la puerta.

—¿Me llamabas?

—¡Ya está bien! —le escupió Licci.

—¿Qué es lo que está bien, si puede saberse? —la sorna no abandonaba el tono de sus palabras.

—¡Esa actitud de displicencia que tienes hacia mí! ¡Esos aires de superioridad que no tienen ningún fundamento! ¡Sólo tienes fachada! ¡El valor de un hombre está aquí, aquí! —señalaba repetidamente con el dedo índice su sien.

—No sé a qué viene todo esto, salvo que quieras dar rienda suelta a tu complejo de inferioridad. ¡Vámonos para Torcello y por el camino me explicas qué es lo que hay que hacer allí!

Licci, por toda respuesta, se levantó y fue el cuarto de baño. Cerró la puerta dando un sonoro portazo. Cataldo y los demás hombres, que habían acudido al salón al escuchar los gritos, aguardaron en silencio hasta que pasados varios minutos el foniatra volvió a aparecer. Estaba pálido y tenía el cabello, que peinaba cuidadosamente para tapar su calvicie, alborotado.

—¡Todos listos para marchar a Torcello! ¡Los que tengáis armas, llevadlas, aunque lo más probable es que alguno vuelva con el rabo entre las patas!

—¿Qué hay en Torcello, Romano? —preguntó uno de los hombres que habían acudido ante sus gritos.

—Maretti dice que allí, en una casa tras una basílica circular, es donde están el músico y María del Sarto.

—¿Cómo ha sabido Maretti eso? —preguntó Giorgio con malicia.

—¡Si en Torcello no encontramos nada vete preparando! —la mirada que Licci dirigió a Cataldo fue aviesa. Estaba excitado, demasiado excitado porque, siendo un hombre metódico, había planificado minuciosamente su acción y creía que lograrían su objetivo a base de esfuerzo y tesón, dando un paso después de haber asegurado el anterior. Sin embargo, por una razón que desconocía partían para Torcello. Lo había calculado todo para alcanzar un éxito sin precedentes y con él la gloria en el seno de la fraternidad. Aquel maldito anticuario y la llamada de Maretti había hecho saltar sus planes por los aires. Su mayor deseo en la vida había sido pasar a la historia de la fraternidad; descubrir el enigma de Vivaldi habría colmado, sobradamente, esa aspiración. En aquel momento, sin embargo, deseaba con toda su alma que en Torcello no hubiese más que la fantasía de un petulante como Cataldo.

Abrió con un llavín un archivador metálico y sacó de detrás de unas carpetas con expedientes una pequeña pistola. Parecía de juguete, pero cuadraba con su aspecto.

—¡Vámonos! ¡Leone, tú te quedas, para atender el teléfono!

Giorgio aprovechó para llamar a los hombres que tenían vigilando el Bucintoro, ordenándoles que abandonasen sus labores de vigilancia.

—¡No perdáis un instante, dirigíos hacia el embarcadero! Nosotros salimos por la A-4 para coger la S-11. En la parada que hay a la derecha de la carretera, cuando se llega a la laguna, tomaremos una motora ¡Como vosotros llegaréis antes, esperadnos!

Cuando salían a la calle se toparon con los archiveros que regresaban. Al verles salir tan acelerados, preguntaron:

—¿Ocurre algo?

Licci parecía desorientado. Se apretó con el índice el puente de las gafas y les indicó que subiesen al piso, allí había quedado un hombre de guardia.

—¡Esperadnos hasta que regresemos!

Luego, como si recordase algo que había olvidado, les preguntó:

—¿Tenéis lo que queremos?

—Tenemos el lugar donde está oculta la clave.

En los ojos de Licci asomó la duda. Si por él fuera, se volvería y analizaría el material que traían aquellos dos, él no era un hombre de acción. Estuvo tentado de encomendarle a Cataldo que se encargase él de ir a Torcello, pero pudo más la disciplina y sobre todo el hecho de que si la información de Maretti era correcta, el éxito de la misión sería sólo para Giorgio, pero si él estaba allí ya se vería quién se quedaba con la gloria. ¡No podía consentir una cosa así! ¡De ninguna de las maneras! Se subió en el coche, que previsoramente tenían aparcado delante del edificio donde estaba el piso y que Cataldo ya había puesto en marcha. Los dos hombres que les acompañaban ocuparon los asientos de atrás. Cuando se les sumasen los dos que habían vigilado el Bucintoro, constituirían un pequeño ejército.

Aldo y Giulietta habían tardado poco más de media hora en coger una motora y recorrer los nueve kilómetros que separan Torcello del casco histórico de Venecia. Tras desembarcar se dirigieron hacia la casa a buen paso. Caminaban en silencio, sumido cada uno en sus propios pensamientos. La madre de María, inquieta por las amenazas que habían recibido su hija y ella. Aldo, elucubrando posibilidades y juntando cabos. Estaban a poco más de cien pasos de la casa, la recordaba perfectamente por su fachada de ladrillo rojo; levantó la vista y lo que vio hizo que su instinto de sabueso le alertase. Tiró con fuerza del brazo de Giulietta, arrastrándola consigo.

—¿¡Qué ocurre!? —gimió sobresaltada.

Aldo se llevó el dedo índice a los labios.

—Creo que alguien se nos ha adelantado.

—¡Oh! —Giulietta se tapó la boca con la mano—. ¿Qué vamos a hacer ahora?

—Por lo pronto mantener la calma.

—¿Qué has visto? —Giulietta estaba aterrorizada.

—Hay dos tipos trajeados en la puerta, están montando guardia. Creo que todas las persianas están echadas. Dentro debe de haber más gente.

—¡Dios mío, mi hija!

—Giulietta, por favor, nada vas a conseguir por ese camino. Dime, ¿tiene la casa alguna otra puerta?

—Hay una puerta en la parte trasera, da al patio.

—¿Adónde conduce esa puerta?

—A la cocina.

—¿Es muy alta la tapia del patio?

—No sé, unos dos metros, quizá tres.

Aldo estaba analizando toda aquella información.

—¿Cómo es el patio?

—¡Cómo quieres que sea! ¡Como todos los patios!

La mirada de Aldo era impaciente.

—¡Quiero decir que cómo es de grande! ¡Si tiene árboles! ¡Si hay alguna construcción! También cómo es la puerta que da acceso a la cocina.

Por toda respuesta, Giulietta le pidió:

—¿Por qué no llamas a la policía?

—De veras, ¿crees que eso es lo mejor?

Con tono resignado Giulietta empezó a susurrar:

—El patio es más o menos cuadrado, es bastante grande...

—¿Qué significa bastante grande?

—Ciento cincuenta o doscientos metros cuadrados. Tiene plantas trepadoras en las paredes y varios árboles. Cerca de la puerta de la cocina hay un cobertizo, donde se apilan cacharros y trastos inservibles. También hay alguna leña para la chimenea. Desde la primera planta vuela una terraza sobre el patio. Se puede acceder a ella desde una escalera que arranca del patio y también desde dos de los dormitorios que hay en la planta de arriba.

—Recuérdame la distribución de las plantas a partir de la cocina.

—La cocina da directamente al salón. Éste da al vestíbulo en el cual se abre una puerta que da a una salita de estar, que utilizamos como comedor, y otra que da a un cuarto de baño. Arriba hay una antesala a la que dan cuatro dormitorios y un cuarto de baño. Uno de los dormitorios tiene cuarto de baño incorporado.

—Muy bien —Aldo se pasó la mano varias veces por la mandíbula—. Si pasada una hora no te he llamado, avisa a la policía. —Sacó del bolsillo de la chaqueta su bloc de notas y apuntó un número—. El inspector se llama Giacomo, dile que llamas de mi parte. Ahora vete a la basílica y busca un sitio que tenga cobertura. —Le cogió la cintura con el brazo y la besó.

Aldo dio un rodeo hasta llegar a la parte trasera de la casa. Pudo ver que no había nadie en la terraza de la planta primera. Pensó que si había dos individuos en la puerta, dentro habría más. El factor sorpresa era la única arma que tenía a su favor, otra ventaja era que no había gente por la calle a la que daba la parte trasera. Con un salto que denotaba su buena forma, se encaramó en lo alto del muro que cerraba el patio, se deslizó por la parte interior de la pared y buscó el amparo que le ofrecía el tronco de un grueso castaño.

Evaluó la situación y comprobó que la puerta de la cocina

estaba entreabierta. No se veía a nadie, ni se escuchaban voces, empuñó su pistola reglamentaria y avanzó sigilosamente. Comprobó que la puerta que desde la cocina daba acceso al salón estaba cerrada. Quienes quiera que hubiesen ocupado la casa eran unos chapuceros o estaban pecando de exceso de confianza.

Aldo avanzó sigilosamente por la cocina. El desorden era la consecuencia de una búsqueda desaforada. Había cristales de platos y vasos rotos en el suelo, los cajones de los muebles estaban abiertos y revueltos. Mirando dónde ponía los pies, llegó hasta la puerta que daba acceso al salón y pegó el oído. Percibía el rumor de las palabras, pero no lograba entender nada, ni hacerse una idea de cuántas personas había. Supuso que estarían María y Lucio, pero no podía saber el número de los que habían ocupado la casa. Salió al patio y subió a la terraza, desde donde se disfrutaba una magnífica vista de la laguna. Recordó que uno de los dormitorios que daban a aquella terraza era el que habían utilizado Giulietta y él en las dos ocasiones en que había estado en aquella casa, el que tenía el cuarto de baño incorporado.

Entró en el dormitorio, miró la cama y por su mente pasaron como un aleteo los momentos vividos allí. Giulietta era una magnífica y experimentada amante. Por la ropa que había sobre las descalzadoras y tirada por el suelo dedujo que era el dormitorio utilizado por los jóvenes. Cruzó de puntillas —estaba sobre el salón y cualquier ruido podría delatarle—, después de comprobar que el cuarto de baño, que también había sido inspeccionado, estaba vacío. Percibía el rumor de las palabras, se acercó a la puerta que daba a la antesala con sumo cuidado y hasta sus oídos llegó más nítida la conversación de las personas que estaban en el salón. Se aseguró de que no había nadie en la antesala y, uno a uno, comprobó el estado de los demás dormitorios y del otro cuarto de baño. Todos habían sufrido los efectos de la búsqueda. Miró el reloj, habían pasado veinte minutos desde que dejó a Giulietta; tal vez, se había dado menos tiempo del necesario. Apretó con fuerza la pistola y aguzó el oído.

Era Michelotto el que estaba hablando, recordaba perfectamente el metal de su voz.

—¡Estáis acabando con mi paciencia! ¡Os voy a dar una última oportunidad para que me digáis dónde habéis escondido la clave, antes de que os entregue a las experimentadas manos de Bodan. Os aseguro que puede ser refinado hasta extremos increíbles. Utiliza unas tenacillas a las que aplica una descarga eléctrica con un mecanismo que les ha instalado en el mango. Lo mismo hace hablar a un hombre que a una mujer, pero yo no puedo soportar el sadismo que emplea en ello. Estoy seguro de que en el fondo de su corazón, aunque dudo que lo tenga, está deseando que no me digáis dónde está la clave para no perderse el placer de arrancaros una confesión.

Hasta Aldo llegó el gemido que salió de la boca de María y el insulto que le escupió Lucio.

—En numerosas crónicas —continuaba Michelotto— se cuenta que para poner a los reos en trance de confesar el verdugo enseñaba los instrumentos de tortura. Al parecer la medida era muy eficaz en la mayoría de los casos. Creo que para estimular vuestra lengua y refrescar vuestra mente podemos hacer lo mismo. ¡Bodan, muestra a estos jóvenes tus tenacillas!

Bodan Stánkovic sacó de un maletín unas tenazas muy pulidas con una gruesa empuñadura de goma de cuyo extremo pendía un cable que podía ser conectado a la red eléctrica. Por iniciativa propia, también mostró a María y a Lucio, que estaban sentados maniatados con los brazos hacia atrás en unas incómodas sillas, pasándolo muy cerca de sus rostros un afilado y largo punzón con un filo cortante. Aquel malvado aprovechó el momento para tentar los pechos de María que aparecían prominentes en la posición en que se encontraba.

—¡Canalla! —gritó encolerizada la joven.

—¡Bien! ¡Por última vez! ¿Dónde está la clave que me permitirá descifrar esta partitura? —Michelotto agitó en su mano el original de Vivaldi.

Aguardó unos segundos, sin obetener respuesta a su requerimiento.

—Camila, querida, ¿tú tienes algo que decir?

Camila Strozzi negó con la cabeza.

—En ese caso nosotros podemos dar una vuelta y disfrutar del paisaje de Torcello. Mientras, Bodan hará su trabajo.

—Stefano, si no te importa me quedaré aquí, siempre y cuando —se dirigió a Stánkovic— comiences por ella.

—¡Oh! ¡Mi querida Camila, no podía sospechar que tuvieses estas aficiones! ¡No seré yo quien te prive de tan morboso placer!

—Bodan, tápales bien la boca, no quiero alertar al vecindario con sus gritos —Michelotto salió del salón, cerrando la puerta tras él.

Aldo, pese a haber visto muchas cosas en su larga carrera policial, tenía el estómago encogido. Se sobrepuso a la náusea y valoró la situación. Lo más probable era que allí sólo estuviesen aquella tal Camila y el torturador. No eran muchos y a su favor tenía el factor sorpresa, porque aquella gentuza creía moverse en la más absoluta de las seguridades. El tiempo de que disponía, antes de que aquel asesino emprendiese su macabra tarea, era el que emplease en amordazar a Lucio y María.

Hasta él llegaron las palabras lastimeras de Lucio.

—¡María, por el amor de Dios, diles dónde está la clave! ¡Este monstruo nos va... nos va...!

—¡Nos matará de todas formas! ¡Ya no pueden dejarnos con vida! —la voz de María estaba llena de genio.

—¡Pero, tal vez, no nos torturen! ¡Por lo que más quieras, María! ¡Si no quieres hacerlo por ti, hazlo por mí! ¡No voy a soportar ver cómo ese canalla...!

Stánkovic se acercó a María, en una mano llevaba cinta aislante y unas tijeras. Con la mano libre le manoseó otra vez los pechos. Ahora de un tirón desabotonó la camisa de la joven y le bajó el sujetador.

—¡Asqueroso! —y le lanzó un escupitajo en pleno rostro. La reacción de aquel sádico fue propinarle un bofetón que volcó la silla y la tiró por el suelo.

Aldo supo que había llegado el momento de actuar. Bajó por las escaleras como un torbellino y se plantó en medio del salón, encañonó al serbio y a punta de pistola lo obligó a colocarse al lado de Camila. Trató de disimular el estupor que le produjo ver que la tal Camila era Camila Strozzi.

—¡Vuestra vida no vale una lira! ¡Si os movéis estáis muertos!

Sin quitarles la vista, cogió el punzón cortante que Stánkovic había exhibido y cortó las ligaduras de Lucio.

—¡Desata a María!

Lucio, tembloroso y sin habla, cogió el punzón que le alargaba el policía, cortó las ligaduras de su novia y la ayudó a levantarse. María estaba aturdida por el golpe y tenía un hilillo de sangre en la comisura izquierda de su boca.

—¿Estás bien, amor mío? —Lucio se había abrazado a ella y le acariciaba con una mano la cabeza y la espalda. Una y otra vez le repetía lo mismo—: ¿Estás bien, amor mío?

Pasados unos segundos María preguntó:

—¿Qué ha pasado? Aldo, ¿qué haces aquí?

—Por lo pronto evitarte un mal trago —respondió el policía—. Ahora, aprovechad vuestras propias ataduras y amarrad bien a esa arpía mirona —señaló con la pistola a Camila—. Tú —empujó a Stánkovic en la espalda—, ponte en aquel rincón.

María y Lucio se afanaron, con más voluntad que eficiencia, en amarrar a Camila Strozzi. Al final acabaron por hacer un buen trabajo.

—¡Ahora te toca a ti! —Aldo hizo un gesto al matón.

En aquel momento sonó un móvil, que distrajo por un instante la atención de Aldo. En una fracción de segundo el serbio se abalanzó sobre él. Se trabó un forcejeo entre los dos hombres. El sicario se centraba en conseguir que Aldo soltase la pistola. Su corpulencia le daba una importante ventaja sobre el policía; éste, consciente de que su superioridad radicaba en su arma, pugnaba por mantenerla y trataba de zafarse de aquella especie de oso que le abrazaba con intención de estrujarle.

María y Lucio asistían inmóviles y atónitos a la lucha. Stánkovic propinó un fuerte rodillazo a Aldo y los dos trastabillaron rodando por el suelo, hechos un revoltijo. Sonó una detonación y hubo un momento de duda, después el matón se desmadejó. Aldo, con la cara contraída por el dolor, gritó a los jóvenes que atrancasen las puertas.

Justo a tiempo, porque desde fuera Michelotto y los que allí había golpeaban con furia. Lucio corrió a echar los dos cerrojos que aseguraban la pesada hoja de madera de la puerta. También giró las dos vueltas de cerradura.

—¡Rápido, hay que atrancar las puertas de la planta de arriba, las de los dormitorios que dan a la terraza! ¡Y la de la cocina! —mientras Aldo daba estas órdenes registraba al chófer de Michelotto hasta que encontró lo que buscaba: una pistola con el seguro puesto, que llevaba en la espalda sujeta por la cintura del pantalón. En aquel instante se percató de que estaba ocurriendo algo que rompía los esquemas habituales de situaciones parecidas. Los golpes en la puerta habían cesado, tampoco habían disparado para hacer saltar la cerradura y los cerrojos.

Ni Lucio ni María gritaban. Levantó los ojos y de forma instantánea entendió lo que estaba ocurriendo.

24

Al tiempo que la mente de Aldo trataba de hacerse con la situación, hasta sus oídos llegó la exclamación de María desde la puerta de la cocina:

—¡Giorgio! ¿Qué haces tú aquí?

Cataldo, acompañado de otros dos individuos, había aparecido en lo alto de la escalera. Lucio, que había subido para cerrar las puertas de los dormitorios, tenía la cara desencajada y los brazos levantados, lo estaban encañonando con una pistola. Otro individuo había aparecido a la espalda de María, también la amenazaba con un revólver.

El anticuario no respondió a la pregunta de su amiga, sino que conminó a Aldo a que dejase las pistolas en el suelo. El comisario pensó que podía negarse y entablar un tiroteo, pero aquello se convertiría en una carnicería y ni María ni Lucio tendrían muchas posibilidades.

—¡Con ciudado! ¡Ningún movimiento extraño!

Aldo, que estaba agachado, dejó las pistolas en el suelo.

—Ahora levántese y ponga las manos en alto. Si todos se portan bien aquí no pasará nada malo.

El anticuario empujó a Lucio con el cañón de la *beretta* para que bajase.

—¡Andando!

El grupo de cuatro hombres descendió por la escalera;

cuando llegaron al salón uno de ellos recogió las pistolas del suelo, mientras el otro cruzaba rápidamente y abría la puerta de la calle. Por allí, como en un desfile, entraron Michelotto, los dos individuos que Aldo había visto vigilando la puerta de la casa y otro sujeto más que les apuntaba con una pistola. Por último apareció, cerrando la puerta tras él, un sujeto canijo y de aspecto estrafalario.

«¿Quiénes podían ser aquella gente que ahora entraban en escena y se habían convertido en dueños de la situación?», se preguntaba Aldo. Uno de ellos, que respondía al nombre de Giorgio, era conocido de María.

Michelotto había perdido toda la arrogancia de que había hecho gala hasta entonces, sólo le quedaba energía para lanzar miradas furiosas a sus hombres. Cuando vio en el suelo, tendido sobre un charco de sangre a su chófer y guardaespaldas, hizo una mueca de desagrado, pero ni una exclamación salió de su boca.

Aunque Romano Licci no salía de su sorpresa ante el panorama que se ofrecía ante sus ojos y no paraba de preguntarse cómo el imbécil de Cataldo había podido obtener aquella información, tuvo fuerza para, como jefe de su grupo, comentar:

—¡Ya estamos todos!

María no pudo contener una exclamación:

—¡Esa voz me es conocida!

Licci miró a María y con gesto despectivo le espetó:

—¡No sea indecente! ¡Abróchese la blusa y deje de enseñarnos las tetas!

La joven notó cómo el rubor llenaba sus mejillas. A toda prisa, con las manos temblándole, compuso su camisa rota y agachó la cabeza.

—¡Ahora no hay tiempo que perder! ¡Nosotros venimos a buscar lo que tiene uno de ustedes y que históricamente nos pertenece! ¡Queremos la partitura y la clave que Vivaldi envió a Venecia en 1741!

—¿¡Quién es usted para reclamar legal e históricamente la partitura y la clave de Vivaldi!? —la voz de Camila Strozzi sonó desafiante.

Romano Licci se volvió hacia ella, se ajustó el puente de las gafas y le dijo con desdén:

—¿Qué título tiene quien es una de las mayores zorras de Venecia para formular tal cuestión?

Camila Strozzi lo fulminó con la mirada. No estaba habituada a recibir respuestas como aquélla y mucho menos a que la calificasen de zorra.

—¡Te arrepentirás de lo que acabas de decir!

—¿Estás segura de ello?

La voz de Licci volvió a herir los oídos de María.

—¡Y ahora basta de cháchara! ¿Quién tiene lo que hemos venido a buscar?

El silencio fue la respuesta que obtuvo su pregunta. Licci paseó la mirada por la concurrencia y apretó los labios.

—Está bien, creo que habrá que proceder de otro modo. Y lo primero será saber quién es cada uno de ustedes. Por un lado tenemos al profesor Michelotto y a sus dos acompañantes. Tenemos por otro lado a Camila Strozzi, que no me explico muy bien qué papel juega en esta farsa, a no ser que en el proceso de prostituir y desnaturalizar la esencia de la *Fraternitas Charitatis* hayan admitido mujeres en ella.

—¡Retrógrados, santurrones! —gritó un encolerizado Michelotto.

—¡Bastardos, materialistas! —fue la contestación de Licci quien, modulando su voz con la habilidad propia de un profesional, prosiguió—: Tú debes de ser María y tú ese entrometido músico español —hizo un gesto despectivo hacia ambos—.

También tenemos un fiambre y un señor —miró a Aldo—, de quien no sabemos nada.

—Este hombre no está muerto, necesita asistencia médica urgente —comentó Aldo—, y para su conocimiento le diré que soy comisario de policía, el comisario Aldo Tarquinio.

—¿Comisario de policía? —Licci estaba extrañado—. ¿Y qué hace aquí un comisario de policía?

—Por lo pronto fastidiarles a todos ustedes sus respectivos programas de actuación y también, si este hombre muere, acusarles de denegación de auxilio, de amenaza a la autoridad, tenencia ilícita de armas y algunas cosas más. —Aldo hacía gala de la serenidad propia de quien ha vivido numerosas situaciones complicadas a lo largo de una vida.

Licci acusó el impacto de aquellas palabras, pero trató de disimular.

—Primero hay que controlar la situación. ¡Amarrad a éstos —señaló, apuntándoles con la pistola que sostenía en la mano, a los hombres de Michelotto— y ponedlos junto a la zorra de la Strozzi!

Camila Strozzi se enfureció.

Los dos hombres de Michelotto quedaron inmovilizados con los pies amarrados y las manos atadas a la espalda.

—Es su turno, profesor.

Michelotto le miró despectivo y él mismo ofreció sus muñecas para ser atadas.

—¡Ahora registradle los bolsillos!

El *dottore* se encogió instintivamente. Fue un aviso para Licci. De uno de los bolsillos de su chaqueta sacaron un antiguo papel doblado. Giorgio lo identificó de inmediato.

—¡Es la partitura de Vivaldi!

Licci la cogió con avidez y la desdobló con dificultad por causa de la pistola.

Con una sonrisa en el rostro, se regodeó del momento.

—¡Ya tenemos una de las dos cosas que buscamos! Sin embargo, no es la más importante. Aunque siempre es mejor el original que una copia, copias tenemos todas las que queramos.

—¿Todas las copias que quieran? —exclamó Lucio.

—Sí, joven, todas las que deseemos. Usted sabe que las fotocopiadoras funcionan con una rapidez extraordinaria.

—¡Ustedes fueron quienes robaron mis apuntes y las tres copias de la partitura que guardaba en mi habitación del Bucintoro! —exclamó Lucio—. ¿Quién demonios son?

Licci le miró con desprecio.

—¿Le suena de algo la *Fraternitas Charitatis*?

—¡La secta a la que pertenecían Vivaldi y Bellini! —exclamó María.

—Correcto. Aunque no somos una secta, sino una hermandad.

—¿Ustedes...? ¿Ustedes... son...? —a María la parecía increíble.

—Lo ha adivinado; con el permiso del dottore Michelotto, somos miembros de la *Fraternitas Charitatis*. —Licci se volvió hacia Camila Strozzi—. ¿Comprende ahora por qué somos los dueños morales e históricos de esta partitura —agitó el papel, levantando el brazo como quien exhibe un trofeo— y también la clave que nuestro hermano Bellini ocultó por alguna razón que sólo él sabía?

—¡Ya lo sé, usted es quien me amenazó por teléfono! —María había identificado la voz que tanto le había turbado cuando recibió las amenazas la tarde anterior.

—Mucho ha tardado usted en descubrirlo.

Licci se acercó al lugar donde estaba tendido el guardaespaldas de Michelotto. Le rozó la espalda con la punta del zapato, como si temiese contagiarse de algo.

—¡Este hombre está muerto! —exclamó el *frater*.

La sorpresa de aquel descubrimiento distrajo a todos momentáneamente. Fue el instante que aprovechó Aldo para arrebatar la pistola a Licci y, agarrándalo por el cuello, apuntarle a la cabeza.

El comisario sabía que se lo estaba jugando todo a una carta y que estaba poniendo en un serio peligro la vida de Lucio, porque María aprovechó el pequeño desconcierto que la acción de Aldo había producido para buscar refugio detrás del policía. Aquello era algo que estaba expresamente prohibido en los manuales más elementales de cualquier policía del mundo. Pero creía que teniendo al jefe amenazado, los demás no se moverían. Se llevó una desagradable sorpresa.

—¡Las armas al suelo! —gritó Aldo.

Los dos hombres que acompañaban a Cataldo y el que había entrado con Licci, todos ellos armados, hicieron ademán de deponer las armas. Sin embargo, todos se detuvieron al escuchar la voz de Giorgio que les ordenaba lo contrario.

—¡Todos quietos! ¡Él está solo y nosotros somos cuatro! ¡Tenemos todas las de ganar! ¡Además, si hace el más mínimo movimiento sospechoso, este músico habrá interpretado su última partitura! —colocó el cañón de la *beretta* en la sien de Lucio.

Aldo sabía que si no hacía nada tenía la partida perdida. Nunca pondría en riesgo la vida de una persona y tampoco dispararía contra Licci en aquellas condiciones. Había jugado de farol y estaba a punto de perder porque aquel sujeto había ido al envite.

—Si dispara contra Licci mataré al español. Será una vida por otra, ninguna de las dos me importan mucho. Luego seremos cuatro contra usted. Ha perdido, amigo.

Aldo miró a los ojos de Lucio, que estaba sudando copiosamente. Aquel joven le estaba mirando de una forma especial. Había miedo en sus ojos, pero también había decisión. El policía estaba tratando de interpretar el mensaje. Pero dudaba, ya se había equivocado una vez y no quería hacerlo de nuevo. Apretó la mandíbula y con la mirada clavada en los ojos de Lucio le hizo un gesto casi imperceptible. Si aquel joven estaba pensando lo que él creía, reaccionaría a su señal.

Así fue.

Lucio Torres, joven violinista español, que había dedicado su vida a la música, decidió jugarse la vida. Con un violento tirón se arrojó al suelo. Sonó un disparo y luego casi de forma instantánea otro. La blanca camisa de Lucio se tiñó de sangre. Giorgio Cataldo, con el cañón de la pistola humeante, cayó al suelo. María gritó horrorizada y corrió hacia su novio olvidándose de todo lo demás. Aldo Tarquinio apretó con el brazo el cuello de Licci y tuvo una de las peores sensaciones de su vida.

En aquel momento dos *carabinieri* aparecieron en lo alto de la escalera apuntando sus metralletas.

—¡Que no se mueva nadie!

Segundos después se oía girar la llave en la cerradura de la puerta de la casa y se escuchaban gritos anunciando que entraba la policía.

—¡Somos la policía! ¡Que nadie se mueva!

Varios hombres irrumpieron en tromba y se desplegaron por el salón.

25

La tranquilidad habitual en que vivían los dos centenares de vecinos de la isla de Torcello, que sólo se veía alterada por la presencia de los contingentes de turistas, y por la de los potentados que acudían a comer al restaurante de Locanda Cipriani, había quedado hecha añicos aquella tarde. Primero había sido la llegada de aquellas gentes que merodeaban por el lugar, después las lanchas de la policía que desembarcaron en una operación propia de otros lugares de Italia. Por último la llegada de varias ambulancias.

Poco a poco, conforme la noche fue cayendo sobre las islas y el Adriático, la calma regresó al lugar. Entre el escaso vecindario que residía en Torcello se difundió que en aquella casa se había descubierto un alijo de cocaína, pero también que allí había un centro de reproducción ilegal de discos compactos de música clásica. Los que esto último sostenían habían escuchado algo relacionado con Vivaldi, su música, una partitura y rápidamente habían sacado sus propias conclusiones. En lo que sí acertaban todos era en el resultado de las víctimas: un muerto y dos heridos, uno de ellos de gravedad y otro de menor consideración.

En la casa permanecían el comisario Aldo Tarquinio y la dueña del inmueble, Giulietta del Sarto. Con ellos estaba un inspector de policía, que se encargaba de concretar los detalles que el comisario le proporcionaba.

—¡Menos mal que Giulietta se adelantó a la hora de llamaros! ¡Si hubieseis llegado unos minutos después esto podía haberse convertido en un infierno!

—¡No sé si hice bien o mal! —señalaba Giulietta—. ¡Allí en la soledad de la basílica, no puedes imaginarte lo que era la angustia de ver pasar los minutos, sin saber qué estaba pasando! ¡No puedes hacerte idea de las cosas que pasaban por mi cabeza! ¡No pude aguantar más y decidí que, en el peor de los casos, la presencia de la policía no podía ser negativa!

El inspector esbozó una sonrisa benévola. Pero Aldo le recriminó el no haber cumplido exactamente lo que le había indicado. Giulietta hizo un mohín y le soltó:

—¡Tú mismo has dicho que unos minutos más y aquello hubiese sido un infierno!

Ahora la sonrisa benévola también apareció en el semblante del comisario.

—Según la documentación —indicó el inspector—, el muerto es un tal Bodan Stánkovic, un serbio que salió de su país después de la entrada de las tropas internacionales. Tal vez se trate, ya lo comprobaremos, de alguno de los actores de la tragedia de la limpieza étnica. Los heridos son Giorgio Cataldo, un comerciante en antigüedades y un músico español, llamado Lucio Torres.

—Así es —le confirmó Aldo.

—¿Cómo se desarrollaron los hechos, comisario?

—La muerte de ese serbio se produjo de forma accidental. En un forcejeo que tuve con él, la pistola que yo tenía se disparó. El disparo fue mortal. La herida de Lucio Torres se la produjo Giorgio Cataldo, quien le disparó cuando el español, a quien tenía encañonado, trató de zafarse. La herida de Cataldo se la hice yo, le disparé con esa pistola —Aldo señaló el arma que le había arrebatado a Licci—, cuando Lucio intentó escaparse.

—¿Sabe algo de la razón por la que toda esta gente estaba aquí?

—Creo que todos buscaban lo mismo. Una partitura de Vivaldi.

—¿Una partitura de Vivaldi?

—Sí, una partitura que, al parecer, Vivaldi compuso poco antes de morir. Según algunos en dicha partitura hay algo muy diferente a la música.

El inspector puso cara de no comprender.

—Los que así opinan sostienen que escondió algún tipo de secreto en esos pentagramas.

—¿Por qué piensan eso?

—Porque la música es pésima. Algo que no corresponde a un músico de la calidad de Vivaldi.

—¿No puede ser que no sea de Vivaldi?

—Eso es lo que piensan muchos otros. Entre otras razones porque la partitura en cuestión no tiene firma.

—Parece que eso es lo más razonable —sentenció el inspector.

—Yo soy de la misma opinión —apostilló el comisario.

El inspector cogió la partitura de la mesa donde estaba y preguntó:

—¿Cuándo, dónde y cómo ha aparecido?

—La encontró hace unos días, Lucio Torres, el músico español que ha resultado herido, mientras investigaba en el archivo del *Ospedale della Pietà.*

—¿Cuál es su opinión sobre todo esto, comisario?

—Que se ha generado una tormenta en un vaso de agua. Todos los que habéis detenido y el otro herido, el anticuario, pertenecen a una especie de secta que se llama la *Fraternitas Charitatis.* Dicen que Vivaldi también perteneció a ella y se consideran los verdaderos dueños de la partitura. El problema está, por lo que he podido colegir, en que hay dos ramas de esa secta. En una están el profesor Michelotto y Camila Strozzi y en la otra el anticuario y ese tipo con pinta estrafalaria; creo que es foniatra y se llama Romano Licci. Todos se consideran los verdaderos herederos de la secta, cuya antigüedad es anterior a Cristo.

—¡Por la Santa Madonna! —exclamó el inspector.

—Creo, según me ha dicho María del Sarto, que surgió en Alejandría y a través del tiempo han pertenecido a ella personalidades de relieve, como es el caso de Vivaldi. Lo que no puedo precisar es cuándo se produjo la escisión, ni la causa que la provocó. Sí sé que unos acusan a los otros de retrógrados santurrones y éstos a su vez tildan a la otra rama de bastardos materialistas. Unos se enteraron, a través del anticuario, porque es amigo de María, de que había aparecido la partitura y han tratado por todos los medios de hacerse con ella. Michelotto también se enteró por María. La joven acudió a él, de forma inocente, con la pretensión de que le ayudase a descifrar el supuesto mensaje que se oculta en las notas de la partitura.

—Creo que tengo todos los elementos para redondear un informe completo, sin cabos sueltos —el inspector no podía disimular la satisfacción—. Una última cuestión, comisario: ¿cómo es que la partitura estaba fuera del archivo?

—Creo que Lucio Torres la había sacado para poder interpretarla con su violín. Sin embargo, las cosas se complicaron y aún no ha podido devolverla. Pero no te preocupes por eso. Mañana por la mañana yo mismo la devolveré al archivo.

Giulietta entendió que el inspector había concluido su trabajo y preguntó a los dos policías si deseaban tomar algo.

El inspector miró el reloj y agradeció la invitación, alegó

que si se marchaba en aquel momento, aún podría cenar con su familia. Giulietta no insistió y el comisario le acompañó hasta la puerta. Allí, dándole un cariñoso golpe en la espalda, le susurró:

—Hoy nos hemos ganado el jornal, que descanses.

—Lo mismo le digo, comisario.

Giulietta recibió a Aldo con una sonrisa triunfal:

—Eres un genio. Se ha ido con el caso cerrado.

—Todo lo que le he dicho es verdad —se defendió él.

—Es cierto, pero no le has dicho lo más importante.

—Tampoco él lo ha preguntado.

Giulietta le rodeó el cuello con los brazos y le dio un largo beso.

—Creo que esto ha terminado mucho mejor de lo que podíamos siquiera haber soñado. Esta tarde hubo un momento en que creí que todo estaba perdido. Temí hasta por la vida.

—¿Tu vida estuvo en peligro? —preguntó la dueña de la casa.

—Y sobre todo la de María y Lucio.

Giulietta apoyó las manos en las caderas y adoptó una posición desafiante.

—¡Y yo hice mal con avisar a la policía!

—Fue lo mejor que pudiste hacer, cariño.

—¿Entonces por qué has dicho que me precipité?

—Porque no me quedaba más remedio que salvar las apariencias. Aunque como tú sabes en nuestra ciudad nada es lo que parece ser.

En una habitación del hospital Fatebenefratelli, Lucio Torres descansaba tranquilamente después de la cura que le habían realizado. La bala de Cataldo le produjo una herida en el costado. Había tenido mucha suerte. La entrada y salida del proyectil eran dos orificios limpios, que no habían afectado ningún órgano importante. La mayor consecuencia había sido la pérdida de sangre. Aunque tras la cura podía haberse marchado a su casa, los médicos prefirieron mantenerle en observación veinticuatro horas. María estaba a su lado. Pese al agotamiento del día no hubo forma de convencerla de que se fuese a descansar. Su mejor reposo —insistía— era estar junto a Lucio. Pasaría la noche junto a su cama, sentada en un incómodo sillón de hospital.

Mucho peor había sido la herida de Cataldo. El disparo le había atravesado el pecho, afectando a un pulmón y producido graves desgarros internos. Tuvo que ser intervenido de urgencia. Su estado, aunque no era crítico, preocupaba a los médicos.

Stefano Michelotto, Camila Strozzi, Romano Licci y los demás individuos que les habían acompañado en sus respectivas actuaciones habían sido conducidos a la comisaría. Todos ellos quedaron detenidos bajo acusaciones variadas, que iban desde amenazas y coacciones hasta invasión de la propiedad privada, pasando por la tenencia ilícita de armas. Al día siguiente se les tomaría declaración y luego pasarían a disposición judicial.

El nuevo día amaneció limpio y despejado en Venecia. El sol brillaba con fuerza —aquel año no quedarían muchas jornadas así, desde un punto de vista climático, en la capital del Véneto.

Aldo y Giulietta habían pasado la noche en Torcello y temprano regresaron a la ciudad. Poco antes de salir, Giulietta había recibido una llamada de María preguntándole por la partitura.

—Está aquí. Cuando volvamos a Venecia Aldo la devolverá al archivo, tras las formalidades correspondientes.

»¿Que si le puedo pedir un favor a Aldo? Dime cuál es.

Giulietta tapó con la mano el teléfono y preguntó al comisario:

—María dice que si puedes esperar unos días en devolver la partitura, quieren ver no sé qué detalles en el original.

Aldo asintió con la cabeza.

—Cariño, dice que sí, que no hay problema.

»Sí, sí... te la llevaremos al hospital cuando vaya a ver cómo está Lucio. ¿Qué tal ha pasado la noche?

»Me alegro mucho por él... y también por ti.

En la comisaría de Aldo Tarquinio, donde estaban prestando declaración los detenidos de la tarde anterior, se vivía la agitación de los grandes momentos. En la puerta se agolpaban los periodistas que habían sido alertados de la detención de Camila Strozzi y Stefano Michelotto. Allí había carnaza. También había acudido a prestar declaración el padre Ranucci, contra quien algunos medios seguían arremetiendo. A las emisoras de radio y algún canal de televisión se habían sumado aquella mañana varios diarios de Venecia. El pobre párroco estaba agobiado por algunos de los titulares que le habían dedicado, tachándolo de persona poco seria y acusándolo de deseo de protagonismo.

En uno de los pasillos de la comisaría se cruzó con Michelotto. Le recordaba del día anterior, cuando había acudido a su parroquia a ofrecer colaboración con la policía. Pensó que estaba allí por esa razón. Se le acercó, solícito, para saludarle, pero se encontró con un gesto despectivo del profesor.

—¿Qué le ocurre? —preguntó al policía que le acompañaba para que saliese por una puerta trasera y evitase la nube de periodistas.

—Está detenido por un asunto poco claro en el que ha habido un muerto y dos heridos. Ha pasado la noche en los calabozos.

El padre Ranucci hizo un gesto de conmiseración y no dijo nada. El agente, por romper el silencio, comentó al párroco que, al parecer, por la información que estaban manejando, uno de los heridos era el joven a quien se había achacado el robo de la pintura de su iglesia.

—¡Válgame el cielo! ¿Es muy grave?

—No podría decirle, padre. Sólo sé que está en el hospital Fatebenefratelli.

Guido Ranucci, una vez que hubo salido de la comisaría, donde había prestado una declaración rutinaria que, según el policía que se la tomó, era para cerrar el expediente que llamaban en términos policiales caso Bellini, decidió que haría una visita a aquel joven. Visitar a los enfermos era una forma de cumplir con su ministerio y si alguien le veía encontraría razonable su presencia en el hospital. Creyó que le tendrían entretenido toda la mañana en la comisaría resolviendo el papeleo y, para su sorpresa, todo había ido mucho más deprisa de lo que se había imaginado.

El párroco de *Zanipolo* no tuvo problemas para acceder a donde estaban Lucio y María. Cuando el sacerdote entró en la habitación el aspecto que la joven ofrecía era peor que el del herido. La noche en un sillón había causado estragos en María. Los dos jóvenes quedaron sorprendidos ante la inesperada presencia de Ranucci. A la sorpresa siguió el azoramiento.

—¿Cómo se encuentra el herido?

La sonrisa del párroco despejó algunas de las inquietudes de Lucio y María, quienes habían considerado que su presencia allí estaba determinada por las explicaciones que podía exigirles por lo ocurrido en su iglesia el día anterior. Ranucci, que se había percatado del embarazo que suponía su presencia, les despejó las dudas rápidamente.

—No he venido a recriminaros nada, sólo a interesarme por tu salud. En la comisaría me he enterado de que habías resultado herido. ¿Cómo ocurrió?

María y Lucio intercambiaron una mirada cómplice.

—Padre —María había tomado la iniciativa—, es una historia larga y complicada. Lucio, mi novio, ha encontrado una partitura, al parecer de Vivaldi, en el archivo de la *Pietà* y ese descubrimiento ha despertado la codicia de algunos ambiciosos.

—¿Una partitura de Vivaldi?

—Eso parece, padre.

En los ojos del sacerdote brilló una extraña luz.

—En fin, espero que lo de esa herida no sea grave y pronto estés completamente restablecido.

Al marcharse, Ranucci se volvió desde la misma puerta de la habitación.

—¿Esa partitura no tendrá que ver nada con mi parroquia?

Les había sorprendido. Los dos respondieron con negativas explícitas y contundentes. Demasiado explícitas y contundentes.

—Por cierto, me gustaría saber cómo evoluciona tu herida, ¿podrías facilitarme un número donde llamar?

—Sin pensárselo, María le proporcionó el número de su teléfono móvil.

En el primer quiosco de prensa que encontró, el párroco de *Zanipolo* compró todos los periódicos de la jornada. Tomó un *vaporetto* de regreso a su parroquia y se encerró en la sacristía de su iglesia. Buscó todas las noticias que hacían referencia al inexistente robo del Bellini y las fue recortando. Por el contrario, sólo en uno de los periódicos aparecía una columna, bajo el título de «Reyerta en Torcello», en la que se daba noticia de un tiroteo habido en dicha isla de resultas del cual se contaban un muerto y dos heridos. Lo ocurrido no debía de haber llegado a conocimiento de los periodistas porque no había reflejado nada más. Las ediciones habían cerrado la noche anterior sin noticia de ello. La causa de la reyerta era la pugna desatada en torno a una valiosa partitura de Vivaldi, aparecida recientemente. Junto a la noticia en un recuadro, bajo el título de «Retazos de Venecia», se aludía a la relación del músico con una secta llamada *Fraternitas Charitatis*.

El sacerdote quedó pensativo. Giró el sillón donde estaba sentado y se encaró a su ordenador, abrió la conexión de internet y comenzó a buscar información en la red, a partir de Vivaldi y *Fraternitas Charitatis*. Los datos le llegaban como si tirase de las cerezas de un cesto. No era gran cosa, pero sí lo suficiente como para hacerse una idea acerca de la secta, de la relación que tenía Vivaldi con ella, así como las leyendas que corrían en torno a un misterioso secreto relacionado con el músico. También llegó al nombre de Tomasso Bellini.

Dos horas después, y tras vencer numerosas dudas, marcó un número de teléfono.

—¿Secretaría de Estado?

—Sí, dígame, quién llama.

Aquella tarde el médico responsable de la planta donde estaba Lucio le indicó que todo iba perfectamente, mejor incluso de las previsiones más optimistas.

—Seguro que en su casa estaría usted más cómodo.

—¿Quiere decir eso que me va a dar el alta, doctor?

—Quiero decir que si me promete quedarse en casa, en reposo, podría considerar esa opción.

—Haré lo que usted me diga, doctor.

El médico se dirigió a una de las enfermeras que le acompañaban en la visita.

—Prepara la documentación para el alta del señor Torres. Una ambulancia le trasladará a su domicilio.

—¿Para cuándo, doctor?

—Para ahora.

María llamó a su madre para comunicarle la noticia. También le dijo que se marcharían a Torcello. Aquél era un lugar tranquilo.

Giulietta era de la opinión de que estarían mejor en el Bucintoro y ofreció a su hija, para tratar de convencerla, que Lucio no sería considerado un huésped, sino que sería tratado como persona de la familia. A pesar de ello, María insistió en su decisión de marchar a la casa de Torcello. Como último argumento Giulietta le dijo que aquello estaba hecho un desastre, después de lo ocurrido. Tampoco aquel argumento tuvo fuerza para hacer desistir a María de su decisión. Aceptó, sin embargo, la ayuda que le ofreció su madre. Un mozo y una camarera del hostal se desplazarían por la tarde para ayudarle a poner un poco de orden. Aldo le había dicho que la policía no necesitaba hacer ninguna inspección, aparte de las realizadas, porque el asunto estaba claro como el agua. También llevarían comida y algo de menaje para reponer los destrozos habidos. María le pidió que le hiciese llegar la partitura con el mozo o con la camarera, guardada en un sobre, nadie pensaría en el contenido del mismo.

Su madre le preguntó si necesitaba algún otro tipo de ayuda, incluso si quería que se fuese a Torcello para pasar la noche con ellos. María le agradeció el ofrecimiento, pero lo rechazó. Quería estar a solas con Lucio, no abrigaba temores tras la detención de Michelotto y Licci, y Giorgio no estaba para muchos trotes. Sería aquella noche cuando descifrarían la partitura y descubrirían el secreto de Vivaldi.

Cuando María y Lucio llegaron a Torcello acompañados de dos enfermeros, en la puerta de la casa les aguardaban la camarera y el mozo prometidos por su madre, junto a dos cajas de las que se utilizan para transportar menaje. El mozo le entregó un sobre cerrado.

Era la caída de la tarde y los últimos rayos de sol alimentaban los colores del paisaje, dándole unos cálidos tonos anaranjados. Lucio quedó instalado en la salita de la planta baja, que apenas había sufrido los devastadores efectos de la búsqueda. María ordenó al mozo y a la camarera que empezasen por la planta de los dormitorios. Allí todo consistía en poner la ropa en su lugar y colcocar colchones y cajones de muebles en su sitio. La cocina la dejarían para el final.

Cuando tuvo la seguridad de que estaba oculta a cualquier mirada indiscreta, salió al patio y sacó del cobertizo, donde se apilaba la leña, la caja donde estaba la clave. No pudo ahogar un suspiro.

Sintió vibrar su teléfono móvil en el bolsillo. Lo tenía en vibración porque en el hospital no estaban permitidos los ruidos de los móviles y no se había acordado de cambiarle el modo de sonido. Casi instintivamente ocultó de nuevo la caja.

—¿Sí?

»¡Hola, mamá! ¡Ya estamos en casa!

»¿Que venís para acá Aldo y tú?

»¡Pero mamá, si ya te dije que no era...!

»¿Qué es eso tan importante?

»¡Mamá! ¡Mamá!

No había respuesta. Su madre había cortado la comunicación.

26

El mozo y la camarera habían metido en grandes bolsas de basura los restos del menaje destrozado y estaban colocando en su lugar las piezas de reposición que traían. María y Lucio aguardaban impacientes la llegada de Giulietta y Aldo para que les contasen qué era eso tan importante que les hacía venir a Torcello. A María le preocupaba la presencia de Aldo. ¿Habría alguna complicación? Por si acaso, había vuelto a colocar en su escondite la caja donde estaba guardada la clave. Era como si aquel secreto, oculto durante más de dos siglos y medio, se resistiese a ser desvelado.

La madre de María y el comisario llegaron con las primeras sombras de la noche, entraban en el momento en que la camarera y el mozo se despedían, después de haber dejado la casa algo más presentable.

—Tienes muy buen aspecto —saludó Aldo a Lucio, mientras Giulietta besaba su hija. Luego la madre de María besó a Lucio y se alegró de su mejoría.

—¿Cuál es esa cosa tan importante que os ha hecho venir hasta aquí? —preguntó María sin mucha delicadeza.

—¿Hay alguien más en la casa?

—No, Aldo, no hay nadie más aparte de nosotros cuatro.

—¿Están todas las puertas y ventanas cerradas y las persianas echadas?

—¡Por el amor de Dios, Aldo! ¿A qué viene todo esto?

—Stefano Michelotto, Camila Strozzi y Romano Licci están en libertad.

Se hizo un silencio cortante.

—Están en libertad bajo fianza, pero en libertad, al fin y al cabo —señaló Aldo—, y aunque ahora tendrán que pensarse mucho lo que hagan, no sé si tendrán tentaciones de volver a actuar. El fanatismo es moneda corriente entre los integrantes de las sectas. Ésa es la razón por la que estamos aquí.

—Eso supone —dijo María— que ya han prestado declaración ante el juez.

—En efecto, y que el juez ve indicios para una actuación procesal, pero no los considera lo suficientemente graves como para mantenerlos en prisión.

—¿Crees que corremos algún riesgo?

—Eso nunca se sabe, depende de la intensidad del deseo de conseguir lo que vosotros tenéis.

—¿Puedes proporcionarnos protección? —María parecía preocupada.

—Primero tendréis que contármelo todo.

—Por favor, María, contadle a Aldo qué es todo este lío. Él os ayudará —Giulietta juntó las manos como si implorase lo que acababa de pedirle a su hija.

—¿Os importa dejarnos un momento a solas?

—¡Cómo no! ¡Giulietta, podemos aprovechar para asegurar todas las puertas y ventanas!

Una vez solos, María planteó a Lucio la situación. Coincidieron en que nada tenían que ocultar ni esconder. Ellos no eran la *Fraternitas Charitatis* y por lo que se refería a Michelotto habían acudido a él en petición de ayuda con toda la inocencia del mundo. Se habían visto envueltos en una red de ambiciones. Lo único que tenían que defender era el orgullo de haberse topado con aquella partitura, que María conociera los datos que la historia había dejado constatados acerca del secreto de Vivaldi y haber intuido que la partitura encerraba dicho secreto. Luego vino su empeño por buscar la clave y todo lo que se desencadenó después. También tenían claro que con aquella gente en libertad, que habían demostrado hasta dónde estaban dispuestos a llegar, corrían algún tipo de peligro. Aldo suponía en aquellas circunstancias una ayuda inestimable.

Tardaron muy pocos minutos en sacar aquellas conclusiones, y sin pérdida de tiempo María buscó a su madre y a Aldo. Los encontró mirando las tapias del patio de la casa, las mismas por donde él había saltado la tarde anterior. Sin decirles nada fue al cobertizo y cogió la caja.

—Lucio y yo hemos decidido contároslo todo.

Una sonrisa radiante apareció en el rostro de Giulietta, quien besó a su hija en la frente.

Los tres se sentaron alrededor del sofá que constituía la improvisada cama de Lucio. María contó de forma sucinta los hechos: cómo Lucio se encontró accidentalmente con una partitura cuya música le resultó extraña. Era muy mala y además contenía lo que desde la Edad Media se denominaba la música del diablo —Lucio tuvo que explicarles en qué consistía esa música del diablo—. María, que conocía la historia que hablaba de la existencia de un texto de Vivaldi que escondía un secreto, pensó que podía tratarse de dicha partitura. Comprobaron que el papel donde estaba escrita era del siglo XVIII y que había sido elaborado en Viena por un fabricante que ejerció su actividad en unos años en los que estaba comprendido el de 1741, fecha de la muerte del músico y del envío a Venecia del texto que encerraba el secreto. María explicó que la información acerca del papel se la dio Giorgio Cataldo, a quien conocía, pero ignoraba que era miembro de la *Fraternitas Charitatis*. También explicó qué era esa secta y la historia de Tomasso Bellini, así como la desaparición de la partitura y de la clave para su interpretación enviada por el propio Vivaldi.

Contó luego por qué acudieron en busca de Stefano Michelotto y la tormentosa reunión que Lucio y ella tuvieron en casa del *dottore* y las personas que allí se encontraban.

—A partir de aquel momento todo se complicó —prosiguió María—. Michelotto no era la persona que yo creía y Giorgio Cataldo avisó a sus cofrades de la aparición de la partitura.

—¿Qué hicisteis entonces? —preguntó Aldo vivamente interesado.

—Forcé a Lucio —María le cogió la mano— a que buscase en el archivo de la *Pietà* la clave porque tenía la corazonada de que se encontraba allí. ¡Y no me equivoqué! Lucio encontró un texto, oculto con tinta simpática, donde Tomasso Bellini indicaba el lugar donde había ocultado la clave. Eso nos llevó hasta la iglesia de *Zanipolo* con Michelotto pisándonos los talones y los de la *Fraternitas Charitatis,* que habían logrado entrar en la habitación de Lucio en el Bucintoro y apoderarse de varias copias de la partitura, amenazándonos a mí y a mi madre por teléfono con el objetivo de obtener la clave.

—¿Encontrasteis la clave en la iglesia de *Zanipolo*? —preguntó Aldo.

—Estaba oculta en el políptico de san Vicente Ferrer, según los indicios dejados por Tomasso Bellini. Encontramos una anilla de la que tiramos y la pintura se desplazó, dejando al descubierto la caja. La cogimos, pero nos asustamos tanto que nos marchamos, dejando el mecanismo que ocultaba la pintura sin accionar de nuevo para que volviese a su posición. Ése fue nuestro error, además de confiar en personas como Michelotto y Cataldo. Después de hacernos con la clave nos vinimos a Torcello, donde habíamos instalado nuestro refugio, ante el acoso de la policía azuzada por Michelotto.

—¿Cómo supieron los de la *Fraternitas Charitatis,* rama primitiva, el número de tu teléfono para llamarte?

—Se lo dio Giorgio Cataldo. Lo que no alcanzo a explicarme es cómo Michelotto y los de la *Fraternitas* supieron dónde estábamos. Sólo lo sabía mi madre y anoche me juró que no se lo había dicho a nadie salvo a ti.

—Michelotto ha declarado ante el juez que logró averiguar vuestro paradero gracias a la localización telefónica. Él te hizo alguna llamada para que alguien, en la declaración se negó a facilitar quién le hizo la localización, aunque ya lo hemos averiguado, te localizase.

—¡No he recibido ninguna llamada de Michelotto!

—¿Estás segura?

—Completamente. No se me habría olvidado una cosa así.

—Tiene que haber una llamada, a la fuerza.

Fue Lucio quien se acordó:

—¿Recuerdas una llamada que recibiste ayer y que nadie habló?

—¡Claro! ¡Aquella llamada sin voz! —remachó María.

—Con que pulsaras la tecla para responder fue suficiente para que estableciesen las coordenadas del lugar donde te encontrabas en aquel momento.

—¿Y los de la *Fraternitas* de Giorgio? ¿Cómo supieron dónde estaba? ¿También ellos me localizaron cuando me llamaron anteayer?

—No. Ésos hicieron una apuesta arriesgada, cuya explicación está en las diferencias que había en su propio seno; las relaciones de Cataldo y Licci eran pésimas y cada cual deseaba fervientemente apuntarse un tanto como éste y de paso que no se lo apuntase el otro.

—Pero eso no explica que también se presentasen aquí.

—Como te he dicho —le explicó Aldo—, fue una apuesta arriesgada de Cataldo. Él sabía, porque era amigo tuyo y porque es posible que tú se lo hubieses dicho en alguna vez, que tu madre tenía esta casa.

—¡Incluso había venido conmigo y otros amigos en alguna ocasión! —respondió María, llevándose la mano a la boca.

—No tenía datos que le indicasen que estabais aquí, pero como vosotros estabais huyendo y a la fuerza habíais tenido que buscar un refugio, tuvo una intuición y acertó. Quería la gloria de ser él quien entregase, desvelado, a su *Fraternitas Charitatis* el enigma del cura rojo.

—Hay que ver lo que, en realidad, son algunos que se llaman amigos —comentó María con un deje de tristeza en su voz.

Aldo miró a María.

—Es posible que Giorgio Cataldo fuera tu amigo, pero pertenecer a una secta es algo que marca a sus miembros como no puedes imaginarte; en este caso las circunstancias le desbordaron.

—Las circunstancias y la ambición —recalcó Giulietta.

El comisario, que no deseaba seguir por aquel sendero, llevó la conversación a otro terreno.

—Bien, ahora sois vosotros quienes tenéis que contestar a mi pregunta —Aldo miró a María y a Lucio, y en sus labios apuntó una sonrisa.

—¿Nosotros? ¿Qué pregunta? —María le devolvió la sonrisa.

—¿Habéis desvelado el secreto de la partitura?

Los dos jóvenes negaron con la cabeza.

—Aunque no te lo creas, no hemos tenido tiempo. Ni las circunstancias se han mostrado propicias.

—Pues en mi opinión creo que ha llegado ese momento y que éstas son circunstancias propicias.

—Me temo que ocurra algo en este preciso instante —comentó María medio en broma medio en serio.

No ocurrió nada. María abrió la caja, sacó el papel y lo desdobló cuidadosamente. Cuando vio su contenido no pudo contenerse:

—¡Estamos buenos!

—¿Qué ocurre ahora? —preguntó Lucio.

María mostró la clave. Era un galimatías en el que Vivaldi había establecido la equivalencia de las notas de su partitura con las letras del abecedario. Habría que coger la partitura y, con paciencia de monje, ir cotejando todas y cada una de las notas hasta construir el texto correspondiente.

Letra	Signo musical	Nombre
A		Do
B	♭	Bemol
C		Re
D		Mi
E		Fa
F	𝆑	Forte
G		Sol
H	♯	Sostenido
I		La
J		Si
L		Do1
M		Re1
N		Mi1
Ñ		Fa1

Letra	Signo musical	Nombre
O		Sol1
P	𝆏	Piano
Q		La1
R		Si1
S		Do2
T	𝆟	Trino
U		Re2
V	∨	Arco arriba
X	X	Doble sostenido
Y	⌣	Ligadura
Z		Mi2
COMA	𝄾	Silencio de corchea
PUNTO Y SEGUIDO	𝄽	Silencio de negra
PUNTO Y APARTE		Silencio de blanca

Sacaron la partitura del sobre y poco a poco fueron comprobando cómo se formaban las palabras y las frases. María era presa de una fuerte excitación. Nunca había soñado que ella pudiese estar haciendo aquello. ¡Estaba desvelando el secreto del *preste rosso*! ¡Iba a descubrir el misterio que durante más de dos siglos y medio había sido el codiciado objetivo de la *Fraternitas Charitatis*! ¡Por aquel texto, escondido tras las notas de una extraña partitura, se habían realizado grandes esfuerzos, se había luchado, se había matado y había alguien que todavía estaba dispuesto a hacerlo! En las últimas horas ella había sido actora principal de la ambición de unas gentes que no estaban dispuestas a reparar en nada, con tal de hacerse con el conocimiento que encerraban aquellos pentagramas.

¿Qué secreto había ocultado Vivaldi allí que durante tantos años había mantenido vivo el deseo de poseerlo y continuaba desatando ambiciones como ocurrió en la Venecia de mediados del siglo XVIII?

Las frases fueron cayendo una tras otra. Lucio lo puso en limpio porque los papeles en los que habían trabajado estaban llenos de tachones y enmiendas.

El músico cogió el papel y, sin mirarlo, se lo entregó a María.

—Me has dicho varias veces que has soñado con grandes fantasías en las noches de tu adolescencia. Léenoslo, por favor.

María lo besó en la boca, luego con la emoción atenazándole la garganta, leyó. Su voz sonaba solemne.

He descubierto el gran secreto de los templarios. En la excavación que realizaron en Jerusalén, en el solar del antiguo templo de Salomón, encontraron, entre otras cosas, el *Libro de José de Arimatea*, donde se contiene la verdadera historia de Jesús, a quien, moribundo, recogieron sus discípulos. Tras su curación viajó a Marsella, acompañado entre otros de

María Magdalena, donde vivió treinta y cinco años, hasta su muerte. Su tumba está en Rennes-le-Chateau.

El *Libro de José de Arimatea* está oculto en la Biblioteca Imperial de Viena, entre las obras que pertenecieron a Rodolfo II, con el nombre de *Libro de las Edades*. Conocimiento tan peligroso no debe ser divulgado, ni tampoco perderse. Lo pongo bajo la custodia de mi Hermandad para su buen uso. Miserable de mí. Viena a 29 días del mes de mayo del año de 1741. Antonio Vivaldi.

—¡Santo Dios! —exclamó Giulietta, llevándose una mano a la boca.

—¡Esto es una bomba! —exclamó Aldo.

María y Lucio no decían nada. A la joven la temblaban las manos.

—Si esto se divulga, las consecuencias serían incalculables. Los cimientos de la Iglesia católica se tambalearían, pone en cuestión el más importante de sus fundamentos: la resurrección de Cristo —comentaba Aldo, arrastrando las palabras, como si cada frase diese lugar a la siguiente—. Si Cristo no murió en la cruz, no pudo resucitar. ¡Todo sería una farsa!

—Ahora me explico por qué Tomasso Bellini no quiso compartir el secreto que Vivaldi había descubierto con nadie más —María parecía estar pensando en voz alta—, y por qué aquel hombre, que debió de estar atormentado, pedía piedad para su alma. Todo aquello hubo de ser algo terrible para él.

—Su semblante expresaba la mezcla de sensaciones que la envolvían, desde la emoción hasta la preocupación. ¡Había sucedido todo tan deprisa!

Fue Lucio quien hizo la pregunta que estaba en la cabeza de todos:

—¿Y ahora qué hacemos?

Ninguno le dio respuesta.

El silencio momentáneo que se había hecho quedó roto por el sonar del teléfono móvil de María.

—¿Quién será ahora?

Abrió el teléfono

—¡Antes de contestar mira si aparece el número de quien llama! —le gritó Aldo.

—No aparece nada. Sólo la palabra llamada. ¿Contesto?

Nadie dijo nada. María pulsó la tecla verde de respuesta.

—¿Dígame?

»Sí, sí... soy yo, ¿dígame?

»¿Que me llaman del Estado Vaticano? ¿De parte del cardenal, qué...? ¡Déjese de tonterías que no estoy para bromas!

»¿El secreto del *prete rosso*?

Giulietta, Aldo y Lucio estaban paralizados. Ni siquiera respiraban.

—¿Que se pondrán en contacto conmigo? ¿Quién, cuándo, cómo?

»¡Que no me preocupe!

»Pero oiga... ¿oiga...? ¿Oiga...?

Cuando comprendió que no había respuesta, cerró la comunicación. María estaba pálida, tenía el rostro contraído.

Todos preguntaron a la vez.

—¿Qué ocurre? ¿Quién era? ¿Qué pasa?

—¡No me agobiéis! —dio un sorbo a un vaso con agua—. Ese individuo decía que llamaba de parte de no sé qué cardenal, desde el Vaticano. Dicen que quieren la partitura y la clave, que están dispuestos a negociar, que se pondrán en contacto conmigo.

—¿Cómo es posible que en el Vaticano sepan esto? —exclamó Giulietta.

—¿Cómo es que saben tu número, María? —preguntó Lucio.

Las respuestas las dio Aldo.

—La mano de la Santa Madre Iglesia es muy larga. No os

podéis hacer una idea de hasta dónde llegan los tentáculos del Vaticano.

Aquella sorprendente llamada casi había dejado en un segundo plano el desciframiento del secreto de Vivaldi. Parecía mentira, pero así eran las cosas. Comentaban la extraña situación en la que se encontraban cuando el teléfono de María volvió a sonar. Los cuatro enmudecieron y se hizo un silencio expectante. La joven miró la pequeña pantalla de su teléfono y gritó:

—¡Anota! ¡Anota! 0-41-52-49-93.

—Es un número de Venecia —indicó Aldo.

—¿Diga?

»Buenas noches, padre Ranucci. ¡Qué sorpresa!

»Sí... sí... he recibido una llamada hace un rato...

María escuchó en silencio durante un par de minutos lo que el párroco de *Zanipolo* le decía. De vez en cuando asentía con la cabeza.

—No he estado nunca, pero sé cuál es. No obstante, espere un momento que lo anote, calle Largo XXII Marzo, 2397. Sí... sí... sé dónde está, a la espalda de la *piazza* de San Marcos. A las nueve. Perfecto, allí estaremos.

—¡Cuéntanos! ¿Qué es lo que ocurre? —Giulietta estaba excitadísima.

—Es el padre Ranucci, el párroco de *Zanipolo*.

—¡Eso ya lo sabemos! —chilló la madre de María.

—Guilietta, por favor —Aldo, cariñoso, le cogió la mano.

—Me ha preguntado si he recibido una llamada de la Secretaría de Estado del Vaticano. Me ha dicho, lo mismo que quien llamó antes, que están muy interesados en hablar con nosotros acerca del secreto de Vivaldi y de todo lo demás. Me ha preguntado si Lucio y yo tendríamos inconveniente en cenar con él y con otra persona mañana, en La Caravella. Eso es todo.

—¿Conocía Ranucci tu número de teléfono? —preguntó Aldo, cuya mente policial nunca dejaba de funcionar.

—¡Claro, ha sido él! Le di mi número esta mañana. Fue al hospital a ver a Lucio y con la excusa de interesarse por él, me pidió el número de mi teléfono. ¡Qué zorro!

—¿Te ha dicho quién es esa otra persona? —el policía continuaba preguntando.

—Sólo que viene de Roma y que es un pez gordo.

—¿Supongo que no irás? —Giulietta, más que una pregunta formulaba un deseo.

—¡Por supuesto que iremos! —la respuesta de María fue contundente, a continuación añadió—: Siempre y cuando Lucio esté de acuerdo.

El músico español asintió con un movimiento de cabeza.

—Creo que no perdemos nada con ir.

—¡Locos, vosotros dos lo que estáis es completamente locos! ¡Han asaltado la casa! ¡Os han tenido apresados! ¡Han herido a Lucio y os han podido matar! ¿No os dais cuenta de lo peligroso que resulta todo esto? —Giulietta estaba más excitada aún—. ¡Anda, Aldo, díselo tú. ¡A ver si a ti te hacen más caso!

—Si yo fuese ellos, acudiría a La Caravella. Creo que es la única salida que hay para este lío —el policía estaba muy sereno.

—¡Tú estás igual de loco que ellos! —gritó Giulietta al no verse arropada y añadió—: Y ya no tienes edad de tantas locuras.

—¿Por qué has dicho que es la única salida para este lío? —preguntó Lucio.

El policía pareció sopesar las palabras:

—¿Qué hacemos con este descubrimiento? Yo no entro a valorar el interés histórico que pueda tener el secreto del *prete rosso*, pero soy consciente de las consecuencias que pueden derivarse de algo como esto, aunque también sé de la capacidad de la Iglesia para absorber este tipo de cosas —Aldo hizo un inciso—, aunque ésta es... ésta es... terrible. ¡Esto es un asunto muy complicado!

—¡Y tan complicado! —exclamó Giulietta.

—Luego está esa gente de la *Fraternitas Charitatis* —continuó Aldo—, no creo que vayan es quedarse quietos, después de siglos esperando y, además, creo que algunos de ellos, como ese Licci, están completamente perturbados.

27

La Caravelle era uno de los mejores y más elegantes restaurantes de Venecia. La decoración recreaba el ambiente de los antiguos barcos de vela. Aquellos que dieron el poder naval a Venecia cuando dominó buena parte del Mediterráneo. La noche era fresca, pero no fría. Lucio y María llegaron a la hora prevista, iban vestidos elegantemente, pero informales. Preguntaron por una reserva a nombre de Guido Ranucci; el maître les acompañó hasta donde ya aguardaba el párroco a quien acompañaba otra persona. Era un reservado, alejado de miradas y oídos indiscretos. Al verles llegar se pusieron de pie. El párroco hizo las presentaciones.

—Eminencia, esta joven tan atractiva es María del Sarto, el señor es Lucio Torres, un músico español que visita la ciudad.

María sintió la fuerza de una mano cálida cuando el cardenal la cogió suavemente para besarla, la voz de aquel hombre era envolvente, seductora.

—Encantado de conocerte, María —monseñor estrechó después la mano de Lucio y le saludó amable—, bienvenido a Italia, señor Torres.

Después Ranucci, haciendo un gesto cortesano, les presentó a su acompañante.

—Tengo el placer de presentaros a su eminencia el cardenal Giambattista Gambini, máximo responsable de los Archivos y Bibliotecas del Estado Vaticano.

—Llámenme Battista, mis queridos amigos.

Retiró la silla donde iba a sentarse María y la empujó suavemente; cuando la joven se asentaba, hizo un movimiento perfecto.

El aspecto del prelado era imponente. Tendría poco más de sesenta años, en todo caso muy bien llevados. Mediría cerca de uno noventa, conservaba intacto el pelo, blanco grisáceo, que peinaba hacia atrás con ligeras ondulaciones. Tenía el mentón cuadrado, unos penetrantes ojos negros y estaba perfectamente rasurado. Su piel, broncínea, apenas tenía señaladas algunas arrugas en la frente. Vestía un impecable terno gris marengo y en los puños de su camisa, azul muy pálido, había unos gemelos de oro en cuyo centro relucía una punta de brillante; eran discretos, pero señalaban el poder de su dueño. La corbata, de seda italiana, tenía unos diminutos dibujos de un azul más intenso que el suave tono del fondo. Todo en él era elegante: sus ademanes, la forma de sentarse, hasta la manera en que desdoblaba la servilleta para ponérsela sobre las piernas. Su aspecto emanaba poder, su presencia imponía y abrumaba.

—Quiero agradeceros que hayáis sido tan amables de aceptar la invitación de Guido —se refirió al párroco por su nombre— de compartir mesa con nosotros.

—El placer es nuestro —le respondió María con un hilo de voz.

En aquel momento el maître se acercó solícito y pidió permiso para ofrecerles lo mejor de la carta. Ponderó una pasta con salsa de cangrejo, una especialidad típicamente veneciana y unas gambas al Oporto. Las sugerencias tuvieron eco en María, Lucio y Ranucci. Pero el cardenal pidió un carpaccio de salmón y un filete de pechuga de poularda con queso gratinado y espinacas. El vino elegido, por sugerencia del purpurado, fue un afrutado padano.

Acabadas las cuestiones de intendencia, Ranucci planteó la causa de aquella cena. Lo hizo en forma de breve resumen, ya que todos estaban más que informados acerca del asunto que allí les había convocado. Terminó con unas palabras de disculpa hacia María y Lucio.

—Lamento haber hecho uso de una argucia para obtener tu número de teléfono, pero de alguna forma tenía que conseguir una manera fácil de ponerme en contacto contigo.

María aceptó las excusas.

—También yo tengo que dar una explicación de mi presencia aquí en vuestra grata compañía —la voz de Gambini sonaba envolvente, diplomática—. Su Santidad, personalmente, me ha encargado esta misión que, estoy seguro, concluiremos de forma satisfactoria para todos. —«El mismísimo Papa está al tanto de todo esto», a María le dio un escalofrío sólo pensarlo.

—Desde hace más de dos siglos la Iglesia tiene conocimiento de la existencia de un misterioso secreto —el cardenal hablaba con un italiano perfecto, no tenía entonación de ninguna parte, sonaba armonioso, como música— relacionado con Antonio Vivaldi. Nuestro deseo ha sido siempre que ese secreto hubiese permanecido por los siglos de los siglos como tal. Pero la divina providencia y los avatares de la vida —miró a Lucio— no han querido que sea así. En todo caso, nuestro deseo sobre el mantenimiento del secreto no ha variado un ápice por el hecho de que en estos días se hayan producido ciertos acontecimientos.

—¿Con la expresión «ciertos acontecimientos» se refiere su eminencia al descubrimiento de la partitura y la clave que permite descifrarla? —preguntó Lucio desafiante.

—Battista, Lucio, llámame Battista.

—Excusadme, eminencia, pero me cuesta...

El cardenal esbozó una sonrisa condescendiente.

—Es una forma de denominar el extraordinario descubrimiento que has realizado. Como iba diciendo —continuó Gambini—, el más ferviente deseo de Su Santidad, así me ha encargado que os lo transmita, es que el secreto se mantenga inalterable. Para determinar la manera más adecuada de que el deseo del Santo Padre pueda cumplirse, es para lo que estamos reunidos. Ahora, mis queridos amigos, me gustaría escuchar cuál es vuestro punto de vista sobre este asunto.

Tras aquellas palabras se hizo un breve silencio, que María rompió:

—¿Podría su eminencia responderme a una pregunta?

—Es posible —Gambini acompañó su respuesta de una halagadora sonrisa.

—¿Aunque cometa su eminencia una indiscreción?

—Hija mía, no hay respuesta indiscreta, sino pregunta impertinente.

María comprendió que con aquel hombre era difícil sostener una controversia.

—¿Conocía la Iglesia el secreto del *prete rosso*?

El cardenal clavó sus brillantes ojos en la joven veneciana. Aquella mirada, que seduciría a la mujer más templada, era, sin embargo, una mirada cuyo fondo tenía algo de inquietante. María sintió miedo. Estaba arrepentida de haber hecho la pregunta y, por un instante, deseó desaparecer, pensó que debajo de la mesa estaría mejor.

La voz del prelado sonó más cálida que nunca.

—Mi querida María, voy a contarte una historia que deberás olvidar, también nuestro amigo Lucio deberá no acordarse de ella nunca más, ocurrió hace muchos años. Exactamente, doscientos sesenta y dos —las cabezas de los dos jóvenes se convirtieron por un instante en máquinas de calcular: 2003 menos 262 eran 1741. ¡1741, el año...!—. Un correo llegó al palacio papal procedente de Venecia. El jinete y la cabalgadura estaban exhaustos. El mensajero llevaba una carta de un prócer veneciano para Su Santidad Benedicto XIV, que hacía poco que había subido al solio pontificio, y unas instrucciones muy precisas: sólo la depositaría en las manos del propio Papa. Hubo dudas, disputas y opiniones encontradas sobre si se accedía a una petición como aquélla. Así pasaron dos días. Al final, aunque era algo inaudito, por insólito, se decidió acceder. Se tomaron todas las medidas de seguridad que la época permitía: dos guardias escoltaron al mensajero que accedió a que la entrega se efectuase ante el Papa, pero sería un miembro de la curia quien tomase el pliego y se lo entregase al Santo Padre, los guardias tendrían las espadas desenvainadas. Ni el curial, ni el Papa se quitarían los guantes para evitar un envenenamiento por contacto con el papel. Algunos de los que se habían mostrado contrarios argüían que todo podía ser una añagaza para atentar contra la vida del Sumo Pontífice. Así fue como el mensajero pudo ser recibido por Benedicto XIV, quien, de esa forma, recibió el mensaje que el prócer veneciano le enviaba y lo leyó. Por cierto que no os he dicho el nombre de ese prohombre, se llamaba Tomasso Bellini. ¿Os suena de algo? —una sonrisa maliciosa apareció en la boca del cardenal.

»El conocimiento del contenido de la carta produjo en Benedicto XIV tal conmoción que sufrió un desmayo. Muchos creyeron que había sido envenenado por algún procedimiento desconocido hasta entonces y que el veneno estaba en aquel papel; de los venecianos de aquella época podía esperarse cualquier cosa. En realidad, el veneno del papel era de otro tipo. La causa de aquel desmayo, que nadie conocía realmente, fue muy comentada en los círculos vaticanos. Se explicó como una consecuencia de los excesos penitenciales de Su Santidad, quien una vez repuesto, ordenó reunir al grupo de curiales que constituían el núcleo de gobierno de la Iglesia en aquel momento, seis cardenales, y se encerraron en su gabinete privado. Les hizo jurar, uno por uno, ante unos evangelios, poniendo en juego la salvación de su alma, que ninguno de ellos, jamás, sacaría a la luz lo que iba a revelarles en el más alto de los secretos. Todos juraron, dando como prenda el destino de sus almas en la vida eterna. Sólo entonces Benedicto XIV les confió el contenido de aquel mensaje. El secreto se ha mantenido como tal hasta hoy, en el sentido de que no ha sido divulgado. Aquellos hombres de Dios mantuvieron su juramento.

—¿Cómo se sabe, entonces, que el Papa les hizo jurar y por qué juraron? —Lucio creyó haber cogido en una incongruencia a Gambini.

—Eso, hijo mío, sí lo contaron porque no formaba parte del secreto —la voz del purpurado era templada—. Acordaron, además, que la carta fuese guardada en los fondos secretos del Archivo Vaticano, con la denominación de *intocabile*. A lo largo de estos doscientos sesenta y dos años sólo los máximos responsables de custodiar los secretos que se guardan en el Archivo Vaticano, cuando acceden al cargo, bajo un juramento especial y los Papas, al vigésimo día de haber accedido al pontificado, según una norma no escrita, pero que se convirtió en tradición de obligado cumplimiento que se ha mantenido desde entonces de forma inexorable, han tenido conocimiento del contenido de la carta enviada por Tomasso Bellini al papa Benedicto XIV.

—¿Conoce su eminencia el contenido de esa carta? —a María la pregunta se le había venido a la boca.

—Lo conozco. Y para que no me preguntes el porqué o el cómo te lo diré ya, porque, como ha dicho Guido, soy el responsable de los Archivos Vaticanos. Añadiré que, poco después de que en Roma se recibiese aquella carta, una misión diplomática vaticana, en la que iban catorce expertos bibliotecarios, se desplazó hasta Viena y, con un especial permiso de la emperatriz María Teresa, a la que se prometió apoyo en su lucha contra Federico II de Prusia, investigaron en la Biblioteca Imperial. Desde entonces, el llamado *Libro de las Edades* está también bajo custodia especial en el Archivo Secreto Vaticano.

Lucio y María no acababan de salir de su asombro. Estaban paralizados. A pesar de ello a la joven le quedó resuello para hacer una pregunta muy dura:

—¿La Iglesia conoce desde entonces la verdad sobre lo que realmente aconteció en torno a la muerte de Cristo?

Gambini la miró de hito en hito.

—La Iglesia no, hija mía, un puñado de hombres.

—Un puñado de hombres entre los que se encuentran todos lo que la han dirigido y gobernado desde entonces, con prerrogativas excepcionales para ejercitar sus funciones —respondió Lucio suavemente.

—Un puñado de hombres que han llevado sobre sus espaldas un peso terrible, pero que eligieron el menor de los males —respondió Gambini—. Para varios de ellos resultó tan insoportable, que no lo resistieron y en vuestra mente, tal vez, estará presente alguno de los que no pudieron —el cardenal mojó sus labios en el vino de su copa—. Para otros, que sólo se trata de un texto, de una versión, de un libro cuyo contenido es discutible, de algo sin más sustento que un escrito que se relaciona con la herejía de que se acusó a los templarios. Frente a ello todo el poder de Roma.

En aquel momento dos camareras llegaron con los primeros platos.

—Estas señoritas no podían llegar en mejor momento —las saludó Gambini a la par que les dedicaba una espléndida sonrisa, haciendo gala de su saber de hombre de mundo. Cuando se hubieron retirado, comentó—: Mientras comemos olvidad esa historia que, como habréis comprobado, es una de las muchas fantasías que se rumorean acerca del contenido de los fondos secretos del Archivo Vaticano.

Ni María ni Lucio podían comer.

—Exactamente, ¿qué es lo que quiere su eminencia de nosotros? —preguntó Lucio.

Gambini soltó el cubierto, se limpió los labios con la servilleta y dio un pequeño sorbo a su copa de vino.

—Tomasso Bellini fue un buen hombre y un buen cristiano. La historia cuenta que cuando tuvo conocimiento del contenido del mensaje que Vivaldi le había hecho llegar, sufrió una terrible crisis de conciencia. El secreto que escondía la partitura era terrible. Tan terrible que decidió no compartirlo con sus hermanos de la *Fraternitas Charitatis*. Pero creía en la misión encomendada a los miembros de dicha hermandad. No compartió el secreto, pero no lo destruyó. Tomó la decisión de ocultarlo de manera que no resultase fácil su localización y menos aún la posibilidad de descifrarlo. Lo dejó en manos de la providencia.

Gambini tomo otro sorbo de vino y continuó:

—Como buen cristiano decidió también poner en conocimiento del Papa el terrible secreto que había alcanzado a conocer, pero como buen miembro de su hermandad no reveló dónde estaba el documento que contenía el secreto que Vivaldi había descubierto. Sólo reveló en su carta al Papa la existencia del *Libro de las Edades* y el lugar donde Vivaldi lo había localizado. Lo que nosotros queremos es que todo siga como ha estado estos doscientos sesenta y dos años y para ello necesitamos tener en nuestras manos la partitura y la clave que está en vuestro poder.

—Lo que nos pide, sencillamente, es que le entreguemos

la partitura y la clave, supongo que para guardarla junto con la demás documentación en el Archivo Secreto del Vaticano, bajo siete llaves —señaló María.

—Llámalo de esa forma. Pero yo añadiría algo más.

—¿Algo más?

—La Iglesia siempre ha sido generosa con quienes han mostrado su colaboración con ella. Además puede brindaros su apoyo para hacer frente a una situación como es en la que os encontráis en este momento.

—No acabo de entenderos, eminencia.

—Es muy sencillo, María. En este momento las dos ramas de la *Fraternitas Charitatis* saben que esa... esa..., llamémosla documentación, está en vuestro poder. ¿Creéis que van a cejar en su empeño para apoderarse de ella? Os puedo asegurar, sin temor a equivocarme, amigos míos —miró alternativamente a Lucio y a María—, que no os dejarán tranquilos un instante hasta que hayan conseguido su objetivo y es bueno que sepáis que están dispuestos a cualquier cosa con tal de conseguirlo. Nosotros podemos hacer que una de las facciones se olvide por completo del asunto.

—¡Los beatos! —exclamó Lucio.

Gambini no pudo evitar una sonrisa.

—Exacto. Por lo que respecta a Michelotto y compañía, que son gente poderosa, podemos brindaros protección. Cuando sepan que no tenéis lo que ellos desean, habrán perdido todo el interés por vosotros. Si están dispuestos a hacerse con la partitura y la clave tendrán que vérselas con nosotros. Las fotocopias que tienen no les sirven para nada. ¿Por otro lado...? —El cardenal dejó la pregunta en el aire y dio otro sorbo a su vino.

—¿Por otro lado, eminencia? —Gambini había aguardado hasta que María le formuló la pregunta.

—Ya os lo he dicho antes, la Iglesia es generosa con quienes colaboran con ella. En resumen, además de quitaros un problema de encima. Esa documentación es... es... ¿cómo diría yo? Una cuestión intocable. Exacto, intocable es la palabra, podríamos cerrar un acuerdo que fuese beneficioso para ambas partes.

María tenía cada vez más claro que la propuesta del cardenal era una fórmula excelente para quitarse aquel problema de encima. Por otra parte, ¿qué podían hacer ellos con aquella partitura y la clave que la desentrañaba? ¿Venderla a algún medio de comunicación de carácter sensacionalista? Tal vez estarían dispuestos a pagar una bonita suma porque una revelación como aquélla desencadenaría un escándalo y es posible que tuviese consecuencias que no se podían prever, aunque María sabía de sobra que la Iglesia había capeado temporales muy fuertes. Al propio Gambini no le había temblado la voz cuando le había dicho que, al fin y al cabo, lo que tenían no era más que un papel. Sin embargo, su interés era muy grande, como ponía de manifiesto el que una persona como Gambini estuviese cenando con ellos.

En el pequeño reservado sólo se escuchaba ahora el tintineo de los cubiertos sobre los platos. Cuando el cardenal terminó con su carpaccio, colocó su cubierto sobre el plato, la pala y el tenedor juntos y perpendiculares a él. Estaba esperando la pregunta de alguno de los dos jóvenes. Para ganar unos instantes, se limpió los labios con la servilleta y bebió agua.

—¿Cuál es su oferta? —preguntó María.

Gambini la miró a los ojos y esbozó una sonrisa, casi imperceptible. Era la sonrisa de un triunfador.

—Más que una oferta yo os pediría que vosotros nos hicieseis una propuesta.

María se encogió de hombros y miró a Lucio. Estaba, una vez más, desconcertada. Aquel hombre le ganaría todas las batalla que sostuviese con él. Si el Vaticano tenía que dar una imagen de poder, Giambattista Gambini era el modelo.

En franca retirada, María pidió una tregua:

—¿Tiene que ser ahora? —preguntó.

—Podemos terminar la cena, Guido y yo subimos a la terraza del restaurante y gozamos de la vista nocturna de Venecia y de la brisa del Adriático, mientras vosotros decidís... Aunque pensándolo mejor, vosotros subís a la terraza y contempláis el panorama, os aseguro que es espléndido, y nosotros aguardamos aquí. No hay prisa, podéis tomaros todo el tiempo que necesitéis, La Caravella está abierta hasta la madrugada.

Gambini tenía razón. El panorama que ofrecía la terraza era espectacular. Podía verse, tenuemente iluminada, la fachada de San Marcos y parte de la *piazza*. A la derecha, muy cerca, las dos blancas cúpulas de Santa María de la Salud, obra del veneciano Baltasar Longhena. Un poco más lejos, iluminada en medio de la oscuridad de las aguas, resaltaban las luces de San Giorgio Maggiore. A la izquierda quedaba el Gran Canal, podía verse como una serpiente iluminada.

Era una lástima que el estado en que se encontraban no les permitiese disfrutar de aquella visión como se merecía.

—¿Qué piensas de lo que nos ha contado Gambini? —preguntó María, arrimando su cuerpo al de Lucio.

—Si ayer me hubiesen dicho que alguien nos podía quitar de encima a los de la *Fraternitas Charitatis*, hubiese hecho cualquier cosa que estuviese a mi alcance, incluido el desprenderme de la partitura y la clave, por conseguirlo.

—¿Por qué dices ayer?

—Porque creo que somos ambiciosos por naturaleza. Hoy, cuando nos ofrecen una posibilidad real de conseguirlo, ya no me conformo con alejar el problema —giró la cabeza y miró a María a los ojos—. De todas formas, lo que a mí me interesa verdaderamente lo tengo aquí... —y le dio un largo beso.

María se estrechó contra él para sentir el calor de su cuerpo.

—Es posible que estemos dejando pasar una oportunidad única de pedir lo que ni siquiera nos atrevemos a soñar —los ojos de María brillaban de una forma especial—, pero desde hace rato no dejo de pensar que lo mejor es que entreguemos a Gambini la partitura y la clave, y que ellos se las arreglen con los de la *Fraternitas Charitatis*. La tranquilidad en la vida es algo que no tiene precio. Si estás de acuerdo, bajamos y le decimos que mañana mismo le haremos la entrega, que no queremos nada a cambio. ¿Qué me dices?

Lucio no necesitó ni un segundo para responder:

—Que estoy de acuerdo. No sé si algún día nos arrepentiremos de lo que vamos a hacer, pero ahora creo que es lo mejor.

—¿De veras no quieren nada por entregarnos la partitura y la clave? —el rostro de Gambini reflejaba perplejidad, pero en sus ojos se podía percibir un fondo de gratitud.

—Ésa es nuestra decisión, eminencia. No queremos nada. Sólo que nos prometa que la *Fraternitas Charitatis* sólo será un recuerdo en nuestras vidas.

—Podéis tenerlo por seguro —el aplomo y la fuerza de las palabras del cardenal eran una especie de certificado de garantía de su promesa.

—Sólo queda un pequeño problema —señaló María.

—¿Cuál es ese problema?

—La partitura no es nuestra, como tampoco lo es la clave. El caso de la clave, estando aquí el padre Ranucci, está resuelto. Él es el párroco de *Zanipolo*.

Guido Ranucci asintió con la cabeza.

—Pero la partitura pertenece al archivo del *Ospedale della Pietà*. La tenemos por una deferencia especial del comisario Aldo Tarquinio a quien hemos de devolvérsela en unos días, según le habíamos prometido, para que de nuevo la depositara allí.

Una vez más la sonrisa asomó a los labios del cardenal.

—No os preocupéis. Ese archivo pertenece a la Iglesia, aunque parte del edificio esté siendo usado por un organismo del Estado. El *Ospedale della Pietà* era una fundación eclesiástica. Nosotros nos encargaremos de solucionarlo todo. ¿Cómo has dicho que se llama ese comisario?

—Aldo, Aldo Tarquinio, eminencia.

Gambini anotó en un pequeño bloc el nombre.

—El propio comisario os dirá que todo está arreglado, mañana mismo.

—En ese caso —indicó Lucio— podemos vernos mañana a las diez de la mañana en Torcello. Si a su eminencia le parece bien, le estaremos esperando a esa hora en el comedor del Locanda Cipriani. Su eminencia pagará el desayuno.

Gambini pensó un momento.

—Lo siento mucho, pero no podrá ser a las diez de la mañana, asuntos de gran interés me lo impiden. Si os parece bien en el mismo sitio, pero a las nueve de la noche. En lugar de un desayuno, será una cena y, por supuesto, corre de mi cuenta. ¿Algún inconveniente?

—Ninguno —contestó María—. A las nueve en el Locanda Cipriani.

Tomaron una última copa y charlaron sobre los días pasados. Ahora lo hacían distendidamente, pero los momentos de angustia habían sido horribles.

* * *

María y Lucio pasaron el día encerrados en la casa de Torcello. Aldo y Giulietta se habían marchado por la mañana, después de que los jóvenes les contasen, con pelos y señales, la cena con Gambini y la decisión que habían tomado. El comisario afirmó que era una sabia decisión y Giulietta no cabía en sí de gozo.

Aldo Tarquinio, sin que María y Lucio lo supieran, ordenó que se montase un discreto servicio de vigilancia. No quería sorpresas desagradables. Le había sorprendido el hecho de que el cardenal alegase asuntos urgentes para posponer la entrega de la partitura y la clave.

«¿Qué podía haber más urgente que hacerse cargo de aquellos papeles?», había dicho cuando la pareja se lo contó.

Aunque no lo dijo, era algo que no le daba buena espina.

María y Lucio estuvieron tensos todo el día, aguardando a que llegaran las nueve. Hicieron el amor dos veces y comieron poco. Ninguno de los dos, por causa de la excitación, tenía apetito. También a ellos les había resultado extraño cuando Gambini les dijo que no podía por la mañana, pero no le dieron mayor importancia. Cuando Aldo mostró su sorpresa, una especie de temor se apoderó de ellos.

A las seis de la tarde sonó el teléfono móvil de María. Se temieron lo peor.

—¿Diga?

»¡Hola, Aldo! ¡Qué susto me has dado!

»Estupendo, estupendo —María tapó el micrófono del teléfono y le dijo a Lucio—: Dice Aldo que ya está resuelto todo lo del archivo de la *Pietà*.

—Muy bien, muy bien. Me parece magnífico.

—Adiós, adiós. Muchas gracias por llamar.

—Gambini ha cumplido su palabra. Ha llegado un fax a la comisaría resolviendo el asunto.

*　*　*

A las nueve menos diez salieron de la casa, estarían en Cipriani en pocos minutos porque el hostal estaba muy cerca. Cuando llegaron Gambini y Ranucci les estaban aguardando. Verlos hizo que desapareciese parte de la tensión.

El cardenal había reservado una mesa en uno de los pequeños comedores individuales del establecimiento. El dueño, que los recibió personalmente, les dijo que aquel comedor era el preferido de Ernest Hemingway cuando pasaba allí alojado largas temporadas. Era un lugar confortable e íntimo, que se prestaba a hacer confidencias.

—¿Qué tal el día? —preguntó Gambini, después de haber ayudado a María a sentarse.

—Si le digo la verdad a su eminencia, un poco tenso. Casi, casi aguardando que llegase esta hora.

El prelado sonrió.

—Todo en esta vida llega, María. Todo, lo que deseamos y también lo que no.

Después de pedir la comida —a los dos jóvenes se les había ido despertando el apetito, conforme se relajaban—, Lucio sacó la partitura y se la entregó a Gambini. El cardenal la desdobló cuidadosamente y fijó la vista en los pentagramas; al cabo de unos segundos, dijo burlonamente:

—Vivaldi pudo haberse esforzado un poco más. ¡Es francamente mala!

Todos rieron la ocurrencia. Después María sacó de su bolso la caja de taracea y se la entregó.

—Aquí esta la clave, eminencia.

Con el cuidado de quien descubre una cosa muy valiosa, el cardenal abrió la caja y sacó el papel que había en su interior, lo desdobló, lo miró y exclamó:

—¡Vaya galimatías! —el cardenal Giambattista Gambini,

destacado miembro de la curia y celoso guardián de los secretos Vaticanos, estaba de un humor excelente. No era para menos—. Disculpad un momento.

Se levantó y salió del recoleto comedor, volvió un par de minutos después. Portaba dos paquetes de tamaño muy desigual. Uno pequeño, poco mayor que la caja que había guardado dos siglos y medio la clave de Bellini, y se lo entregó a María.

—Esto es para ti.

—¿Qué es? —preguntó la sorprendida joven.

—Ábrelo y lo verás.

María rasgó el papel y se encontró con una caja de piel granate. La abrió y no pudo contener una exclamación:

—¡Oh! ¡Esto es para mí!

—De parte de Su Santidad.

María exclamó:

—¡No me lo puedo creer!

—Pues créelo porque es así.

Le enseñó a Lucio el contenido de la caja: un aderezo de relucientes brillantes montados en oro blanco. ¡Era la joya de una reina!

—¡Pero, pero... esto vale una fortuna!

—Lucirá espléndido el día de tu boda —miró a Lucio—. Espero que eso no tarde mucho. Toma, Lucio, esto es para ti.

Gambini le entregó el otro paquete, mucho mayor de tamaño, era estrecho para la longitud que tenía. Lucio se levantó y lo colocó sobre su silla. Rasgó el papel y apareció una caja de vulgar cartón. La abrió y se encontró con la funda de un violín; cuando lo vio, se quedó mudo de la sorpresa. ¡Aquello... aquello era un Stradivarius!

—¡Santo cielo!

—No apuntes tan alto, muchacho, es también un regalo de Su Santidad, pero no viene del cielo.

—Eminencia... yo... yo no puedo.

—Estoy seguro de que le sacarás sus mejores sones. ¡Y ahora vamos a comer! ¡Tantas emociones me han despertado el apetito!

Habían acompañado al cardenal y al párroco de *San Giovanni e San Paolo* hasta el embarcadero, donde les aguardaba una lancha que llevaba en sus costados el escudo del patriarca de Venecia. Gambini besó a María y abrazó a Lucio; al despedirse, les susurró:

—Si alguna vez os puedo ser útil, ya sabéis dónde encontrarme. El lugar no tiene pérdida.

Estaban ya embarcados cuando María le preguntó al purpurado:

—Eminencia, perdone la indiscreción, pero ¿tan urgentes eran los asuntos que tenía pendientes por la mañana, como para retrasar la entrega hasta esta noche?

—Valoradlo vosotros mismos. Están en vuestras manos.

El ruido de los potentes motores de la lancha ahogó las últimas palabras de Gambini y, desde luego, no pudo escuchar las gracias que María y Lucio le repitieron una vez más.

Los dos jóvenes regresaban abrazados y con sus regalos por el camino enladrillado que desde el embarcadero conducía hasta la plaza donde estaba la catedral y la basílica de Santa Fosca. Una luna pletórica hacía clarear la noche con reflejos de plata.

—Si algún día le contamos esto a nuestros nietos no lo creerán —le dijo María muy bajito a Lucio, antes de besarlo.

—Primero se lo contaremos a nuestros hijos.

—Tampoco lo creerán.

—Siempre podremos enseñarles el aderezo y el Stradivarius.

Impreso en Talleres Gráficos
LIBERDÚPLEX, S. L.
Constitución, 19
08014 Barcelona